현대사회와 평생학습

학습하는 사회

이현청 저

Modern Society & Lifelong Learning

학지사

| 머리말 |

교육이 단절적 · 위계적 관점으로 이해되던 시기에는 학교교육이 학습활동의 중심 역할을 해 왔다. 그러나 급격한 사회, 문화, 기술적 변동을 경험하는 현대사회에서는 지속적이고 융합적 관점에서 확대된 교육개념이 불가피한 시대다. 특히 필자는 지식정보화 사회의 확산과 저출산 고령화 사회가 확대되고 있는 21세기에 우리나라 사회가 학교중심 사회를 탈피해 학습하는 사회로 전환하기를 기대해 왔다. 그러나 우리나라 교육이 오늘도 사교육과 입시위주교육, 그리고 학교교육 중심의 교육문화에서 벗어나지 못하고 있다는 아쉬움을 떨쳐 버릴 수 없다. 특히 지식정보화의 가속화는 인간의 삶의 형태와 가치, 그리고 교육방법의 대변화를 가져와 생애과정을 통해 지속적인 적응교육이 필요한 시대가 되었고, 평생교육의 대전환이 기대되는 시기라는 점에서 더욱 그러하다.

이 책은 평생교육 분야에서 인정받고 있는 외국 학자들의 논문이나 저서에서 다루고 있는 핵심내용을 총망라하려고 노력하였고, 특히 현대사회의 학습사회 부분과 대학의 봉사학습, 그리고 평생교육의 의미와 과제 등에 대한 내용을 다루면서 현대사회에서 필요한 시대적 의미를 담는 평생교육 내용을 담고자 노력하였다. 그리고 우리나라가 안고 있는 사회문제들을 다루면서 평생교육의 역할을 조명해 보고자 하였다. 일반적으로 교육은 사회현상과 밀접한 관련이 있어 사회변화에 따라 내용과 대상, 그리고 방법 등이 변화하기 마련이지만, 지난 10여 년 동안 평생교육 분야에서 대상과 프로그램은 달라진 부분이 있으나 방법론을 비롯해 이론과 철학, 그리고 정책 동향 면에서는 커다란 변화를 발견하지 못했기에 이 책에는 필요한 부분만 담았다. 물론 유비쿼터스 시대와 다양한 신직업의 출현에 따라 방법적 접근이 혁명적으로 바뀌어 가고 있다는 점은 간과할 수 없기 때문에 이 부분에도 관심을 두었다.

그런 점에서 이 책은 학습사회를 위한 이념적 논의와 함께 학습사회 교육론의 실제들을 다루고 있다. 전반적으로 학습하는 사회의 철학과 대상, 그리고 방법론 등을 이해하는 데 도움을 주기 위해 노력하였다.

이 책은 전체 3부로 구성되어 있다. 1부에서는 성인계속교육의 기본원리와 평생교육의 현대 동향과 과제를, 2부에서는 성인발달과 평생학습의 내용을, 그리고 3부에서는 학습사회교육론을 다루었다. 평생학습자들의 생애발달과 경험, 그리고 대상별 학습론을 다루었을 뿐만 아니라 다른 저서들과는 달리 평생학습자들의 경험과 동기 등에 대해 더 큰 관심을 두었다. 이 저서가 평생교육에 관심이 있는 모든 분에게 조그만 도움이 되었으면 하는 바람이다.

필자가 버클리 대학교, 사우스캐롤라이나 대학교, 부산대학교 그리고 서던일리노이 대학교에 재직하는 동안 저술한 내용들을 모아 집필한 책이기 때문에 시대를 초월한 기초적인 부분이 발췌되었다는 점을 독자 여러분이 이해해 주었으면 한다.

그동안 이 책을 집필하는 데 학문적으로 많은 분의 도움이 있었다. 특히 버클리 대학교 재직 시 지적으로 자극을 준 P. Cross 교수와 Martin Trow

교수, 사우스캐롤라이나 대학교 재직 시 동료교수였던 L. Winecoff와 J. Lyday 교수, 그리고 서던일리노이 대학교 대학원 지도교수였던 H. Miller 박사와 J. Verduin 교수께 감사를 전한다. 또한 이 책이 출판되기까지 수고하여 주신 학지사의 김진환 사장님과 편집진 여러분에게도 감사를 드린다. 그리고 함께 삶을 동반해 온 아내와 딸 승윤, 아들 상훈에게도 마음속 깊이 사랑을 보낸다.

2012. 8.
행당동산에서
이현청

| 차 례 |

제1부

현대사회와 평생학습

제1장 현대사회와 평생학습

교육은 생명이 유지되는 한 지속되어야 하는 삶의 한 과업이다. 이 점에서 학습은 인간의 호흡과 같다고 할 수 있다. 학습이 멈추는 순간 인간의 자기계발은 멈추게 되기 때문이다. 더구나 오늘날 우리가 살고 있는 사회는 '변화'와 '혁신'의 세기로, 매일매일 엄청난 양의 지식정보가 쌓이고 있는 데 반해 지식의 생명주기는 매우 짧아져 가는 시기이기도 하다. 따라서 지식의 양과 지식 생명주기의 변화는 직업구조의 변화와 가치관의 변화, 그리고 삶 자체의 변화를 초래하고 있다. 더구나 현대사회에서의 이러한 변화는 정규 학교교육이나 특정 전공만으로는 사회에 적응할 수 없게 만들고 있다.

1. 교육의 개념과 학습

일반적으로 교육은 학교교육을 의미해 왔다. 그러나 교육수요의 증가와 급격한 사회변동, 그리고 직업구조의 변화 등에 따라 학교교육만으로는 사회에서 필요로 하는 기술과 소양을 제대로 습득할 수 없는 사회가 되었다. 이러한 교육적 필요로 인해 종래의 학교중심교육 개념에서 평생교육의 개념으로 변화가 이루어지고 있다. 평생교육과 학교교육은 대비의 개념이나 단절적 개념이 아니라 보완적 · 연계적 개념으로 이해되어야 한다. 교육개념의 변화는 결국 가르치는 교수(teaching)의 입장에서 학습(learning)의 개념으로의 변화를 의미한다. 이 점에서 교육의 개념도 생애과정에서 필요한 내용과 방법으로 스스로 학습하게 되는 개념으로 전환되고 있는 실정이다. 교육의 개념은 학교교육을 중심으로 하는 '페다고지(pedagogy)'의 개념으로 통용되었지만, 학교교육 대상뿐 아니라 성인학습자와 노년학습자까지 포괄하는 교육개념은 페다고지와 달리 구분되어야 한다는 견해가 지배적이다. 학교교육 중심의 교육은 페다고지이지만 성인교육의 개념은 일반적으로 '앤드라고지(andragogy)'로 쓰인다. 또한 평균수명의 신장에 따른 노년층 인구가 증대함에 따라 이들을 위한 학습체계와 방법론이 필요한 실정임을 감안해 노년교육학이라 할 수 있는 '엘더고지(eldergogy)' 혹은 '제로고지(gerogogy)'의 용어도 쓰이고 있다(이현청, 1990, 1996).

교육의 개념은 교육대상, 생애발달과정, 교육욕구 그리고 사회적 측면에서의 교육수요 등을 감안해서 다양화되어 가고 있고 피교육자를 대상으로 하는 전통적 의미의 교육개념에서 학습의 개념으로 변화되고 있다.

2. 평생교육의 개념

평생교육은 학교교육과 학교 이외의 교육을 통합하는 학습의 개념으로 일생 동안 지속적으로 개인의 잠재능력을 계발하는 교육적 삶(educative life)의 총체적 의미다. 평생교육(lifelong education)의 용어는 1965년 12월 파리에서 개최된 유네스코 국제회의에서 Lengrand이 최초로 사용한 용어다(Lengrand, 1975).

평생교육에 관해서는 많은 학자가 다양한 정의를 내리고 있지만 일반적으로 전 생애과정을 통해 이루어지는 형식적 · 비형식적 교육을 모두 포함하는 의미로 받아들여지고 있다. 평생교육에 대한 몇몇 학자의 개념을 소개하면 다음과 같다.

Dave(1976)은 '개인적 · 사회적 삶의 질을 지속적으로 향상시키기 위해 평생 동안 이루어지는 모든 형태의 형식적 · 무형식적 학습활동'을 평생교육이라 정의하고 있다(Dave, 1976).

또한 Lengrand은 평생교육이 평생을 통해 각기 자신이 가진 다양한 소질을 지속적으로 발전시키고 사회의 발전에 충분히 참여할 수 있게 하는 교육을 의미한다고 하면서, '개인이 태어나면서부터 죽을 때까지 전 생애에 걸친 교육의 통합'으로 정의하고 있다(Lengrand, 1970: 50).

Lengrand(1975)에 의하면, 평생교육의 개념은 출생에서부터 죽음에 이르기까지의 전 생애에 걸친 모든 차원에서의 모든 교육 형태의 연계를 의미하며, 생애 발달과정에서의 시간적(수직적) 차원과 공간적 차원을 의미하는 개인 및 사회생활 전 부분을 통합하는 수평적 차원의 통합을 의미한다. 따라서 전 생애과정을 통해 개인이 처한 사회생활 전 부분을 교육적으로 통합하는 학습과정을 의미한다.

Helen(1987)은 평생교육을 '전 생애과정에서 생체적 · 심리적 · 사회적 규칙 속에서 이루어지는 발달 과업과 관련된 학습'으로 개념화하고 있다(Helen, 1987: 34-51).

또한 이현청(1988, 1994)은 평생교육을 개인 삶의 질적 향상뿐 아니라 조직과 사회의 질을 향상시키는 데 도움을 주기 위해 마련된 다양한 형태의 지속적이고 변화 주도적인 생애 전 과정학습이라 정의하고 있다.

이러한 개념들을 바탕으로 평생교육의 개념은 다음과 같은 몇 가지 특징으로 정의할 수 있다.

- 전 생애과정에 걸친 학습
- 삶의 수직적 차원(생애주기)과 수평적 차원(공간적)의 통합

- 모든 교육 형태의 연계조직화(무형식, 무제도)
- 형식교육과 비형식교육의 학습활동
- 삶의 질적 향상을 위한 생애과업(변화주도학습)
- 학교교육과 학교교육 이외의 종합적 학습노력
- 교육과 학습활동의 총체적 개념

따라서 평생교육은 교육장소, 방법, 시간 등의 관점에서 다양한 유형과 형태가 가능한 유연성을 지니고 있고, 학교교육과의 대립적 개념이 아니라 상호연계 보완적 특징을 지니고 있으며, 직업 수행이나 자기계발 차원에서 변화주도적 학습동기에 이루어지는 자기주도적 학습 형태라 볼 수 있다. 그리고 의무적으로 수행하는 학교교육과는 달리 자발적 학습의 특징을 지니고 있으며, 삶의 질과 역량을 개발하기 위한 자아실현 목적의 총체적 학습 노력이라 볼 수 있다.

3. 평생교육사회의 확대

21세기는 지식경영이 매우 중요시되는 지식기반사회다. 교육 시스템과 교육의 기능 역시 지식정보화 사회에 적합한 체제와 체계를 필요로 하게 된다. 따라서 21세기 교육발전 전략으로서 가장 중요시되는 과제는 지식기반사회 구축과 지식의 창출, 그리고 응용에 있다고 볼 수 있다. 교육의 기능과 역할 또한 '신 3R'로 대변되는 적시성(right time), 적절한 내용(right contents), 올바른 배출(right placement)을 수행하는 데 역점을 두게 된다.

이러한 시대적 변화로 인해 정해진 학교교육만으로는 사회에 적응하기 힘들어졌고, 한 가지 전공으로 일생 동안 직업을 수행했던 종래의 직업관에도 많은 변화가 불가피하게 되었다. 이 점에서 볼 때 21세기는 교육의 대전환기라 볼 수 있으며 학교교육은 물론 학교 이외의 교육에도 대전환이 불가피한 시대라 볼 수 있다. 교육에서도 다음과 같이 몇 가지 큰 패러다임의 변화가 이루어질 것이다(이현청, 2006: 17−22).

- 폐쇄체제에서 개방체제로의 변화로, 입학에서부터 졸업까지의 전 과정이 유연성을 지니게 될 것이다. 가정−학교−직장이 한 교육과정의 선상에 서는 학습체인체계(learning chain system)로 바뀌고 정규교육과 비정규교육, 그리고 지역과 국가를 초월함은 물론 제도와 비제도의 혼합적 특성을 띠게 된다.
- 교육 중심으로부터 학습 중심으로의 변화가 지배적일 것이며 교수자 역할, 교과서 내용, 교수방법의 활용 등에 있어서 커다란 변화가 불가피할 것이다. 결국 무제도, 무형식, 무규제 교육이 보편화되고 학습자 중심체제로의 변화가 주된 경향이 될 것이다.
- 교육소비자 중심체제로 전환됨에 따라 학생중심의 과정과 교육내용이 강조될 것이며 학습과정 자체가 소비자 중심체제로 전환될 것이다.
- 통신과 교통, 그리고 교수방법과 매체의 발달에 따른 변화가 이루어져 세계가 한 교육의 장이 되고 교육자원화되는 세계학습사회가 도래할 것이다.
- 국가 간, 지역 간 학습 인구의 이동과 자원의 공동활용, 그리고 자격 중심 운영체제적 특성을 지님에 따라 정규교육과 비정규교육의 경계가 약화될 것이다.
- 출산율의 급격한 감소와 평균수명 연장에 따른 저출산 고령화 사회의 도래에 따라 학생의 특성도 고연령 시간제 성인학습자가 증가할 것이고, 평생 네다섯 차례의 교육을 받게 되는 평생교육체제로의 변화가 예견된다.

표 1-1 학교 집단상담의 주제

학습하는 사회											
학교 이전 교육			학교교육					학교 후 교육			
태교	영아 교육	유아 교육	유치원	초중등	중등 이후	대학 교육	대학원	직장 현직 교육	전문 계속 교육	성인 교육	노년 교육
학령전기교육			학령기교육					성인계속교육			

이러한 패러다임의 변화는 교육에서 학습으로의 변화와 함께 학령기 중심의 학교중심 교육관에서 생애 전 과정에서의 계속교육 형태로 전환하게 될 것이다. 결국 학교 이전 교육 → 학교교육 → 학교 후 교육으로 연결되는 평생교육 패러다임으로 대변화가 이루어지고 있다는 의미로, 학습사회(learning society)의 확장이 이루어지게 된 것이다(〈표 1-1〉 참조).

4. 사회변동과 평생교육

평생교육은 사회변동과 밀접한 연관이 있다. 교육내용이나 대상, 그리고 교육방법 등에서도 그렇고 교육수요나 사회적 요구 측면에서도 그러하다. 특히 우리나라는 다른 나라들과 달리 독특한 교육문화를 가지고 있어서 공교육에 대한 신뢰가 낮은 편이고 사교육 의존도가 높은 편이며, 평생교육도 삶의 질과 관련된 분야나 전문계속교육 분야 이외에도 입시 위주 학교교육과 관련된 분야가 상당 부분을 차지하고 있는 실정이다. 평생교육은 사회변동에 가장 민감한 교육영역이므로 평생교육에 대한 교육내용 계획을 수립하기 위해서는 사회변동에 대한 이해가 매우 중요하다.

어느 사회이든 변동과정에서는 교육이 해결해야 할 과제를 수반한다. 특히 사회변동이 급격할 때, 그리고 광범위하게 이루어질 경우, 이러한 문제

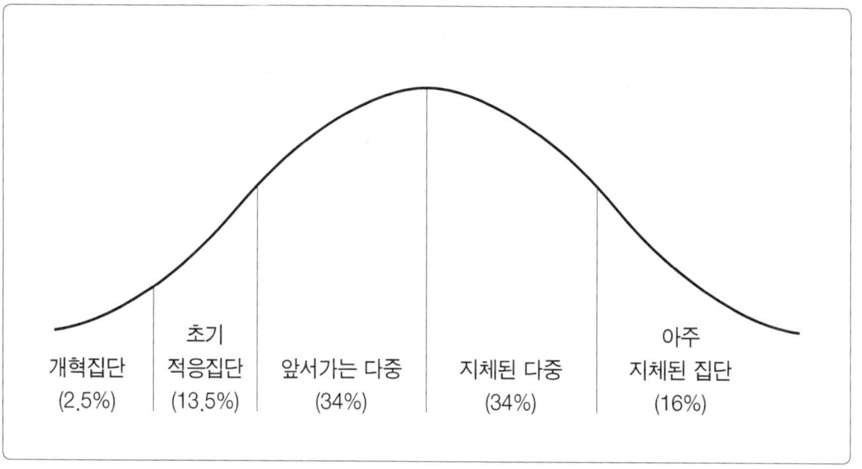

[그림 1-1] 사회구성원의 사회변동 적응수준과 평생교육

들은 더욱 심각하게 나타난다. 이때 제기되는 문제는 교육이 어떻게 사회변동에서 야기된 사회문제를 해결하면서 동시에 사회 진보에 기여할 수 있는가 하는 것이다. 특히 변동과정에서 교육이 할 수 있는 기능은 사회구성원들로 하여금 변화에 적응할 수 있도록 교육시키는 일과 변동과정에서 야기된 사회문제를 바람직한 형태로 극복하도록 하는 일이라 할 수 있다. 일반적으로 사회변동과 관련된 평생교육의 과제는 몇 가지로 요약 정리할 수 있다. 사회변동 관련 평생교육의 대상을 중심으로 평생교육의 과제를 살펴보면 [그림 1-1]과 같다.

특히 교육이 사회변동을 주도하느냐 혹은 사회변동에 의해 교육이 영향을 받느냐의 정도는 네 가지 요소에 의해 결정된다. 즉, [그림 1-1]에서 보는 바와 같이 개혁집단이 많을 경우 사회변동의 속도나 범위가 달라진다는 것이다. 물론 평생교육의 과제도 달라지기 마련이다(Rogers, 1983: 233-247).

개혁집단이나 초기적응집단이 많을 경우 사회변동의 속도도 빨라지고 사회변동의 범위도 확대되어서 평생교육의 필요성도 증대하게 된다. 물론 평생교육의 내용도 창의성과 사회변동 주도적 내용이나 혁신, 효율성, 리더십

등이 더 요구될 수 있다. 그러나 Rogers가 주장하는 것과는 달리 아주 지체된 집단이 더 많아질 경우에는 성인기초교육이나 재교육 혹은 지역사회 중심교육이 더 필요할 수 있다. 특히 정규교육이 양극화 해소에 한계가 있다는 점을 감안할 때, 그리고 개혁집단이나 초기적응집단 또는 앞서가는 다중의 경우와 지체된 다중과 아주 지체된 집단을 양분해서 생각해 볼 때, 사회구성원의 사회변동의 적응 수준 여부는 평생교육과 무관하다 볼 수 없다.

1) 양극화 현상 해소

현대사회는 계층갈등의 사회라 할 수 있다. 특히 경제적 차원에서뿐 아니라 교육적 차원이나 문화적 차원에서도 계층 간의 차이가 심화됨으로써 이러한 계층갈등을 교육을 통해 해소하는 과제가 부각되고 있다. 산업화 이전에는 절대적 빈곤감이 중요한 문제였지만 후기 산업사회 이후 '상대적 박탈감(relative deprivation)'을 해소하는 과제가 중요한 교육적 과제로 등장하고 있다. 더구나 지식정보화 사회에 접어들면서 지역 간, 세대 간 '정보격차'와 교육양극화 현상마저 확대되고 있어서 커다란 사회문제가 되고 있다. 한 여론조사에 의하면, 교수들이 향후 10년 한국사회 키워드로 가장 많이 꼽은 것은 복지(47.9%)였으며, 양극화(36.8%)도 중요한 사회 이슈로 꼽고 있다(교수신문, 2012. 4. 25. 참조). 한국사회 3대 키워드로 꼽는 '사회통합-복지-양극화 해소'는 자본주의 사회에서 불평등을 어떻게 완화시킬 것인가에 대한 중요한 평생교육의 과제라 볼 수 있다. 소위 일류대학 지배적인 사회적 구조 속에서 사회계층 이동의 중요한 수단인 학교교육이 사회계층 이동의 역할을 제대로 수행하지 못하고 있다는 점에서 학교교육의 보완적 기제로서의 평생교육의 역할은 매우 중요하다.

2) 저출산과 고령화

현재 우리나라가 안고 있는 가장 심각한 문제 중의 하나는 저출산과 고령화다. 2011년 2월에 발표한 통계청의 인구통계 조사 결과에 의하면, 2010년 출생자 수는 469,900명으로 1980년 862,835명에 비교하여 45.5%나 감소한 것으로 나타났다. 이러한 출산율의 감소는 1980년부터 지속되어 왔으며 저출산 현상은 매우 심각한 수준이다. 우리나라는 2009년 이후 OECD 국가를 포함하여 세계에서 출산율이 가장 낮은 국가에 해당한다([그림 1-2] 참조).

더구나 2005년 이후 20대 후반에서 높은 저출산율을 나타내고 있고 결혼 연령이 상승하고 있음을 보여 주고 있으며, 이러한 현상은 한 자녀 출산에 그쳐 저출산의 중요한 원인이 되고 있다(이동석, 2011).

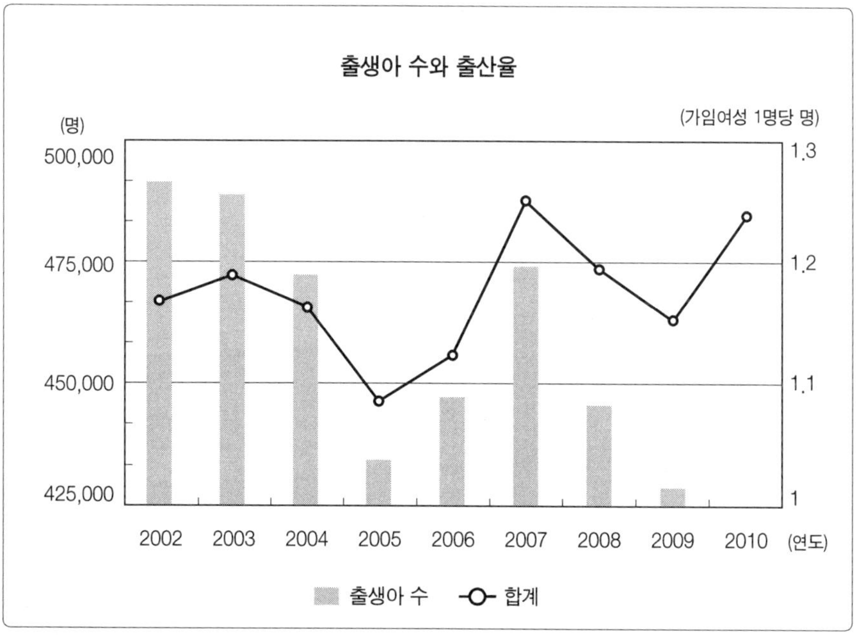

[그림 1-2] 출산율 추이 변화

출처: 통계청(2011). 인구동태통계조사.

심각한 저출산 현상은 결혼관 및 자녀관의 변화와 관련되어 있는데, 결혼이 필수가 아닌 선택이라는 가치관에 따른 것으로 결혼을 기피하거나 미루는 경향 때문이다. 특히 여성의 교육수준 향상, 여성임금 증가, 사회활동 증가 등에 따라 여성의 자아성취 의욕이 향상되고 출산의도가 저하된 데도 원인이 있다.

저출산 문제는 사회 전반의 가치관과 연관되어 있어 결국 평생교육의 중요한 과제가 되고 있다. 물론 청년실업 등 고용불안은 추가교육 소요 연한을 연장시킴으로써 교육기간이 증가하게 되고 이는 저출산에 직접적인 영향을 끼친다.

이와 함께 저출산의 심화는 결국 학령인구 감소를 초래하여 정규교육에 절대적인 영향을 미치게 되고 연쇄적으로 평생교육 대상자도 감소하는 현상을 초래하게 된다.

한편 인구의 고령화도 심각한 사회문제 중의 하나다. 전체 인구 중 65세 이상 인구가 7% 이상일 때 고령화 사회로 정의한다. 그리고 14% 이상은 고령사회, 20% 이상은 초고령사회로 구분되는데, 우리나라는 2000년에 고령화 사회로 진입한 이래 2012년 현재 11%로 넘어 고령화 속도가 세계에서 가장 빠르게 진행되고 있다(〈표 1-2〉 참조).

표 1-2 주요 국가별 고령화 속도 국제 비교

구분	도달 연도			증가 소요연수		
	7%(고령화)	14%(고령)	20%(초고령)	7%→14%	14%→20%	7%→20%
일본	1970	1994	2005	24	11	35
프랑스	1864	1979	2018	115	391	54
영국	1929	1975	2028	46	53	99
미국	1942	2014	2032	72	18	90
한국	2000	2018	2026	18	8	26

출처: 일본 국립사회보장인구문제연구소(2010)에서 재구성.

고령화 사회로의 변화로 인해 노년층 인구가 생애발달 과업에서 필요한 건강, 복지, 은퇴 후 적응, 취미활동, 생활재정설계, 제2의 진로선택 등 다양한 평생교육적 과제가 필요하게 된다.

3) 청년실업

우리 사회는 인구, 교육, 노동 등 다양한 분야에서 청소년에 대한 관심이 높아지고 있다. 특히 청년실업 문제는 우리 사회가 안고 있는 가장 심각한 사회문제 중 하나다. 2011년 통계청 자료에 의하면, 우리나라 총인구 중 청소년의 비중은 20.7%로 1970년 말 이후 지속적으로 감소해 오고 있다. 2011년 우리나라 인구가 4,898만 9,000명으로 전년 대비 0.2% 증가했지만 청소년 인구는 1.4%나 감소한 것으로 나타나 있다. 물론 학령인구도 대폭 감소해 갈 것으로 예견되고 있는데, 2011년 970여만 명에서 2030년은 616만 명으로 줄어들 것으로 예견되고 있다(통계청 청소년 통계자료, 2011).

특히 청소년 인구의 감소에도 불구하고 높은 청년실업률은 사회문제가 되고 있다. 2011년 고등교육기관 졸업자 취업만 볼 때에도 50~60%대에 머물고 있어 고등교육기관 졸업자의 절반에 가까운 청년들이 실업의 고통을

표 1-3 고등교육기관 졸업자 취업률

대학 구분	취업률	졸업자 수
전문대학	60.7%	188,216명
교육대학	55%	5,574명
대학	54.5%	293,967명
산업대학	65.3%	21,339명
각종 학교	37.3%	860명
대학원	47.7%	58,697명

출처: 한국교육개발원(2011). 고등교육 통계자료집.

안고 있다는 것을 알 수 있다(〈표 1-3〉 참조).

청년실업의 문제는 평생교육 분야에서 관심을 두고 해결해야 할 중요한 사회적 과제 중 하나임에 틀림이 없다.

4) 사회통합

우리나라가 내실 있는 선진국이 되기 위해서는 선진자본주의 사회가 안고 있는 사회적 불평등을 어떻게 완화시킬 것인가가 매우 중요하다. 소득 양극화로 인한 갈등 해소를 위해 대두되는 해법이 복지 확대라는 주장이 있지만 복지만으로는 사회통합을 이루는 데 한계가 있을 수밖에 없다. 특히 우리나라는 계층갈등, 문화적 소외에 따른 갈등, 지역갈등, 종교갈등, 세대갈등 그리고 남북 간의 갈등 등 다른 국가와는 다른 사회통합의 과제들이 많은 형편이다. 이러한 사회적 갈등을 슬기롭게 해결하는 방안은 공교육뿐 아니라 평생교육에서도 다루어져야 할 중요한 교육적 과제 중 하나다.

사회통합을 위해서는 국가의 정체성을 확립하는 교육과 더불어 사는 교육, 그리고 나눔과 봉사에 대한 교육이 평생교육의 중요한 과제가 된다. 물론 불평등을 해소하는 복지정책의 확대도 필요하지만 비물질적 의식개혁과 지역사회 중심의 교육적 노력은 사회통합을 위해 다루어져야 할 순위 중 하나라 볼 수 있다.

참고문헌

교수신문(2012. 4. 25). 교수들이 보는 한국 사회 키워드.

이현청(1988). 생애단계별 사회교육. 서울: 새교육.

이현청(1994). 교육사회학서설. 서울: 교육과학사.

이현청(1990). 고등교육과 탁월성. 대학교육, 48. 한국대학교육협의회.

이현청(2006). 전환기 대학교육 개혁론. 서울: 문음사.

이동석(2011). 한국의 저출산 정책 방향에 관한 연구. 서울시립대학교 도시과학대학원 석사학위논문.

일본 국립사회보장인구문제연구소(2010). 인구통계자료집.

Dave. R. (1976). *Foundation of lifelong education*. New York: Pergaman Press.

Helen, L. B. (1987). *The journey of adulthood*. New York: Macmillan Publishing Co.

Lengrand, P. (1970). *An introduction to lifelong education*. Paris: UNESCO.

Lengrand, P. (1975). *An introduction to lifelong education*. London: The UNESCO Press.

Rogers, L. (1983). *Social change and Innovative group*. Columbia: USC press.

제2장

성인계속교육의 이론적 배경*

성인계속교육은 성인생활의 질적 향상, 특히 조직 · 기구 · 기관의 질을 향상시키는 데 도움을 주기 위해 마련된 다양하고 복잡한 과정이다. 그러나 성인계속교육(adult and continuing education)은 그 용어를 사용해 온 지 수십 년이 지났음에도 불구하고 표준이 될 만한 의미를 갖지 못하고 있다.

문헌에서 살펴보면, '평생교육(lifelong learning)' '중등이후교육(post-secondary education)' '성인교육(adult education)' '비정규교육(non-formal education)' '인간자원개발(human resource development)' '비전통 교육(non-traditional study)' 등과 같은 용어가 성인계속교육활동의 의미로 주로 사용되고 있다. 물론 이 이외에도 대학교육 확충 프로그램(university extension program), 문맹퇴치교육(literacy education), 공민교육(civic or citizenship education), 전문계속교육(professional continuing education), 직업교육(vocational education), 교육휴가 프로그램(educational leaves), 학교 외 프로그램(off-campus program), 자유교육 또는 개방교육(free or open education), 후속교육(further education), 지역사회 개발교육(community development), 순

* 이 장은 미국 서던일리노이 대학교 기술개발대학 학장인 Harry Miller 박사와 함께 쓴 *A Rationale for Adult and Continuing Education*을 의역하여 실은 것이다.

환교육(recurrent education), 교육중개(educational brokering) 등의 개념도 성인계속교육활동을 의미하는 데 쓰이고 있다.

이러한 용어 사용상의 혼란에도 불구하고 성인이 다양한 방법으로 자신을 강화하는 학습경험에 계속적으로 관여할 수 있는 것은 무엇이든 간에 성인계속교육으로 간주될 수 있다. 이러한 자발적 학습은 곧 삶의 경험이며 동시에 학습경험이 된다. 그리고 성인계속교육은 금방 성인이 된 장년층에서부터 중견시민에 이르기까지 성년기에 있는 모든 연령 수준을 포함한다.

성인계속교육은 다양한 장소에서 행해지며 또한 다양한 프로그램이 강조된다. 성인계속교육은 공적이든 사적이든 많은 조직과 기관의 후원을 받든 아니면 후원 없는 자발적인 교육 프로그램이든 모두 수용된다. 또한 높은 수준의 교육을 받은 성인은 물론, 기능적 문맹(functional illiteracy)자로 간주되는 사람들에게까지도 학습경험을 제공해 줄 수 있다. 또한 경제적으로 어려운 사람들에서부터 아주 부유한 사람들에 이르기까지 성인 모두를 위해 구상될 수 있다. 성인계속교육은 성인욕구를 충족시키기 위한 일차적 목적이 있으며 아울러 사회와 조직의 욕구를 기본적으로 충족시키기 위해 고안된다. 이러한 요인들 때문에 성인계속교육은 세계 여러 나라 교육에서 급속히 증가하는 추세에 있다.

이와 같이 성인계속교육이 광범위하고 복잡하며 급성장하고 있는 영역이라는 점 이외에도 학습방법과 장소 활용 면에서 자유롭고 융통성 있다는 점이 또한 흥미롭다.

성인계속교육을 위해 행해지는 어떤 공식적인 영역(예컨대, 전문대학, 종합대학 프로그램)과는 달리 많은 성인계속교육은 성인 자신이나 사회의 다양한 조직에서 나타나는 욕구와 목표에 접근할 수 있는 융통성이 있다. 욕구가 확인되면 그 욕구에 따라 학습경험과 프로그램이 욕구에 부합되도록 세워진다. 이러한 프로그램은 공식적일 수도 있고 비공식적일 수도 있으며, 약간의 공신력이 포함될 수도 있고 공신력이 없을 수도 있으며, 학교에서 행해질 수도 있고 학교 이외의 다른 곳에서 행해질 수도 있다. 뒷부분에서 언급하겠지만 성인을 위한 학습 프로그램은 교도소, 공장시설, 교회, 병원, 숙박시설과 같은 여러 다른 장소에서도 시행이 가능하다. 이것은 지역사회의 주민과 공공기관, 조직의 범위 내에 있는 성인학습자들을 위한 프로그램으로 행해진다. 때로 성인학습자들의 삶의 질을 향상시키기 위한 모든 교육적 노력이 모두 이에 해당되기도 한다. 성인계속교육은 갑작스럽게 나타나는 사회나 성인학습자들의 욕구에 부응할 가능성을 가지고 있으며, 많은 경우 다른 교육기관에서 볼 수 있는 여러 규칙과 규정에 의해 제약받지는 않는다. 그러므로 성인계속교육은 어떤 조직에서 성인이 그의 직업적 기회, 개인적 행복, 사회환경의 개선을 위해 보다 나은 어떤 일을 할 수 있도록 제공되는 비공식 혹은 공식적 계획에 의한 조직화된 학습이라고 정의할 수 있다.

이 장에서는 일반적으로 성인계속교육에서 많이 볼 수 있는 학습자체제(client system)나 프로그램의 시도, 학습전달체제(agency delivery system) 등을 보다 주의 깊게 검토 분석하기 위하여 성인계속교육의 개념과 원리가 다루어진다.

이러한 체제와 프로그램 등의 근거에 따라, 첫째, 프로그램 시도와 관련된 분석과 선택적인 대체전달체계(alternative delivery system)가 만들어진다. 또한 성인교육 활동을 위한 전제가 제시되고 성인고객의 교육에 대한 공헌이 나타난다. 둘째, 성인계속교육을 위한 개념화된 이론을 통하여 현재 진행 중인 많은 성인교육활동에 참여하는 학생들은 중요한 교육적 의미를 찾을 수 있다. 특히 다음에서 논의될 몇 가지 변수는 성인교육을 위한 방향과 이론을 명백히 제시해 줄 수 있다.

이들 주요변수 내에서 대부분 혹은 관계되는 모든 요소는 학습자체제나 성인교육자 또는 성인학습자들에게 영향을 미치며 최소한 성인을 위한 양질(良質)의 학습경험을 제공하기 위해서도 마땅히 논의되어야 할 요소들이다. 이러한 변인들과 성인계속교육을 위한 이들 요소 간의 의미가 무엇인지를 이해함으로써 성인계속교육의 본질이 무엇이며 어떻게 이루어져야 할 것인가 하는 개념화가 성립될 수 있고 아울러 이들 요인 간의 명확한 관련성도 이해할 수 있다.

1. 사회의 본질

성인계속교육의 원리를 이해하기 위해서 분석하고 해석하여 의미를 찾아야 할 가장 주요한 변수는 사회의 본질(nature of the society)에 대한 문제다. 사회의 본질을 규명하고 그 관련성을 찾아 성인계속교육 경험에 어떻게 영향을 주는가를 이해하는 일은 매우 중요하다. 말하자면, 사회 내의 조직과 기관, 그리고 사회구성원 개인들 간의 관계를 이해하고 그 영향을 이해하는 일이 중요하다 하겠다.

사회는 여러 가지로 공적이든 사적이든 간에 사회제도를 설립하여 사회구성원인 고객(client)에게 봉사하고 공동의 목적을 수행함으로써 목표를 충족시키며 모든 사회구성원의 복지와 안정을 기한다.

예를 들어, 사회는 소방서, 경찰서, 병원과 같은 기관을 설립하여 사회구성원들에게 봉사하고 계속하여 사회 속에 생존하는 성원들의 안전과 보호라는 목표를 수행한다. 특히 사회 내에 존재하는 이러한 기관들은 설립 취지에 따라 사회에서 특정한 역할을 하도록 요구된다. 모든 경우에 사회적으로 다양하게 정의된 기관과 조직들은 규정된 목표를 수행하며 사회구성원들의 생활의 질을 높이도록 '기대된' 역할을 수행하게 된다. 이러한 기능을 간략히 도식화하면 다음과 같다.

사회 → 기관들 → 역할 → 기대 → 목표

이와 같이 사회는 고객의 이익과 사회의 개선, 보호로 정의된 목표를 이끌도록 역할이 부여된 기관으로 정의할 수 있다. 잘 알려진 기관들인 초등학교, 중등학교 혹은 대학 등의 정규교육기관이든 성인기초학습을 위한 기관이든 모두 예외는 없다. 따라서 사회는 사회를 개조하는 한정된 목표를 이끌어 가는 학교로부터 기대되는 역할을 가진 기관을 포함한다. 사회는 다양한 노력을 통하여 성인학습기관을 설립하고 사회를 부강하게 만들며 성인들이 생활의 질을 높이기 위하여 추구하는 것들을 도와준다. 또한 성인학습경험에 전적으로 흥미를 부여하며 공적이든 사적이든 성인교육에 다소 관심을 두는 타 조직이나 정책도 사회 내에서 발견된다. 그러므로 그들의 목표를 효율적으로 수행하기 위하여 성인계속교육 과정을 운영하는 제도를 설립한다. 이러한 점에서 직업, 산업기관, 교도소, 도서관, 군대와 같은 기관들이 조직이나 정책의 주어진 목표를 보다 집중적으로 달성하기 위하여 동등한 목표나 하위 목표로서 성인계속교육기관을 설립하여 운영한다.

더 중요한 것은 성인학습자가 다양한 조직이나 정책 등의 영향을 받는 사회구성원으로서 조직에 소속되어 정책에 영향을 받으며 또 조직과 꾸준히 상호작용하고 거기서 기능과 역할을 기대한다는 사실에서 성인계속교육의 필요성을 찾아볼 수 있다. 이러한 성인학습자는 사회나 조직, 정책과 같이 그들 개인적 생활의 개조를 위하여 명확한 목표를 가지고 있다. 이들 목표는 개인의 욕구와 개성으로부터 나타난다.

인간 행동이 나타나는 차원을 도식화하면 다음과 같다.

사회 ➡ 개인 ➡ 개성 ➡ 욕구 ➡ 목표

이 도식에서 사회나 다른 조직의 정책은 개인의 목표를 달성할 수 있는 욕구를 좀 더 명확히 나타내는 개성(personality)과 구별되는 개인(individual)으로 구성된다. 모든 성인은 그들 개인의 욕구를 좀 더 자세히 반영하는 각기 다른 개성을 가지고 있다. 이러한 개인별로 다른 욕구는 그들이 공식, 비공식 학습경험에 참여하는 모든 성인학습자에 의해 다른 학습목표를 가져오게 된다.

사회기관과 조직, 성인 개개인 모두를 위한 목표의 많은 부분은 그들을 둘러싸고 있는 문화적 영향으로부터 유래된다. 문화적 영향에 따른 특성과 신념은 모두 중요한 가치를 나타냄으로써 제도나 개인 모두에게 영향을 미친다. 제도와 개인에 대한 다이어그램에서 문화적 영향은 다음과 같이 제시된다.

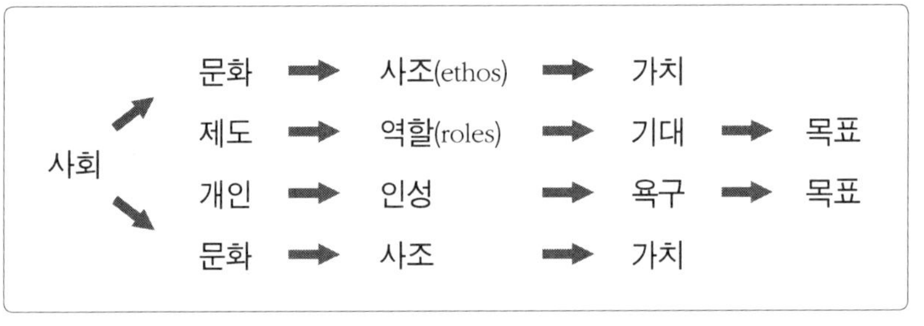

이 표에서 문화는 신념과 모든 조직을 구성하는 데 도움이 되는 개인은 물론 주어진 제도 모두에 영향을 끼칠 수 있는 가치를 반영하는 특성(사조)을 가지고 있다고 볼 수 있다. 제도에 영향을 주는 가치는 중간 계층에서 좀 더 지배적인 반면에, 그러한 영향을 가져오는 성인에게서 가치계층구조의 유래를 찾을 수 있다.

역동적이고 고도로 기술적이며 많은 제한점을 가지고 있는 사회, 즉 이동이 활발한 사회의 문화적 영향은 어떤 기대를 강요하는 제도를 가져오기 쉽다. 반면에, 그들의 문화적 영향을 가지고 있는 성인은 성인계속교육을 위한 다른 욕구와 가치를 가지게 된다. 다양한 제도에서 비롯된 기대와 개인의 욕구 간에 차이가 나타나며, 성인계속교육의 수행과정에서 개인의 욕구와 다양한 제도의 두 본질 간에 나타난 목표를 구현하기 위한 노력이 교육하는 과정에서 복잡하게 일어난다.

성인계속교육과 그 전문 종사자들은 이 과정의 중간에 있다. 성인계속교육은 거대사회와 그 조직정책, 그리고 성인학습자들이 포함하고 있는 사회적 · 경제적 · 문화적 영향을 유심히 관찰해야 한다. 이렇듯 모든 사회와 개인 성인들의 복잡성을 고려할 때 사회와 개인 간의 목표를 성취하도록 돕기 위하여 성인계속교육에 있어서의 학습경험은 다양하고 다면적인 추세를 수용해야 한다.

성인교육자는 프로그램과 경험을 정의함에 있어 사회와 다양한 조직의 목표, 그리고 성인 개인학습자의 소망을 모두 고려해야 한다. 몇 가지 상황에서는 사회와 조직의 요구가 개인의 요구보다 무거우며, 또 어떤 경우에는 그 반대일 수도 있다.

일반적으로 성인계속교육은 사회와 그 사회의 가치기대목표의 중요함을 인식해야 하고 날마다 사회 속에서 생활하고 있는 개인을 잘 고려해야 한다. 사회와 사회 속에서 여러 관점을 지니고 있는 개인이 속한 조직욕구와 목표가 결합된 개인적 속성을 가진 성인을 유심히 고려하지 않은 프로그램은 성공할 가능성이 매우 제한적이다. 일반적으로 성인계속교육의 방법은 두 목표 실현을 위해 다양하게 제공될 수 있다.

2. 성인계속교육의 목적

성인계속교육의 논리에 있어서 두 번째로 고려해야 할 것은 성인계속교육의 주요 목적을 다루는 것이다. 성인계속교육의 기본적 목적은 각 개인 성인학습자의 삶의 질을 개선하여 사회에서나 어떤 조직사회에서 좀 더 성공적인 기능을 하도록 돕는 데 있다. 이 주요 목적하에 세 가지 광범위한 고객체제가 다음과 같이 제시되고 있다.

- 교육받지 못한 성인의 교육
- 훈련, 재훈련을 통하여 경제적 풍요를 누릴 수 있도록 계속전문교육의 실시
- 여가와 부를 추구하는 교육

모든 성인계속교육은 성인학습경험에서 일차적으로 이 세 가지 주 고객체제 또는 이들의 결합에 초점을 두고 있다.

성인계속교육의 광범위한 대상으로는 공식교육의 형태를 통해서 지식이나 기술을 충분히 획득하지 못한 성인을 교육하는 것이다. 역동적이고 고도로 기술화된 사회에서 충분한 기능을 발휘하기 위해 기초기술이 부족한 성인에게 초점을 둔다. 높은 교육과 문명사회로 인식되는 미국에서도 많은 성인이 역동적인 사회에 맞설 지식이나 기술을 소유하지 못했다. 텍사스 대학에서 행해진 성인능력수행 수준 연구에서 미국 성인 인구의 20%가 기능적으로 부적격자임이 드러났다.

기술을 배우는 데 있어 지혜가 부족하다는 생각을 가진 사람에게는 성인기초교육(ABE)이나 문해교육의 핵심을 최소 기능수준으로라도 끌어올리는 점에 강좌의 목표를 두고 있다.

학습경험은 3R뿐 아니라 성인이 복잡한 사회에서 정상적으로 생활할 수 있도록 하는 지식기술을 모두 포함한다. 성인계속교육의 다른 형태는 성인들이 사회에서 보다 나은 기능을 수행하도록 하는 기초교육으로 지각하는 것이다. 예를 들어, 고령의 사람들에겐 노년 세대가 직면하고 있는 세계와 맞설 수 있도록 선택하여 배우는 것이 필요하다. 그들에게는 쓰려는 의지, 팔려는 재산, 원조를 위해서 유용하게 사용하는 매개, 그리고 생산과 소비의 영역에 관한 지식의 형태를 도와주는 것이 필요하다.

성인계속교육은 또한 교육받지 못한 성인의 범위 내에서 고등학교 졸업증이나 그와 동등한 대학무시험 입학증명서 취득에 도움이 되는 방향으로

상당한 노력을 펴고 있다. 가장 일반적 형태는 성인이 충분한 지식을 얻거나 이해하여 고교졸업자격(GED) 시험에 합격할 수 있도록 연마하는 것을 다루고 있다. 다시 덧붙여, 이러한 상당한 교육적 노력의 이유는 복잡하고 역동적인 사회에서 충분한 기능을 발휘할 수 있는 수준으로 끌어 올리거나, 보충학습 또는 고용을 준비하는 것이다. 고등학교 졸업증이나 그와 동등한 자격은 미국의 많은 고용기관에서 위탁교육을 하는 것으로 알려져 있으며, 따라서 성인계속교육 영역에서는 이 영역의 통계수치가 제한되어 나타날 수 있다. 기초학습기술은 사람들이 직업기술을 배우기 전에 요구되거나 좀 더 복합적인 기술습득을 위해 필요로 한다는 것은 명백하다.

교육받지 못한 사람을 교육시키는 것은 불가피하다. 기본적 문자해득이나 학습기술이 부족한 성인은 사회에서 제 구실을 다 할 수 없으므로 많은 기관이나 조직에서는 이 분야에서 성인들에게 학습경험을 제공하고 있다. 나중에 기술하겠지만 군대, 산업시설, 지역학교, 성인교육센터, 종교기관 그리고 다양한 사회적 · 지역적 기관은 이 중대한 성인계속교육의 목적에 중점을 두고 있다.

성인계속교육의 두 번째 중요한 요점은 성인이 경제적 자급자족(self-sufficiency)을 유지하고 준비하도록 돕는 것으로 정의할 수 있다. 역동적이고 고도로 기술적인 사회에서는 직업 분야에 계속 고용되어 일할 수 있도록 하려면 계속적인 훈련을 강화시켜 나가야 할 것이다. 가장 큰 고객 서비스라는 용어라 할 수 있는 성인계속교육은 특수 직업을 위한 교육은 물론 비숙련된 성인의 기초훈련에서부터 고도의 전문직업을 가지는 성인의 재교육까지 연속적으로 이어진다.

미국의 경우, 연방정부나 다른 위탁기관은 기초훈련과 자기충족의 개념을 인식하고 1962년 인력개발훈련법, 1964년 경제기회법, 1973년 종합고용과 훈련법(CETA) 등을 근거로 하여 성인교육의 기금을 제공받고 있다. 이 교육적 노력은 일차적으로 몇 가지 학습경험을 통해서 성인을 돕는 데 초점을 두고 직업 영역에서 전문성과 능력을 숙달시킬 수 있다.

직업능력 기능의 상실을 피하고, 발달되고 있는 기술에 따라 경력을 쌓아 갈 수 있으며, 고용 요구와 부합되는 교육부분을 보완하기 위해서 많은 조직에서뿐만 아니라 산업체와 직무의 외부에서까지 성인의 재훈련(연수)은 매우 보편적이다.

자격증에 대한 요구, 강화된 다양한 전문직 요건, 개인적 교육에 대한 소망 등은 계속전문교육의 영역에서나 성인계속교육의 일반 영역에서는 매우 활동적인 수준으로 변해 가고 있다. 전문성을 의미하는 새로운 지식은 이미 학습된 직전교육 수준을 새롭게 해야 한다.

훈련, 재훈련, 성인의 계속전문교육은 공적으로나 사적으로 기관이나 조직에서 다양하게 일어날 수 있고, 관심 있는 성인의 요구, 조직과 전문성의 요구 또는 사회의 필요와 요구를 자극시킬 수도 있다.

사업과 산업체 모두 그들의 목표를 수행하거나 그들의 고용인을 돕도록 힘쓰는 데 있어 우선적으로 포함된다. 지역사회의 대학, 성인직업센터, 다른 사회적·지역적 정부기관들은 고도의 기술적 직업인으로 끌어올릴 수 있는 다양한 분야에서 성인을 위한 훈련 기회를 많이 제공한다. 전문적 사회기관과 연합회뿐 아니라 대학과 대학교는 전문성에 있어서 성인계속교육에 깊이 관여하고 있다.

성인의 훈련, 재훈련, 계속전문교육의 개념은 성인교육의 중요한 분야로서 알려져 왔고 오랫동안 미국에서 이런 관점이 유지되어 왔다. 사회적·기술적 변화, 개발, 진보는 계속적으로 사회나 조직이 처한 문제였으며, 성인의 모든 직업적 수준에 부합하는 기능은 경제적으로 자급자족하는 개인으로 키우기 위해 고려되어야 할 과제였다.

성인교육의 세 번째 주요 고객체제는 좀 더 창조적이고 의미 있는 활동을 통하여 그들의 생활을 즐기고 삶을 좀 더 풍요롭게 하도록 돕기 위해 성인에게 필요한 학습경험을 제공하는 것으로 정의된다. 수명의 연장, 이른 정년퇴직으로 인하여 대체로 더 많은 여가를 가질 수 있으므로 이 분야에 대한 성인계속교육의 필요성에 대한 요구는 명백하며, 뿐만 아니라 사람들은 많은 돈을 여가활동에 쓰고 있다는 점에서도 이를 증명해 주고 있다. 또한 사회의 질을 높이는 데 관심이 있는 사람들은 사회를 개선시키거나 자기 또는 가족의 능력을 높이기 위해 성인계속교육을 요구하고 있다. 특정한 학습경험의 성취를 통해서 성인의 삶을 풍부하게 하도록 배울 수 있고 자신뿐 아니라 타인의 삶까지 좀 더 풍부하게 할 수 있다.

공식 혹은 비공식 학습경험이 필요하다는 교육적 의미는 성인의 생활을 좀 더 풍부하도록 도울 수 있고, 여가 또는 레크리에이션 활동을 통한 개인적 풍요의 의미를 더하는 것으로 정의된다. 일반 영역에서의 경험은 중국요리사가 디스코를 추는 것에서부터 믿음의 질을 증진시키도록 참된 믿음을 주는 종교교육에까지 광범위하게 이루어진다. 성인계속교육과 관련된 많은 조직이나 정책은 성인교육의 이러한 분야까지 포함시키는 의미를 말한다. 지역사회의 대학이나 일반대학, 대학교, 교회, YMCA, 또는 지방공립학교, 도서관과 많은 다른 지역사회 교육정책은 자신의 풍요를 누리는 데 필요한 교육으로 성인계속교육을 강조하고 그것에 시간을 투자하고 있다. 성인계속교육의 영역에서 학습경험의 잠재력은 무제한적으로 지속되어 왔다. 이 굉장한 경험적 성장은 앞으로도 계속될 것이다.

3. 성인학습자의 본질

성인계속교육의 이론적 근거를 발전시키는 데 대한 세 번째 고려는 성인학습자의 본질(nature of the adult learner)에 초점을 두고 성인계속교육 분야에서 학습을 이해하는 것이다. 공립학교의 젊은 상대자(=학생: counterparts)들과 마찬가지로 성인학습자 개개인 모두가 그들 각자의 필요, 가치, 태도,

신념 그리고 자기개념을 가지고 있는 인격체들이다. 이 개인이나 개인들이 가지고 있는 지각 있는 사고들은 차례로 학습을 할 때 그들의 학습행동을 지배한다. 사회계층, 준거집단, 성인학습자의 가족배경은 성인학습자의 개성 형태, 그에 수반되는 교육욕구, 가치, 태도에 영향을 준다.

이 개성요인은 일부 변화하는 것을 제외하고 오랜 시간 동안 형성되어 왔기 때문에 변화하기 쉽지 않은 강한 특성을 지니기 때문에, 성인교육이 성인학습자 개개인의 개성에 초점을 둔다면 행동변화나 학습이 가능하다.

성인에게 있어 삶의 역할이나 생애발달주기는 성인계속학습에 대한 근거와 학습 잠재력에 영향을 끼친다. 성인의 이러한 삶의 역할이나 발달주기는 그들의 직업, 가족, 지역사회로부터 그들이 해야 할 역할과 관련되어 있다. 학습이 삶에 중요한 역할을 변화시키기 때문에 학습을 통한 변화는 성인에게 학습이 필요하다는 근거를 제시해 준다.

생애주기는 '가정을 떠나는' 단계에서 퇴직 후까지 성인의 삶을 변화시키는 데 강하게 작용한다. 일, 가족, 지역사회활동, 건강, 퇴직 등의 활동은 다양한 주기 동안 생을 통해서 이루어져 왔고, 이어서 성인은 공식 · 비공식 교육을 필요로 하게 된다. 성인에 대한 학습과 관련된 관심은 성인이 처한 환경의 범위 내에서 각자의 다양한 의무와 관련되어 있다. 성인계속교육자 개개인의 역할, 유동적인 삶의 주기, 그들의 환경을 알아야 한다는 사실은 성인학습자들에게 바라는 학습을 할 수 있는 근거를 제시하는 데 바탕이 된다.

성인들의 학습에 대한 동기는 계속학습 계열에 있어 아주 실제적인 이유에서부터 본질적인 이유까지 포함하고 있다. 일을 추진시키려는 소망이나 점차 개인의 수입을 늘리기 위해 새로운 직업을 찾는 것은 일에 참가하는 중요한 이유가 된다. 어떤 성인들은 단지 개인적 만족, 자기개발, 가족의 복지를 성취하기를 바랄 수도 있다. 어떤 사람들은 학위나 자격증을 포함해서 형식교육을 추구하기를 원한다. 또 어떤 이는 새로운 지식을 얻으려 하고, 다른 사람들과 사귀기를 바라며, 어떤 의미에서는 그들의 단조로운 일상생활로부터 벗어나고자 한다. 어떤 성인들의 학습동기는 보다 나은 에너지의 사용, 보존 그리고 환경생태학의 향상과 같은 사회적 목적을 달성하고자 하는 데 관심을 두고 있기도 하다. 이러한 동기들은 개인 성인학습자의 계속학습 이유를 설명해 준다. 성인들의 학습동기는 다양한 학습경험을 설명해 줄 수 있다.

성인교육의 가장 전형적인 참여자는 일반적으로 정시제(full-time)로 고용되어 있으며 학비를 스스로 지불하는 자발적인 시간제(part-time) 학생이다. 일반적으로 좋은 직업과 교육을 받은 인텔리 성인학습자(white adult learner)는 다른 집단의 사람들보다 성인계속교육에서 많이 찾아볼 수 있다. 그것은 교육이 더 많은 교육을 낳는다는 의미이며, 성인계속교육은 직업사회(occupational-circles)에서 승진 등 상승이동을 위해서 결정적이라는 점을 의미한다. 교육수준이 낮고 소득이 낮으며 나이가 많은 소수세력은 계속학습에 참여하는 수가 줄어들고 있다. 많은 중산계층 성인들이 대학 등에서 개설하는 공식 성인교육 과정에 많이 참여하는 반면, 저소득 성인은 성인교육 프로그램보다는 현직형(on-the-job) 학습경험에 더 많이 참여한다. 또한 남성과 여성의 동등 수에 대하여서 현재는 여성의 참여율이 더 높다는 것은 주목할 만하다. 노인들에게는 성인계속교육이 '학습이란 젊은이를 위한 것'이라든지 '너무 나이가 많아서 배울 수 없다'는 느낌을 주는 반면, 젊은 성인들은 그들보다 더 빈번히 성인계속교육에 참가하고 있다. 사실상, 학습에 참가할 뿐 아니라 그에 대한 관심은 30대 초반에서부터 기울기 시작해서 55세 이후에는 급격히 떨어진다. 젊은 성인은 직업과 전문직 훈련과 보유에 초점을 두는 반면, 50세 이상의 성인은 여가 학습활동에 초점을 더 많이 둔다.

젊은 성인은 일반적으로 육체능력이 완전하고 별 어려움 없이 대부분 학습과제에 반응할 수 있다. 그러나 나이가 듦에 따라 반응시간이 길어지고 시각과 청각 같은 감각이 퇴화하기 시작한다. 그러나 일반적으로 성인의 인지능력은 비록 주어진 학습과제를 완성하는 데 시간이 더 걸릴지라도 그들의 일생을 통해 나이와는 상관없이 지속적으로 유지된다. 끝으로 자신에게 보다 적극적인 점이나 자기존경심의 수준은 중년까지는 증가하는 경향이 있고 그 후 안정되거나 혹은 점차 쇠퇴한다. 가족과 직업의 변화 등은 이러한 쇠퇴의 원인이 될 수 있다.

성인계속교육과 실제 성인교육을 담당하는 교육자는 이러한 성인교육의 본질에 대해 고려해 왔으며, 이러한 관점을 감안하여 그들의 학습 고객을 위해 학습경험을 설계하고 적용하는 데 방법을 찾아왔다. 성인계속교육은 성인 학습자들의 다양한 관심, 욕구, 동기, 생애주기, 육체적·정신적 능력 등과 같은 독특한 차이를 감안해 효과적인 학습경험을 낳기 위한 다양한 노력을 기울여 왔다. 그리고 성인계속교육의 급속한 성장과 함께 이러한 점들을 고려하여 학습을 설계하고 조직해야 하는 전문성인교육자에게는 어깨에 무거운 짐을 지워 주고 있는 셈이다.

4. 성인학습

성인계속교육 노력을 분석하는 데 도움이 되는 개념의 틀을 형성하면서 고려해야 할 다른 주요 사항은 어떻게 성인이 학습하는가를 다루는 것이다. 성인이 어떻게 새로운 지식, 기술 그리고 태도를 획득하며 어떻게 실제 성인교육자가 성인들의 학습을 도와야 하는가의 차원을 고찰해 보는 것이 필요하다. 이러한 영역은 성인학습자의 성격에 관해 앞에서 논의한 것과 밀접하게 관련되어 있다.

사실상 참된 의미에서 성인은 살아가면서 부딪치는 다양한 역할변화에 비공식적인 방법으로 그들 자신을 적응시키는 계속적인 학습자다. 역할변화와 생활주기(life-cycle)는 실제로 성인들의 학습준비도를 높인다. 많은 사람이 자기시시적 학습계획에 때때로 참여하고 있고 그들에게 직접적인 의미를 갖는 계획을 추구한다. 대부분의 경우, 성인들은 매우 실용적인 학습자들이다. 배우는 교재는 실용성이 있어야 하고 이러한 것은 일반적으로 경제적 변수를 포함한다. 대부분의 성인학습자는 성격상 자발적이므로 어떤 것을 학습하는 실제, 실용적인 목적은 성인교육학습 상황에 참여하는 동기 속에 깔려 있는 요인이다.

성인학습은 공립학교의 젊은 학생과 같이 완전히 개인적인 노력으로 이루어진다. 성인들의 능력과 무능력은 학습과 매우 밀접하게 관련되어 있다. 따라서 성인교육자들은 그들의 능력을 강조하고 그들의 무능력을 최소화해야 한다. 성인은 개인에 따라 학습의 각기 다른 속도(pace)를 보여 주는데, 그것은 성인교육자가 그들의 학습활동에 있어 성인학습자 개개인의 속도에 맞아야 한다는 것을 고려할 필요가 있다는 점을 제시해 주고 있다. 성인들은 아동들보다는 많은 경험과 지식을 가지고 있다. 그리하여 성인교육자들은 이러한 것을 학습단위 고안에 설계할 수 있다. 더욱이 성인도 아동과 마찬가지로 자신이 관심 있는 것을 더 잘 배운다. 교육자는 이러한 사실을 식별하여 성공적인 학습 증진을 위해 고려해야 할 것이다.

성인들은 학습경험의 간편한 형을 좋아하고, 또한 다양한 자원으로부터 학습할 수 있다. 가능하다면 언제나 성인교육자들에게 이러한 종류의 경험을 제공해야 하고 다양한 자원을 이용하도록 해야 한다. 또한 역할모형의 이용도 성인에게는 효과적이다.

끝으로, 성인들은 학습경험에 있어 그들이 어떻게 해야 하는지를 알고자 한다. 그들은 만약 학습에 진전이 없으면 시간 낭비를 하지 않으려 한다. 여기에 함축된 것은 성인교육자들은 그들의 학습 향상이나 진전에 관하여 자주 피드백을 해 주어야 한다는 것이다.

나이 많은 성인은 때때로 문제해결 능력에 어려움을 느낀다. 또한 단기간의 기억 쇠퇴도 있을 것이다. 교육자들은 기억에 도움을 줄 수 있고 성인학습을 보조하기 위해 필요한 정보의 목록을 제공해 주어야 한다. 성인들은 학습 상황이 부적절할 때 마음이 어지러울 수도 있다. 따라서 교육자들은 부적절한 생각을 최소화하고 조직을 잘해야 하며 명확한 교수와 설명을 제공해야 한다. 또한 나이에 따른 성인의 육체적 문제는 학습에도 영향을 미칠 것이다. 따라서 보다 선명하고 큼직하게 인쇄된 자료, 학습 상황에 보다 밝은 조명, 그리고 교실에서 보다 낮고 명확한 언어와 청각의 사용에 세심한 주의가 필요하다. 앞에서 제시했듯이 성인에게 상당한 개인차가 있다. 그러나 대부분의 차이는 나이에 관계되는 것이 아니라 다른 요소와 관련된다. 공식적 교육을 받은 사람이나 최근의 학습경험을 많이 가진 성인이 그렇지 못한 성인보다 더 잘하는 경향이 있다. 실제 학습에 관하여서는 성인이 경험한 것, 그리고 학습 상황에서 그들이 알고 있는 것을 기반으로 하고 있음을 아는 것이 중요하다. 성인학습자들에게 도전을 제공하여 그들로 하여금 적절한 자유를 주어 학습경험의 새로운 의미를 적극적으로 찾도록 하며, 자신의 진도(self-pacing)에 맞춰 그들의 속도를 찾아내는 것이 중요하다. 이러한 데서 실제적 목적을 설정해야 한다.

끝으로, 어떠한 성인에게도 충분한 시간과 주의만 주어지면 어떠한 과목(교제)이라도 학습할 수 있다는 사실을 기억해야 한다.

5. 지식과 교육과정

개념의 틀에 있어 다섯 번째 주요변수는 성인이 배워야 할 중요한 지식이란 무엇인가, 그리고 학습을 위해 그러한 지식이 어떻게 조직되어야 할 것인가를 다룬다. 이것은 주제와 배분체제변수로써 고찰될 수 있다.

이 장의 처음에 제시되었듯이, 성인고객, 사회, 다양한 기관의 학습요구는 모두 다르다. 성인의 배우고자 하는 욕구는 끝이 없으므로 성인교육 프로그램에 요구되는 지식변수 혹은 주제는 참으로 넓다. 그리고 학습경험에는 무한한 가능성이 존재한다. 비록 주 교재 변인이 넓다고 해도 몇몇 일반적인 주제 영역은 성인고객에게 특별한 매력을 끌거나 의미 있는 것에 한정된다. 주요 관심 영역은 직업적 영역 안에 놓여 있다. 이것은 많은 성인의 경제적 향상에 관한 관심을 자연스럽게 따르는 것이다. 계속교육에 있어 전문적 과정은 또 다른 주요 관심이며 이 또한 경제적 향상의 목적을 두고 택하는 학습이다. 끝으로 주로 학위, 졸업장 혹은 자격증을 목적으로 한 일반교육과정은 경력 향상을 위해 이용된다. 직업교육, 전문교육 그리고 일반교육 등의 주요 교재 영역의 중요성은 성인이 경제적 요인과 관련된 실용적인 것을 교육에서 찾는다는 결론으로 다시금 이끌게 만든다.

또한 다소 덜 중요한 다른 일반 주 교재 영역도 명확히 밝혀질 수 있다. 가사와 개인 성장과정은 개인과 가족의 복지에 관심을 나타낸다. 공공 업무과정의 영역은 그리 많지는 않으나 일반적으로 지역사회와 환경의 향상에 관한 관심을 반영하는 영역이다. 끝으로, 여가와 레크리에이션의 일반 영역은 선택된 성인들, 특히 경력 신장에 별로 우선권을 두지 않는 사람에게는 인기 있는 영역이다. 이러한 성인들은 취업을 원하는 노동시장과는 관련이 없는 은퇴한 사람들이나 부부들이다. 그리고 성공적인 경력을 지닌 사람들은 자기개발을 위해 더 많은 교육을 받고자 하는 욕구를 더 많이 느끼는 층이다.

성인이 요구하고 참가하고자 하는 수많은 학습경험을 확인하기는 어려울 것이며, 이러한 경험을 조직하고 배분체제를 제공하는 것은 상당한 주의를 필요로 한다.

성인계속교육에 참가하는 사람이 주로 종일 일을 하는 학습자들인지 혹은 시간제나 자원적 성격을 지니고 있는지에 따라 성인학습을 계획하는 데 몇 가지 복잡성을 야기한다. 성인학습경험을 계획하는 가장 오래되고 보편화된 방법은 물론 언제 성인들이 자유로이 참가해서 학습할 수 있느냐는 것이다. 성인학습자들이 상대적으로 편리한 시간은 대부분의 예로 보아 야간

학습경험을 의미한다. 후원기관과는 상관없이 가능한 학습을 프로그램하는 시간은 다양하다.

저녁이나 일과후의 가장 보편적인 시간 외에 다른 가능성도 있을 수 있다. 시간을 쪼갠다든가 아니면 학습경험의 개인 속도 유지형식으로 낮시간을 낼 수 있다. 주간형은 성인들이 학습을 위해 모일 수 있는 낮 동안에는 어느 때라도 좋다. 시간 쪼개기 모형은 금요일 밤부터 토요일 아침, 주말 전체, 혹은 주거환경에서 일주일 전체(solid week-in a residental situation) 등의 아이디어를 포함한다.

자기진도 유지 모델(self-pace model)은 통신과정 개념으로 가장 잘 나타난다. 비록 수많은 선택의 여지가 있지만 성인학습경험계획의 개념은 아직도 성인들에게 장벽으로 여겨진다.

고학력의 성인들은 다른 학습자들보다 계획 구상에 있어 보다 다양하게 선택하는 것 같다. 그러나 이들의 직업 책임성은 다른 성인집단에게서와 마찬가지로 똑같이 영향을 미치고 있다. 저녁시간은 고용된 사람들에게 인기가 있고 아침시간은 노동시장에 있지 않은 사람들에게 좋다. 주말형은 계속전문교육 영역 내에서는 별로 유행하지는 않으나 괜찮다. 주말은 일반적으로 여가와 가족활동을 위한 시간으로 여기는 게 일반적이다. 특히 여름방학 동안에 시간을 쪼개는 것은 별로 인기를 얻지 못하는 것 같다.

시간계획의 많은 관심은 그것이 수행되는 학습경험의 종류에 놓여 있다. 어떤 과정은 1시간의 틀에 잘 맞는 반면에 어떤 과정은 보다 긴 시간을 필요로 한다. 그러나 어쨌든 자습할 수 있는 교수의 구성(꾸러미, packages)은 성인계속교육 영역에 있어서는 매우 효과적일 것이다.

성인학습의 장소는 대학 캠퍼스가 가장 인기 있다. 만약 과정이 학교 외(off-campus)로 제공되었을 때, 그들은 학교 건물 안을 원한다. 학습은 '학교'에서 일어나야 한다는 전통적인 생각이 담겨 있는 것같이 보인다. 성인학습센터와 작업장(직장에서)은 성인학습을 위해 달리 선택할 수 있는 장소다. 그러나 성인교육은 성인고객과 각개 조직과 기관의 필요나 희망에 따라 다른 많은 곳에서 일어날 수 있고 또 일어나고 있다. 성인고객에게 접근가능성은 교수 프로그램의 조직과 배분을 위해 중요하며, 만일 주의 깊게 고려하지 않으면 학습에 커다란 지장을 주게 된다.

위치(그리고 교통), 시간계획 외에 다른 항목도 세심하게 고려하지 않으면 학습에 장애가 될 것이다. 대부분의 고객들이 그들 자신의 성인계속교육 경험의 대가를 지불하는 까닭에 비용은 또 하나의 요인이 될 수 있다. 너무 많은 수업료의 요구는 어떤 학습경험을 배제시킬 수도 있다.

필수 및 다른 전제조건과 관련된 절차상의 문제와 후원기구 및 조직과 관련된 관료적 형식주의(red-tape)의 문제는 성인학습자에게 어려움을 야기할 수 있다. 그리고 프로그램 과정과 절차에 대한 정보 부족은 성인학습에서 장벽이 될 수 있다. 후원기관이나 기구 간에 효과적이 되기 위해서는 많은 제도적 장벽을 가능한 한 제거해야 한다. 시간 계획, 위치 그리고 정보전달 체제의 향상은 성인학습경험의 조직과 전달을 향상시킬 수 있다.

6. 전문인의 역할

성인계속교육 원리에서 마지막 차원은 전 과정에 있어 활약하는 전문성인교육자들의 역할에 관한 것이다. 성인교육 경험을 규정짓고 지도력을 제공하는 개인의 역할인자(role-perception)는 이러한 과정의 질에 뚜렷한 영향을 미친다. 이러한 차원에서 성인 프로그램을 가르치고 관리함에 있어 전문성인교육자(the professional adult education)의 역할은 무엇인가라는 물음이 제기된다.

이 원리의 변인은 많은 성인교육자가 그들의 부분적인 시간만을 할애할 수 있는 사람들이라는 사실로 더욱 복잡해진다. 그들은 교육의 다른 영역 혹은 그들의 성인교육 의무와 관련된 다른 영역에서 전 시간 동안 일하고 이 영역에서는 시간을 적게 내는 것이다. 그렇다면 아마 그들의 노력과 열성은 직장에 있다고 볼 수 있고, 결국 전문직업인의 목적은 성인교육 외에 놓이게 될 것이다. 그러나 이러한 것을 고려함으로써 그들의 교실활동과 더불어 관리직에 있어서의 영향력도 손상시켜서는 안 된다.

성인계속교육의 사명은 성인고객의 학습을 동기화시키는 것이다. 학습의욕을 일으키거나 실제로 성인행동을 변화시키기 위해서는 성인교육자가 실질적인 촉진자(facilitator)가 되어야 할 것이다. 성인교육자는 성인고객의 전체 학습과 발달을 촉진시켜야 한다.

성인들에게 중요한 가치나 목표를 한정하고 명확히 하는 데 성인교육자는 촉진자로서 도움을 줄 수 있다. 촉진자들은 고객의 사회적 · 조직적 욕구를 재검토하고 성인학습에 있어 개인적 · 제도적 장애를 제거 혹은 경감하는 데 도움을 줄 수 있다. 따라서 촉진자는 전체 학습과정에서 개인차에 대처하고 상담 안내와 피드백을 제공하기 위해 필요한 학습경험을 개발할 수 있다.

비록 많은 성인교육자가 계획가, 평가자, 교사 등의 단순한 역할을 하지만 더 많은 교육자가 성인교육의 전반에 관한 지도상담을 함으로써 개인과 가족, 그리고 직업과 관련된 문제를 해결하는 데 도움을 주어야 한다. 이는 물론 일상적인 교수나 행정관리적 의무를 넘어서는 것이다. 끝으로, 성인교육자들은 인사개발과 전문적 조직의 기타 다른 활동에서의 적극적인 역할을 통해 성인계속교육의 질을 강화하고 이를 교육의 전 분야에 걸쳐서 높은 수준으로 옮겨 갈 수 있도록 해야 한다.

최근에 대두된 이러한 교육의 장이 다양하고 복잡함은 '풀타임'이든 '파트타임'이든 간에 성인교육자들의 전체적인 헌신적 노력이 성인계속교육을 꾸준히 발전시키기 위해 필요하다는 것을 가르쳐 주고 있다.

지금껏 성인계속교육과 관련된 몇몇 요인 내지 변인을 간단히 설명한 데서부터 이러한 것들이 전 과정에 무슨 의미를 지니고 있는지를 살펴보았다.

성인의 삶의 질을 강화하는 데 효과적이고 그들로 하여금 사회에서 더 많은 공헌과 만족을 느낄 수 있는 곳을 찾도록 하기 위해서 성인계속교육은 사회와 그 속에 있는 수많은 조직, 기관의 필요와 목표, 그리고 개별성을 지닌 학습자의 욕구와 목표에 중점을 두어야 한다. 물론 이러한 욕구와 목표에 기반을 두고 성인계속교육에 참여하는 사람들은 스스로 배우지 못했다고 생각해서 기초교육이 필요하다고 생각하는 사람, 직업훈련, 재훈련, 전문교육을 계속 받기를 원하는 사람, 그리고 자기사회 및 정신적 경험의 확충을 선택한 사람들에게 프로그램 경험을 제공한다. 이것은 후원기관이나 조직의 재정적 제한 및 영역과 사명을 넘어설지도 모를 성인학습경험의 포괄적인 프로그램을 의미한다. 모든 조직과 기관이 전체적인 욕구에 초점을 두지도 않고 또한 두려고 하지도 않는다. 그러나 모든 성인계속교육 참여자들은 매우 다양하고 복잡한 욕구와 목표 및 프로그램을 바라는데, 충족시켜 주기 위해 많은 공사기관에서는 이러한 경향을 신중히 고려해야 할 것이다. 어떤 부분의 교육욕구평정은 더 많은 특별한 학습 욕구를 충족할 수 있는 프로그램을 제공할 수도 있다. 욕구평정은 직업, 전문, 일반교육의 연구영역에 있어 특정한 욕구를 결정할 근거가 된다. 이러한 영역은 일반적으로 성인들의 실용적 · 경제적 욕구에 중점을 둔다. 그러나 다른 욕구는 개인과 가족복지의 영역, 지역사회와 환경, 그리고 취미, 오락, 여가시간 학습경험에 관한 프로그램에 관심을 보일 것이다.

이러한 모든 상대방의 다양한 욕구에 대처하기 위해서 성인교육자는 학습경험의 시간계획과 장소설정 및 비용요인에 대해 깊이 생각해야 할 것이다. 어떤 기관 조직은 이러한 문제가 없을 수 있으나 어떤 조직은 이러한 문제에 봉착할지도 모른다. 성인학습에 있어 다른 제도적 · 개인적 장벽도 역시 논의되어야 한다. 결국, 과정 및 프로그램에 관한 정보는 잠재적 고객에게 널리 공지되어야 한다. 이는 젊은 층, 화이트칼라, 중산계급 이외의 사람들을 위해서 특히 중요하다. 소수자, 노년 성인, 저소득 학습자들이 보다 충만한 삶을 영위하려면 성인계속교육을 받아야 한다. 물론 어떠한 성인계속학습경험의 효과성은 성인교육자와 성인고객 간의 전문적 상호작용에 크게 의존한다.

성인교육자의 역할은 성인의 욕구와 목표에 따른 성인의 발전을 촉진함과 동시에 성인이 관계하고 있는 조직 또는 기관의 발달을 촉진한다. 촉진자는 성인학습자들의 개인차를 인정해야 하고, 성인과 그들의 배경, 직업, 가족, 사회생활에서의 역할을 알아야 하며, 성인고객의 학습동기를 이해해야 하고, 계속학습 수준의 관심 수준과 그 수준의 의미를 알아야 한다. 이러한 지식 위에서 촉진자는 성인학습자들에게 현실적 목표설정과 목표의 명확한 한계를 설정하는 데 도움을 줄 수 있으며, 고객의 개인적 목표에 부합하는 간결한 학습구성이 가능한 것이다. 이러한 성인교육 촉진자들의 전문적 행동은 중요한 학습이 일어날 수 있다는 사실을 확인하는 데서 시작해야 할 것이다.

이 장에서 제시된 개념의 틀은 성인계속교육의 학생들이 학습하는 데 있어서 다양한 조직적 기관 및 제도적 철학과 프로그램, 공헌도 등 전반적 잠재성을 잘 이해하고 분석할 수 있도록 도와준다. 그리고 성인학습과업의 중요 영역이 어떻게 다양한 전달체계와 연결되는 것인지를 이해하는 데 도움을 준다. 앞에 제시한 개념화된 변인요소들은 다음 장들에서 성인계속교육의 고객체제 및 학습자, 그리고 이러한 영역의 주요공급자에 관해서 언급할 때에도 등장할 것이다.

제3장

평생교육의 의미와 현대 동향

1. 평생교육의 의미와 과제

평생교육은 접근의 다양성에도 불구하고 공통적으로 학교교육에 대한 한계의 인식과 비판에서 출발했다. 평생교육의 궁극적 이상은 '학습하는 사회(learning society)'를 지향하는 이념이며 삶과 교육을 연계·통합해 보려는 노력이라 할 수 있는데, 이러한 관점 속에는 학교교육의 중요성도 내포되어 있다.

그러나 종래의 전통적인 사고에서처럼 교육을 소년기나 청소년기에 한정시킨다거나 학교교육을 교육의 전부인 양 지나치게 강조하는 등의 사고와는 다르다고 할 수 있다. 평생교육은 특히 삶과 교육을 본질적으로 이원화시키고 있는 학교교육 중심 사회의 고정관념과는 다르다. 즉, 학교교육은 '공학주의'와 '과학적 관리기법' 등으로 도구적 합리주의자나 기능적이고 과잉정치 집단화된 도구적 인간을 양육해 놓았다.

평생교육론자들이 주장하는 학교교육에 대한 비판은 대체로 다음의 네 가지로 요약된다.

- 교육을 일정한 시기인 소년기와 청소년기에 한정시키고 있다.

- 교육은 학교에서 이루어져야 한다고 강조함으로써 '교육은 바로 학교다'라는 고정관념을 성립시켰다.
- 삶과 교육을 분절적으로 이해함으로써 삶과 교육을 이원화시켜 놓았다.
- 교육은 곧 지시적이고 정형적(定型的)이어야 한다고 주장함으로써 자발적 자기지시적 학습을 소홀히 하고 있다.

따라서 평생교육론자들은 학교교육의 폐지를 주장하지는 않지만 학교교육만으로 삶의 질 개선과 사회문제의 해결은 기대할 수 없다는 데 동의한다. 그러나 평생교육이 과연 무엇이며 어떤 방향과 어떤 형식을 가져야 하는가에 대해서는 일반적 합의가 없다. 평생교육의 개념은 개개인의 일생을 통한 생의 과정을 곧 교육의 과정으로 인식한다는 점과 그 과정의 상호 연속성을 중요시한다는 점, 그리고 개인의 생활이 이루어지는 가정과 학교와 사회의 통합적인 교육의 구조를 기본전제로 한다는 점이 합의된 관점이라 할 수 있다. 그러나 실제 운영 면에서 그대로 적용할 수 있을 정도로 완벽하게 또 보편적으로 정의된 것은 아니다.

이러한 평생교육의 과제는 많은 논쟁의 요소를 함축하고 있다. 평생교육의 구심점을 어디에 둘 것인가? 인간 존재 자체에 둘 것인가 아니면 현대사회의 변화에 둘 것인가의 관점에 따라 평생교육의 의의나 가치는 물론 후속하는 교육의 제반 문제해결에 많은 차이를 가져다준다.

1) 평생교육이념상의 과제

대부분의 논쟁이 그러하듯이 평생교육상의 논쟁도 철학 · 이념 · 관점의 문제다. 관점상의 차이에 따라 목적과 목표, 내용과 형식, 방법상의 차이를 가져오며, 평생교육의 실제를 어떻게 분석하는가는 평생교육활동을 하는 사람의 철학적 방향에 달려 있다고 볼 수 있다.

평생교육의 철학적 · 사회학적 관점은 접근방식의 차이에 따라 다를 수 있지만 대체로 두 가지로 분류할 수 있다.

첫째, 마르크스주의, 아나키즘, 프로이트 좌파 철학에 바탕을 둔 사회적 행위로서의 평생교육론이다(Freire, 1988; Merriam, 1982; 이현청, 1989). 이 입장에서의 평생 혹은 성인 교육의 목적은 개인의 성장 발달 혹은 개인의식화를 통한 사회개혁이다. 이들은 목적과 목표라는 관점에서 중립적 교육이란 없는 것으로 본다. 이들은 교육과 정치적 행동의 결합을 강조하며, 교육은 교화가 아니면 해방이라고 주장한다. 결국 급진주의자들은 사회적 변화를 일으키는 데 있어서의 교육의 역할에 보다 비중을 둔다. 그러나 기존의 교육체제는 이러한 사회적 변화를 위한 도구로서 부적당하다는 것이다. 교육은 사회적 질서를 영속화시키는 억압으로부터 탈피하여 사회체제에 도전함으로써 자유화시키는 것으로 그 자세가 변화되어야 한다고 주장한다. 이러한 사회적 행위로서의 평생교육자들의 관심이 단순히 공교육에 대한 비판에 놓여 있는 것으로 보이지만 실제로는 선진국의 슬럼가, 제3세계 지역의 노동자, 농민, 도시빈민의 조직화와 교육에 심대한 역할을 수행하게 하고 있다. 평생교육에 있어서 사회개혁을 위한 급진주의적 접근은 불가피하게 정치적이고 기존의 권위를 위협한다는 이유로 인하여 제도적 안정성을 유지하기가 힘들고(Darkenwald & Merriam, 1982: 244) 기존 공교육기관과의 연계도 힘들지만, 사회개혁과 인간해방의 이념은 평생교육학 혹은 성인교육학 발전에 큰 영향을 주고 있다.

둘째, 언어분석학, 행동주의, 자유주의의 철학적 바탕에 근거를 둔 것으로 기존의 제도나 구조 내에서의 개인적 삶의 질과 사회적 발전을 목표로 하는 평생교육론이다. 이 입장에서의 평생교육, 성인교육, 사회교육의 목적은 지성의 배양, 개인적 자아실현, 개인적 · 사회적 향상, 조직의 효율성(Darkenwald & Merriam, 1982; Miller, 1986; Robinson, 1989) 등으로 요약된다. 다른 한편으로 급속하게 변화하는 사회에 적응할 수 있는 지식과 기술교육으로 요약될 수 있다. 따라서 자아성장 및 자아개발과 교양, 멋, 여가선용 등이 강조되고, 교화(敎化)가 긍정적 수업방법으로 이용되며, 개인수입이나 생산력과 같은 수치적 평가도구를 활용한다. 이러한 접근은 권위로부터의 저항이 적거나 장려되기도 하며, 공교육기관과의 연계, 재정적 후원 등으로 급속하게 발전되고 있는 추세다.

학자들은 이 두 입장을 '혁신'과 '보수'로 명명하기도 하며, 실제 교육의 장에서는 두 입장을 절충한 프로그램이 제공되는 경우도 있다.

2) 사회평등과 평생교육의 과제

성인교육론자와 평생교육론자들은 평생교육이 사회의 평등을 구현하는 데 기여할 것이라고 대체로 믿고 있다. 급진주의 교육철학자들은 교육과 행위를 결합할 것을 강조하고 있다. 즉, 사회적 행위로서의 평생교육은 개인의 자율과 동시에 평등과 권력으로부터의 해방을 위한 사회개혁을 주장한다. 또한 진보주의에 영향을 받은 교육자들은 교육을 개인적 성장과 바람직한 사회를 촉진시키는 이중적 기능을 가진 것으로 본다. 다른 한편 개인적 성장을 목표로 하는 평생교육론자들은 사회의 발전 혹은 평등이 일차적 목표는 아니지만 자아실현된 성인이 많을수록 보다 나은 사회가 될 것임을 강조한다.

결국 평생교육의 개념이 민주성, 협동성, 평등성을 강조하듯이 이념적으로 모두 평생교육이 사회의 평등화에 기여할 것을 기대하고 있는 것이다(Jarvis, 1985; 이현청, 1984, 1989; 진원중, 1977).

따라서 평생교육은 학교에서의 정규교육을 제외한 모든 조직적 교육활동으로 학교교육에 대한 보완 및 대안의 의미와 학교교육의 기회를 상실한 청소년, 성인에게 학교교육을 보상하는 의미를 지니고 있다(Apps, 1979; Knox, 1977).

그러나 구체적 현실은 그런 것 같지 않다. 급진주의 철학자들은 집단 의식화 혹은 개인적 소양, 공민교육 그리고 지식을 가치중립적인 것으로 생각하는 사람들에 의해 주도되는 평생교육은 기존의 권위체제를 주입시키고 학습자에게 현실 속에 안주하는 행복을 가르침으로써 사회의 불평등 구조를 심화, 유지시킨다고 본다. 또한 이들은 성인교육의 대부분이 멋, 여가, 공민적 자질을 강조하는 교육 프로그램으로 중산층 이상의 집단지위를 강화하는 내용으로 구성되어 있다고 비판한다.

성인교육에 참여하는 사람들의 비율을 따져 보면, 많은 교육을 받은 사람이나 사회적 지위가 높은 사람들이 교육재정에 있어서 그들의 몫보다 많은 부분을 차지하고 있다(Darkenwald & Merriam, 1982: 237)는 사실은 평생교육 혹은 사회교육이 사회평등화에 기여하는 것을 인정하지만 어떤 면에서는 오히려 사회의 불평등화에 기여하고 있다는 증거로 제시되고 있다. 이것은 시간과 재정에 있어 유리한 중산층 이상의 사람들이 교육접근의 기회가 많다는 것을 의미한다. 따라서 평등을 구현하려는 사회에서의 평생교육은 혜택받지 못한 사람들을 위한 제도와 내용에서 개혁이 요구되고 있다 할 것이다. 특히 교육양극화와 사회경제적 양극화가 상호 연관되고 있다는 주장을 감안할 때 평생교육이 사회평등에 기여하느냐 아니면 계층화를 심화시키느냐의 문제는 더 많은 관심과 연구가 필요한 부분이다(이현청, 2011, 2012).

3) 자격증과 평생교육의 과제

평생교육의 목적 중 하나가 개인적 자아실현 혹은 개인의식화이고 다른 하나가 사회적 변화에 적응하기 위한 지식과 기술교육이란 점을 고려하면 자격증(수료증) 수여의 문제가 평생교육체제에서 중요한 쟁점이 된다. 개인적 자아실현이라는 인본주의적 이상이나 완전 노작 사회구조의 필요성을 주장하는 사람들에게 자격증이란 무의미하며 오히려 어떤 사람을 다른 사람들과 구분하거나 선발해 내기 위해 사용하는 역기능을 가져올 뿐이라고 주장한다. 반면 산업사회에서 필요한 지식과 기술을 공교육제도가 충분히 제공하지 못함으로써 그 대안적 교육 프로그램 혹은 보충교육으로서 성인교육을 주장하는 사람들에게 자격증이란 지식과 기술의 습득을 증명하는 것이며, 교육경력은 능력과 동일한 것으로 인정된다. 특히 후자의 관점은 인간자본론에서 뚜렷이 나타나고 있다(Psychopolus, 1985).

또한 자격증의 문제는 교육의 형식주의 문제와 관련되어 있다. 평생교육의 자발성, 민주성, 비형식적 특성을 강조하는 사람들은 자격증 수여가 평생교육체제를 형식주의, 자격주의로 몰고 갈 것으로 우려한다. 반면 평생교육체제에서 교육제도, 특히 중등 후기 교육기관의 역할을 강조하는 사람들은 자격증 수여에 우호적이다.

평생교육 혹은 성인교육이 근본적으로 교육의 하위영역이라고 보는 사람들은 형식상 중대한 변화에도 불구하고 제도화되고 체계화되어야 한다고 주장한다. 공민교육, 지식, 기술교육을 강조하는 사람들이 주도하는 성인교육시설은 피교육자들의 학습을 최대한 조직화하려고 했으며 이것은 불가피하게 수료증 제도로 귀착해야만 했다. 이것은 기구의 지속과 규칙성을 보증해야 한다는 요구와 관련이 있으며 전 성인교육을 하나의 체계로 완성하려는 의도에 근거하고 있다(Groothoff, 1976: 10-101).

개인 소득이나 생산성과 교육을 상호 관련지어 보려는 인간자본론의 경우에 자격증 수여의 문제는 비교적 명확하다. 인간자본론은 두 가지 논리적 가정 위에서 학교교육 및 교육의 확장을 주장한다. 첫째, 인력자원의 질은 생산성을 결정하는 요소다. 둘째, 일반적으로 직업세계에 나타나는 직업형태는 학교교육 수준과 상응한다.

인간자본론자들의 두 가지 가정은 기존 학교교육체제와 직업세계 간에는 인과적인 상응관계가 있음을 시사한다. 만약 두 가지 가정에 기초를 둔 교육정책이 제 기능을 발휘하지 못하고 있다면 그것은 교육정책 자체에 큰 문제가 있다는 것을 의미한다. 따라서 개선방안으로 제시될 수 있는 것은 보다 융통성 있는 교육제도 창출에 관한 것이다. 즉, 경제적 직업시장 구조의 요구에 노동력을 순응, 부응시키는 교육제도의 창출이 필요하게 된다. 이들이 기존 교육제도의 개선방안으로 내세운 것이 바로 '사회교육 지향적인 평생교육체계'다(이현청, 1987; 한준상, 1987: 117-118). 따라서 생산성, 능력의 증거로서 자격증 혹은 수료증은 필요한 것으로 간주된다.

한편 인간자본론을 비판하는 사람들은 인간자본론이 형식적 현장중심의 사회교육의 중요성을 간과하고 있다고 비판한다. 즉, 생산성은 현장활동을 통한 훈련에 의해 높아지며 현실적으로 교육수준과 직업세계의 불일치가 존재한다는 것이다. 그리고 지식정보화 사회(e-society)에서 지능정보화 사회(u-society)로의 전환은 학습방법의 대혁명을 가져오고 있으며 다문화, 다언어, 다인종, 다국적 등의 교육대상에서부터 내용의 변화를 촉진시켜 주고 있다(김원자, 2007; 이현청, 2008, 2012).

4) 학습방법과 평생교육의 과제

학습방법과 관련된 평생교육의 과제는 전통적 방법과 교육공학적 방법으로 대별되어 논의되고 있다.

교수방법상의 전통적 방법은 강의식, 주입식, 암기식 방법을 의미하며, 교육공학적 방법은 토의식, 시범학습, 현장학습, 심포지엄, 영상학습 등의 교수기법을 말한다(Knowles, 1980; Robinson, 1989). 강의식의 전통적 방법은 사실적 정보를 가르치는 데 효과적이라고 알려져 있으며 경제적 방법으로 인식되고 있다. 또한 성인기초교육은 학급중심의 강의교육이 유용하다. 토론으로 성인기초교육의 효과를 거두기에는 미흡하다. 영상매체는 시민교양교육이나 정치적 선전을 위해 효과적이며, 성인기초교육을 위해서는 재원을 낭비하는 결과를 가져온다. 인쇄매체로는 직업기술과 같은 내용을 효과적으로 가르칠 수 없다. 결국 방법은 목표와 내용과 관련지어 결정될 수 있는 것으로 보인다(Knowles, 1987: 197-210).

반면 Freire의 문맹교육에서 보듯이 급진주의적 철학자들은 강의식, 주입식, 암기식 교육은 그것이 비록 초등 수준의 기초교육이라 하더라도 부정적인 것으로 본다. 그러한 방법은 급진주의적 철학자들의 교육목표인 즉자적 민중의 대자적 민중으로의 전환, 해방, 사회개혁보다는 기존의 권위 질서에 편입되는 과정을 야기한다고 본다. 그러므로 이들은 문제설정식 방법, 대화적 방법, 프락시스 방법(허병섭 외, 1985: 97-101)이라고 하는 현장중심, 경험중심의 교수법이 내용에 상관없이 필요한 것으로 본다. 여기에서는 영상매체, 집단토의, 공개회합 등의 방법이 중요한 교수법으로 선호된다. 특히 1990년대 중반 이후 급격히 발달된 IT 기술과 함께 유비쿼터스 시대에 접어들면서 소위 사회적 네트워크(SNS)와 웹, 모바일 중심의 매체, 그리고 근래의 스마트폰과 아이패드(i-pad) 등 다양한 학습방법의 확산은 평생교육의 활성화에 크게 기여하고 있다(이현청, 2012).

5) 학습 대 교수의 과제

교육행위에 있어서 교수의 학습은 배타적 개념이 아니라 상호보완 관계에 있다. 그런데도 교수와 학습에 있어서는 논자에 따라 그 강조의 정도가 다르다. 일반적으로 평생교육에 있어서는 교수보다 학습이 더 강조된다. 그것은 평생교육의 대원칙의 하나가 자발적 학습이라는 것과 무관하지 않다. 그러나 논자의 철학적 배경, 교육목표에 따라 상이하다. 영국의 철학자 K. H. Lawson과 R. W. K. Paterson은 사회교육을 근본적으로 교양교육이라 할 수 있는 중립적 지식의 전달로 보는데, 이들은 교사와 학습자의 역할과 교육과정에 대한 전통적 견해를 지지한다(박노열, 1987: 60). 그러므로 이들은 학습보다 교수를 더 선호하여 학습자 중심의 접근을 적절하지 못한 것으로 생각한다.

반면에 인본주의적 · 실존주의적 입장에 있는 사람들과 급진주의적 · 진보주의적 입장에 있는 사람들은 교사의 역할을 촉진자, 조력자, 동반자로 규정함으로써 학습자의 자발적 학습을 더 선호한다(Miller, 1982; Verduin, 1986).

6) 자발적 교육과 강제적 교육

대부분의 성인교육자들은 학습의 자발성을 강조한다. 그것은 강제적 학습이 비민주적일 뿐 아니라 개인적 자아실현, 삶의 질의 향상, 대자적 인간과 같은 목적에 위배되며, 성인학습자들이 이미 성숙한 개인이며 따라서 학습의 효율성에 의문이 있기 때문이다.

그러나 성인교육이 업무수행 결함의 예방과 치료를 위해 처방된 교육적 처치라는 사고를 가진 사람들은 강제적 교육을 옹호한다. 이들은 권위자나 상사는 개개인의 결함과 부족한 점을 진단하고 그 치료로서 계속교육을 실시해야 함을 강조한다. 이 경우의 문제점은 강제적 학습이 개인과 사회에 유익하며 권위자의 판단이 정확하다는 가정에 있다. 실제로 강제적 교육은 학습을 보증할 수 없으며 징후는 흔히 부정확하게 진단될 수도 있다. 또한 이 견해에서는 업무수행의 결함이 개인의 무지와 무능력에 기인하는 것으로 본다. 그러나 실제로 업무수행의 결함은 많은 경우 무지와 무능력보다는 다른 많은 요인에 기인하고 있다(Darkenwald & Merriam, 1982: 241-242).

평생교육에서 자발적 학습(voluntary learning)과 강제적 학습(mandatory learning)에 관한 논의는 아직 확연한 결론에 이르지 못하고 있는 실정이다.

지금까지 여섯 가지 관점에 따라 평생교육의 과제를 논의해 보았다. 급변하는 사회적 요구와 평등의 구현, 공교육체제에 대한 비판적 대안으로서의 평생교육은 논자에 따라 인류의 마지막 교육체제로까지 미화되고 있다.

그러나 그 개념과 실제에 있어서 아직 정리되고 체계화되지 않은 상태에 있다. 따라서 그에 따른 논쟁과 과제는 실로 광범위하게 대두되고 있다. 그럼에도 이러한 논쟁들이 체계적으로 정리되지 못하고 있는 것도 사실이다.

평생교육상의 논쟁은 주로 관점의 문제다. 철학적 · 이념적 관점의 차가 내용과 형식, 방법상의 문제를 결정하는 것이다. 이러한 논의들은 결국 급진주의 철학은 개인의식화를 통한 사회개혁을 목표로 하고 대화식 방법과 자발적 학습을 강조하는 반면, 자유주의적 철학은 교수중심, 중립적 지식을 강조하고 지성의 배양을 목표로 하는 데 있다.

이러한 철학적 접근의 상이함에 따른 목적, 내용, 형식, 방법상의 차이점에도 불구하고 평생교육은 그 이념이 가지고 있는 포괄성, 다양성, 융통성으로 인해 이 차이점을 포용할 수 있을 것이다. 사회교육 혹은 평생교육이 언제, 어느 곳에서나 이루어질 수 있는 것이라고 한다면 그 교육방법은 다양할 수밖에 없다. 그러므로 이 다양성과 차이점이 평생교육의 강점일 수 있다. 문제는 그 사회와 역사에 따른 올바른 목적과 내용, 방법을 체계화하는 것이라고 볼 수 있다.

2. 평생교육의 현대 동향

현대사회의 특성과 제 변화들은 평생교육의 필요성을 증가시켜 왔다. 특히 이러한 평생교육적 욕구 증대는 방법 면에서뿐만 아니라 대상이나 제도 면에서도 커다란 변화를 가져왔다고 볼 수 있다.

평생교육이 단순히 제도적 교육이나 정규교육에 대한 보완개념으로서 인식되어 왔던 종래의 관점과는 달리 사회변동에 대한 중요한 대응책으로 인식됨에 따라 평생교육은 양적인 면에서뿐만 아니라 질적인 차원에서도 괄목할 만한 신장을 이루어 왔다.

평생교육의 현대적 동향을 살펴보기 위해서는 개인의 사회적 자유와 국가의 물질적 자유를 동시에 충족시키기를 원하는 국가들의 공적 · 사적 노력이라는 점에서 이해할 필요가 있다. 특히 '평생교육 이데올로기(andragogic ideology)'에 근거하여 평생교육이 어떻게 사회적 자유와 물질적 성장을 이루는 데 기여하는가를 알아볼 필요가 있다.

대개 평생교육이 현대산업사회가 안고 있는 문제를 해결하고 동시에 국가발전에 기여하리라는 기대에 기초하고 있는 이러한 동향은 '제도의 비제도적' 특성을 띠고 있다. '제도의 제도화'적 특성이란 기존의 교육체제나 내용을 수용하면서도 체제나 내용을 평생교육에 부합되도록 개선하려는 경향을 의미한다. 이와 함께 평생교육의 기능도 종래의 학교교육의 보완기능으로 보아 왔던 소극적 관점에서 사회운동(social movement) 차원에서 이해하려는 적극적 관점으로 전환하려고 하는 경향도 주목해야 할 것이다.

평생교육의 현대 동향을 논함에 있어서는 첫째, 평생교육철학적 관점, 둘째, 평생교육과정의 측면, 셋째, 평생교육방법적 측면, 그리고 평생교육체제의 측면에서의 변화를 다루어 볼 필요가 있다.

1) 평생교육의 영역별 동향

평생교육은 그 목적 면에서 볼 때 두 가지 기능과 관련되어 있다고 볼 수 있다. 기초교육을 다지려는 목적이 그 하나요, 사회변동에 부응하게 하려는 적응을 위한 교육목적이 또 다른 하나라 볼 수 있다.

현대사회에서의 평생교육의 중요성이 증대하고 있는 이유는 앞서 언급한 두 가지 기능 모두 정규학교교육만으로는 충족하지 못한 데에 있다. 그러므로 평생교육의 현대 동향 중에서 성인기초교육(adult basic education)의 강화와 계속교육(continuing education)의 확대에 주목할 필요가 있다.

또한 평생교육의 철학적 측면에서도 학교교육의 기능 보완을 위한 본질주의와 사회개혁과 진보를 위한 재건주의적 성향에 주목할 필요가 있다. 방법 면에 있어서는 집단중심의 방법론과 개인중심의 방법론을 병행하려는 경향을 발견할 수 있고, 앞서 언급한 대로 제도와 비제도의 특성을 조화시키려는 평생교육체제를 확대해 가려는 경향이다.

(1) 평생교육철학의 동향

평생교육의 목적과 기능을 규정하는 평생교육철학을 크게 보수주의 경향(conservative tendency)과 자유주의 경향(liberal tendency)으로 대별해 볼 때, 현대의 평생교육의 동향은 두 경향을 모두 강화하려는 움직임이라 볼 수 있다.

보수주의 성향은 사회성원들로 하여금 한 사회에서 요구되는 통제적 규범과 문화를 습득하게 하려는 강압적 사회화의 특성과 관련되어 있다. 이러한 성향은 평생교육에서도 특히 문맹자를 퇴치하고 바람직한 사회인으로 배양하려는 성인교육과 관련되어 있다. 성인교육 중에서도 성인기초교육을 들 수 있고, 현대사회에서의 직업수행과정에서 야기되는 기능적 문맹(functional illiteracy) 퇴치를 위한 성인교육철학이 이러한 경향과 유관된다고 볼 수 있다. 근자의 학교교육에 대한 비판과 기능수행상의 문제점을 보완하기 위한 3R의 강조라든지, '사회적으로 기능하는 사회인'의 양성을 위한 프로그램 등도 모두 이러한 철학적 기초에 근거하고 있다. 대체적으로 문맹퇴치교육, 기초기술교육, 공민성 교육, 소외층을 위한 재교육, 재소자 교육, 문화교육(cultural education) 그리고 사회적 성교육(social gender education) 등이 이러한 경향에 해당된다고 볼 수 있다.

보수주의 성향이 특히 사회질서나 사회 전체의 기능 측면에서 고려될 수 있다면, 이에 대립되는 자유주의 평생교육 이데올로기는 개인과 사회변동 및 개혁을 주요한 과제로 설정하고 있다.

근자에 들어 자유주의사회 교육철학을 주요 경향으로 설정하고 있는 국가들은 대개 사회변동 지향적 교육을 중요시하는 '제3세계'의 사회라고 볼 수 있다. 평생교육철학의 현대 동향이 '보수주의'와 '자유주의'의 경향으로 2분화 되는 경향은 선진국의 경우 '욕구 이후'의 사회현상에서 비롯된 기초교육이나 교육일탈 성향을 해소하기 위한 노력이라 볼 수 있고, 발전도상국의 경우에는 '욕구 이전'의 갈등현상을 해소하기 위한 목적에서 비롯되었다고 할 수 있다.

우리나라의 경우에도 평생교육철학이 이분적인 경향으로 구분되었다고 볼 수 있다. 하나는 보수적 성향에 따른 평생교육의 경향이 그것이요, 일부 변동이나 개혁지향적인 집단이나 기관에서 행해지고 있는 자유주의적 성향이 또 다른 경향이라 볼 수 있다. 우리나라의 경우는 '욕구 이후'와 '욕구 이전'의 평생교육철학이 병존하고 있다고 할 수 있다.

대개 평생교육이든 학교교육이든 간에 왜 교육을 시키며 언제, 어떻게 누구를 위한 교육을 할 것인가는 시대나 한 사회에 내재되어 있는 교육문화와 깊은 관련이 있기 마련이다.

평생교육철학도 본질주의, 경험주의, 행동주의, 재건주의, 인본주의 및 비판(혹은 해방)주의 등으로 구분하는 게 통례이지만 현대의 동향은 그 세부 영역이 어떻든 보수주의 이데올로기와 자유주의 이데올로기로 양극화되어 가는 경향이다. 제3국가들이나 개발도상국가들은 사회개혁과 관련하여 평생교육의 중요성을 강조하고 있는 경향이며, 선진국이나 발전된 국가들의 경우에는 국가발전과 평생교육을 연관시켜 평생교육을 국가발전의 주요한 도구로 인식하는 보수주의 경향을 제시하고 있다.

그중에서도 두드러진 경향은 미국의 대학과 기업, 그리고 주정부 등이 공동으로 추진하고 있는 '기능하는 사회인(functional citizen)'의 이념을 들 수 있다. 이와 같이 평생교육철학의 동향은 보수주의와 자유주의 경향이면서도 구체적인 접근방법에 있어서는 행동주의와 비판적 인본주의(social humanism)의 성향을 가미하는 형태를 취하고 있다고 볼 수 있다.

(2) 평생교육과정의 동향

평생교육과정은 대상이나 목표에 따라 다양한 특성을 지녀 왔다고 볼 수 있다. 그러므로 평생교육과정은 몇 가지 관점에 따라 그 동향을 이해할 수 있다. 현대의 동향은 대개 문제중심 교육과정(problem-based curriculum), 인간중심 교육과정(human-based curriculum), 상황중심 교육과정(competency-based curriculum) 등으로 다양하다고 볼 수 있다. 그러나 이들 교육과정은 대상과 영역, 그리고 전문성 등에 따라 확연히 구분된다고 볼 수 있다.

예컨대, 문제중심 교육과정이나 상황중심 교육과정은 의과대학이나 법관 등의 재교육과 관련된 반면, 인간중심 교육방법은 사회의식이나 자아실현을 위한 교육에서 강조되는 교육과정이다. 또한 이해중심 교육과정은 반복학습을 요하는 언어학습과 기술교육에서 널리 활용되고 있다.

교육과정과 관련된 평생교육의 현대 동향은 확연히 어떤 교육과정이 강조되고 있다고 할 수는 없으나, 하나의 동향은 다양한 교육과정을 혼용하여 복합적인 교육과정을 설정하고 있다고 할 수 있다.

복합적 교육과정은 평생교육 학습자의 교육욕구가 다양해지고 교육 대상자의 준비 수준이나 영역이 다양해짐으로써 한 교육과정에서 동시에 몇 가지 교육과정을 한 체재(format)나 프로그램으로 설정하고 있다는 점이다. 이러한 경향은 특히 전문계속교육(professional continuing education)에서 두드러지고 있다.

평생교육과정은 대개 획일화되어 있지 않은 경향이지만 근자에 들어서는 몇 가지 교육과정 조직원리에 따라 다양한 교육과정을 설정하고 있다. 예를 들면, 성인기초교육 프로그램의 경우 인본주의 교육과정과 이해중심 교육과정 설정원리를 동시에 수용하려는 경향이고, 기술교육의 경우에는 상황중심 교육과정과 이해중심 교육과정을 복합적으로 수용하고 있다.

평생교육과정의 현대 경향은 대상, 영역 그리고 교육방법 등의 측면에 따라 매우 다양하면서도 복합적인 경향이라 볼 수 있다. 우리나라의 평생교육의 경우에는 대체적으로 행동주의 성향에 따른 이해중심 교육과정이 주요 경향이라 볼 수 있는데, 평생교육과정을 보다 다양화함으로써 현대사회에서 평생교육 대상자들의 교육적 욕구를 충족시켜 줄 수 있다.

(3) 평생교육제도의 현대 동향

평생교육은 제도적 교육이나 공교육에 대한 대응 개념으로 대두되었다고 볼 수 있다. 따라서 평생교육은 학교 외 교육을 의미해 왔으며, 학교 이외의 대상자를 학습자로 인식해 왔다. 그러나 현대의 동향에서 주목해야 할 경향은 반드시 종래의 개념처럼 학교 이외의 비제도적 특성만을 뜻하고 있지 않다는 점이다.

제도의 특성과 관련지어 볼 때 현대의 동향은 두 가지 경향으로 대별될 수 있다. 첫 번째는 제도적 평생교육을 강조하려는 움직임이요, 두 번째는 완전한 비제도성을 강조하려는 탈제도적 평생교육 경향이다.

제도적 평생교육을 강조하는 경향은 제도적인 기존의 교육기관을 중심으로 평생교육을 활성화하려는 경향인 데 비해, 탈제도적 평생교육을 강조하는 경향은 교육무정부적 접근이라 볼 수 있다. 제도적 평생교육이든 탈제도적 평생교육이든 '제도의 비제도화적 경향'이 짙다는 것이다.

제도적 평생교육 경향은 주로 초·중등학교 수준에서의 평생교육 프로그램보다는 고등교육기관을 활용한 평생교육 프로그램을 중요시하고 있다. 초·중등학교를 중심으로 한 제도적 평생교육 경향은 주로 인간자원센터(human resource center)로서의 학교 역할을 중요시하고 성인기초교육과 직업교육, 그리고 변동중심의 지역사회 교육을 주요 내용으로 삼는다.

그러나 대학의 평생교육 프로그램은 그 다양성 면에 있어서나 질적인 면에 있어서 초·중등교육에서 활용되고 있는 평생교육 프로그램과는 비교가 되지 않는다.

대학평생교육 프로그램은 대학확충 프로그램(university extension program), 캠퍼스 외 프로그램(off-campus program), 경험중심 프로그램(experience-based program) 및 대학계속교육 프로그램(college continuing program) 등으로 범위 면에서나 대상 면에서 매우 활발하다.

현대 동향 중에서도 다양한 대학평생교육 프로그램은 우리나라 대학교육에 좋은 시사점을 제시해 주고 있다. 특히 우리나라 대학들은 정규 교육과정과 평생교육 프로그램을 확연히 구분하고 있는 실정인 데 반해 외국의 대학들은 제도중심의 평생교육을 강화하고 있다.

외국 대학들이 참여하고 있는 대학평생교육 프로그램은 '제도의 제도화'적 특성을 지니고 있으며, 프로그램과 학사관리 및 운영 면에 있어서 폭넓고 형태 면에 있어서도 다양한 특성을 지닌다.

현대 동향 중 괄목할 만한 경향은 산학협동체제의 강화와 비정규 프로그램의 확대, 그리고 성인 대학인구의 확충 등을 들 수 있다. 예컨대 대학지원 프로그램(sponsored program), 기술개발 프로그램(technical career program) 및 2+2 프로그램 등이 대표적이라 할 수 있다. 뿐만 아니라 분교 프로그램(branch program)이라든지 매체 프로그램 등도 제도중심 대학평생교육 프로그램이라 볼 수 있다.

한마디로 평생교육 프로그램의 많은 부분이 대학을 중심으로 대학에 의해 이루어진다고 볼 수 있다. 대학의 이러한 특성을 필자는 '성인중심대학(andraversity)'이라는 용어로 개념화하고 있다. 현대 동향 중에서 이러한 대학의 변모는 평생교육과 제도적 교육을 구분지으려는 경향이라기보다는 대학중심 평생교육의 강화 프로그램 경향이라고 볼 수 있다.

전문계속교육의 경우에도 대학과 사기업체, 그리고 연구기관 간의 협동 프로그램이 보편화되어 가고 있는 경향인데, 주로 대학에서는 실험과 이론 개발이 중요시되고 있는 반면, 사기업체에서는 이러한 결과의 검증과 응용에 치중하고 있는 경향을 보이고 있다.

대학평생교육 프로그램의 특성을 보면 첫째, 정규 프로그램을 수정 · 보완하여 평생교육 프로그램으로 활성화하는 경우, 둘째, 기존의 정규 대학교육과정과는 별도로 평생교육 프로그램을 개설하는 경우, 셋째, 대학과 대학 이외의 기관 간의 협동 프로그램 형태의 프로그램 등으로 대별될 수 있다.

또한 시설과 특별한 캠퍼스가 없는 고등교육 형태의 평생교육 프로그램을 들 수 있다. 캠퍼스가 없는 형태의 평생교육 프로그램은 Campusless program으로 지칭될 수 있는 것으로 TV대학, Radio대학, 개방대학(open university) 그리고 자유대학(free university), 가상형 대학(virtual university) 등을 들 수 있다.

대개의 경우 대학 평생교육의 활성화는 교육기회의 확대를 목적으로 하고 있으며, 현대 산업사회에서의 모든 이를 위한 교육(education for all)의 이상에 부합하고자 하는 노력이라 볼 수 있다.

대학평생교육 프로그램에서 중요시되는 또 한 가지 경향은 전문계속교육 프로그램으로서 전문직종의 자격증 갱신이나 자격증 부여 프로그램의 특성을 지니고 있다.

미국의 경우 고등교육기관은 전문직 연합회 등과 공동 노력으로 전문인 계속 프로그램을 강화하고 있다. 이러한 경향은 우리나라 대학에서 활용할 수 있는 프로그램으로서 교육대학원이나 경영대학원, 그리고 기술대학원 및 산업대학원들의 프로그램을 활용할 경우 충분한 효과를 거둘 수 있다고 여겨진다.

이와는 별도로 한 가지 중요한 경향은 대학요원 개발과 같은 자체 프로그램을 확대해 가고 있다는 점이다. 대학요원 개발 프로그램은 대학의 교수와 연구직은 물론 사무직을 대상으로 하는 자체 평생교육 프로그램으로서 교육의 질 향상을 위한 강화 프로그램이라 볼 수 있다. 특히 대학에서 교수개발(faculty development) 프로그램이나 CTL(Center for Teaching and Learning) 프로그램 등이 대표적인 예다.

대학의 다양한 평생교육 프로그램의 확대는 종래의 인식과는 달리 사회에서의 대학의 역할이 더욱 강조되고 있음을 의미한다. 이러한 대학평생교육의 강화와 확대 경향은 우리나라 대학에서의 소극적인 경우와 달리 많은 기여를 하고 있다는 점에서 지식정보화 시대에 걸맞은 이동학습(mobile learning) 등 우리나라 대학평생교육의 활성화도 시급한 실정이라 볼 수 있다.

(4) 평생교육방법의 현대 동향

평생교육 프로그램의 다양한 형태와 평생교육 학습자들의 다양한 교육적 욕구는 평생교육방법 면에서의 변화를 가져다주었다.

평생교육방법론은 크게 개인적 방법론과 집단적 방법론으로 나뉠 수 있으나 현대의 동향에서 주목해야 할 점은 개인방법, 집단방법 및 이들 두 방법을 혼용하는 경향 등으로 발전되고 있다는 점이다. 일반적으로 평생교육은 학습자 중심의 자기주도적 학습(self-paced learning)이기 때문에 방법론에 있어서도 장소나 시간 및 내용 면에서 비교적 유연성 있는 방법이 확대되어 가고 있는 실정이다.

또한 한 가지 더 염두에 두어야 할 현대 동향은 컴퓨터를 활용한 방법론이 확대되어 가고 있다는 점이며, 대중매체나 방송매체를 활용한 프로그램도 확대되어 가고 있다는 점이다.

앞서 언급한 대로 매체중심 프로그램은 TV대학 프로그램, CD-ROM 프로그램, USB 프로그램, Radio 프로그램, Audio 프로그램, Dial-O-프로그램, 다중매체 프로그램, 문자매체 프로그램 그리고 스마트폰 동영상 프로그램 등으로 매우 다양하고, 지역적 특성에서 볼 때도 확대되어 가고 있는 실정이다. 특히 모바일 혁명에 따라 온라인 중심 가상대학, 지능형 대학(smart college), 방송통신대학(air & correspondence college), 컨소시엄형 콘텐츠 중심 모바일형 프로그램, 스마트폰을 활용한 평생학습 프로그램, 그리고 MIT와 하버드 대학의 온라인 학점운영 프로그램, IT 중심 평생학습 등이 평생학습 형태로 확산되고 있다.

방법론과 관련된 현대 동향은 지역적으로나 대상 면에 있어서도 괄목할 만큼 확대되어 가는 경향이다. 예컨대, 교육중개업(educational brokering agencies)을 통한 자기주도 학습방법이나 자료들이 다양하고도 효율적이라는 점이다.

특히 자기주도학습을 위한 방법의 경우에는 전통적인 인쇄매체적 방법은 물론이요, 문제해결중심의 학습방법까지 포괄하는 형태다. 대개 인쇄매체적 방법과 컴퓨터를 활용한 방법 및 미디어 방법까지 가미한 형태를 취하는 경향이다.

일반적으로 TV대학이나 영국의 개방대학, 그리고 제3국의 라디오대학, 우리나라의 방송통신대학 등은 이러한 동향에 속한다 할 수 있다. 이와 관련된 경향에서 실험적으로 시도되고 있는 또 한 가지 경향은 세계의 주요대학이나 연구소 프로그램을 중심으로 협동개발 프로그램을 설정하려고 하는 경향이다. 이러한 프로그램은 이미 인공위성을 활용한 대학강좌 프로그램 등에서도 발견할 수 있다. 방송매체와 컴퓨터의 발달은 이러한 형태의 평생교육방법론이 확대되어 갈 것임을 시사하고 있다.

또 한 가지 언급해야 할 방법론은 교육기자재와 교수진이 이동하는 이동평생교육 방법론으로서 '이동평생학습(mobile learning unit)' 방법이 확대되어 가고 있는 경향이다. 이동학습 단위는 대개 지역적 특성이나 평생교육 대상자들을 확대하려는 노력의 일환이라 볼 수 있는데, 한 가지 특성이라 지적할 수 있는 것은 통신교육방법과 경험중심학습, 그리고 문제해결 학습방법을 통합하려는 경향이라는 것이다. 활용되는 학습이론으로도 반복학습, 문제중심학습 그리고 행동주의 학습이론 등이 병용되고 있다. 대학의 확충교육 프로그램이나 특정 대상자를 위한 재교육 프로그램, 그리고 노년 대상의 노년교육 프로그램 등에서 활용되고 있는 실정이다.

2) 평생교육의 동향

앞에서 살펴본 대로 평생교육의 현대 동향은 현대사회의 변화에 따른 특성과 평생교육 학습자들의 다양한 교육 욕구에 부응하려는 경향이 확대되어 가고 있다고 볼 수 있다.

평생교육의 현대 동향은 근본적으로 현대사회의 변동과 가치규범 및 교육적 욕구의 증대에서 비롯되었다고 볼 수 있다. 평생교육은 제도적 교육뿐 아니라 비제도적 교육형태를 취하면서 괄목할 만한 신장을 해 왔으며, 평생교육 영역은 대상 면에 있어서도 유아와 취학 전 대상자를 위한 취학 전 평생교육 프로그램에서부터 노년을 위한 노년평생교육의 형태로 확대되어 가고 있다.

평생교육의 현대 동향을 정리해 보면 다음과 같다.

- 평생교육 대상의 측면에서 볼 때 그 대상영역이 확대되어 가고 있다. 평생교육 대상은 유년기에서부터 노년기에 이르기까지 전 생애를 포괄하기 때문에 학교교육과 평생교육의 확연한 구분이 어려운 실정이라 해도 과언이 아니다. 이러한 점에서 학습하는 사회(learning society)의 특성이 두드러진다고 볼 수 있다. 그러므로 평생교육의 구분보다는 대상이나 방법의 측면, 그리고 교육과정과 제도적 측면에서 이해되어야 할 것이다.
- 평생교육의 형태나 방법론 측면에서 볼 때 매우 다양화되어 가는 현상이 두드러진다. 그러나 형태에 관련해서는 제도중심 평생교육 형태와 비제도중심 형태를 확연히 구분하려는 경향에서 벗어나 이들 두 형태를 병용하거나 통합하려는 형태가 확대되어 가고 있다. 또한 방법 측면에서도 개인과 집단, 인쇄매체와 미디어 매체 그리고 컴퓨터의 활용 방법을 병행하는 경향을 나타내고 있다.

- 커리큘럼이나 과정의 측면에서 볼 때 평생교육의 현대 동향은 매우 신축성이 있다. 대개 평생교육의 이상이 '언제, 어디서나, 누구든 필요에 따라 학습할 수 있다'는 점을 고려해 볼 때 이해할 수 있는 경향이라 볼 수 있다. 예컨대, 지역성은 물론 국적과 대상, 그리고 교과내용의 구분 없이 다양하고 신축성 있는 경향을 띠고 있다.
- 체제 면에서 볼 때 평생교육의 현대 동향은 매우 개방적이고 무제도적 특성을 나타내고 있으나, 전문계속교육이나 자격증과 관련된 평생교육 프로그램의 경우에는 예외적 특성을 나타내고 있다고 볼 수 있다.
- 방법론의 관점에서도 언급된 대로 평생교육 운영의 측면에서 볼 때 '자율성'이 최대한 부여되고 있는 경향이며, 성인교수자들의 특성 또한 매우 다양한 실정이다.
- 평생교육의 개념이나 연구 동향은 크게 세 영역으로 구분되어 접근되고 있는 실정이다. 대상자에 따른 구분으로서 평생교육 대상자이면서 성인이 아닌 집단을 위한 연구라 할 수 있는 '성인 전 평생교육', 그리고 흔히 널리 알려진 바대로 '성인교육학'이라 불리는 '앤드라고지(andragogy)'의 영역으로 대별되는 경향에서 보다 발전되어 성인 전 사회학적 접근, 성인평생교육 접근 그리고 노년교육학적 접근(educational gerontology) 등으로 발전되어 가는 경향을 보인다. 또한 극히 근자에 들어서는 이들 세 영역의 공통성을 발전시키려는 '종합교육학'적 관점이 대두하고 있다.
- 학습이론의 경우에도 평생교육학습이론을 정립하려는 노력과 함께 평생학습자의 다양한 경험과 학습욕구 및 준비도 등을 중요시한다. 학습자의 유형 분류를 하려는 연구 노력으로부터 생애발달단계에 따른 평생학습이론을 연구하는 경향까지 비교적 활발한 실정이다. 예컨대, M.B.(Myers-Briggs) 학습유형론에서부터 생애중심 학습이론(life-span learning theory)에 이르기까지 다양한 접근을 시도하고 있다. 평생교육

학습이론 개발은 특히 개인의 학습욕구와 학습유형에 치중하는 동향을 나타내고 있다.

- 평생교육의 교육적 기능에 대해서도 많은 논의가 진행되고 있으며, 크게는 두 경향으로 구분하여 동향을 설명할 수 있다. 교육적 기능의 주요한 동향은 '발전'과 '성장'의 개념과 관련된 기능이다. 사회적 차원에서는 국가발전과 경제성장에의 기여를 주요 관심사로 수용하고 있으며, 개인적 차원에서는 생의 발달과 성장을 위한 평생교육의 기능에 관심을 갖는다. 또한 교육의 기회나 '사회평등'과 관련하여 평생교육의 기능을 연구하려는 동향을 들 수 있다. 교육의 기회나 평등에 관련된 평생교육의 기능에 관한 연구는 제도교육이 가져다주는 불평등의 보완장치로서의 평생교육적 의의라든지 사회적으로 소외된 계층에 관한 교육적 의의 등에 관해 연구의 관심을 보이고 있다. 특히 과도교육 집단(the overeducated)이나 과소 교육집단(the undereducated)에 대한 평생교육의 효과나 기능에 관해 논의가 활발하다.

결국 평생교육의 현대 동향은 평생교육 철학적 측면에서부터 평생교육의 기능적 측면에 이르기까지 많은 변화와 확충이 이루어져 왔다고 볼 수 있다.

평생교육이 '모든 이를 위한 교육' '삶의 질을 향상시키기 위한 교육' 등의 이상에 터해 있기 때문에 개인의 성장과 자아실현뿐 아니라 사회적 실현을 위한 거시적이고 다양한 노력이 현대의 동향이라 해도 과언이 아니다. 특히 '교육생태학' '교육위생학' 및 '교육인류학' 등과 '지역교육학' 영역의 협력을 통해 사회가 안고 있는 인류의 과제와 문제를 해결하려는 노력이 더욱 확대되고 있다. 이 점에서 우리나라의 평생교육의 많은 영역이 과잉경쟁적 도구성을 못 벗어나고 있다는 점에서 볼 때 사회문제 중심의 평생교육으로의 전환이 요청된다 하겠다.

참고문헌

김원자(2007). 모바일혁명. 서울: 다지리.

박노열(1987). 사회교육학개론. 서울: 형설출판사.

오석인(1981). 평생교육의 개념에 관한 분석적 연구. 계명대학교 대학원 석사학위논문.

이현청(1984). 성인계속교육의 원리. 부산대 사대논문집.

이현청(1987). 평생교육과 청소년. 부산시교육연구.

이현청(1989). 발전중심의 사회교육. 새교육.

이현청(2006). 전환기 대학교육론. 서울: 문음사.

이현청(2008). 현대사회와 대학의 사회봉사교육. 미발간 발표자료.

이현청(2011). 사회교육의 현대 동향. 미발간 발표자료.

이현청(2011. 12). 사회통합의 과제와 전망. 미발간 발표자료. 국민통합총회세미나 주제발표.

이현청(2012). 사회양극화의 과제. 미발간 발표자료.

장진호 외(1984). 평생교육과 사회교육. 한국교육학회 사회교육연구회 편. 서울: 배영사.

진원중(1977). 사회교육의 동향과 좌표. 서울: 배영사.

한준상(1987). 사회교육론. 서울: 청아출판사.

한준상 외(1987). 평생교육과 학교교육(Ⅰ). 서울: 정민사.

허병섭 외(1985). 한국민중교육론. 서울: 학민사.

Apps, J. R. (1979). *Problems of continunig education*. S.F.: Jossey-Bass.

Darkenwald, G. G., & Merriam, S. B. (1982). *Adult education: Foundation of practice*. NY: Harper & Row Publisher.

Freire, P. (1988). *Pedagogy for the answer*.

Griffin, C. (1987). 평생교육과정. 김영일 역. 서울: 대한교과서주식회사.

Groothoff, B. (1976). *Civic education: The practices and issues*. North & Carolina Community Education Association.

Groothoff, H. (1986). 산업사회와 성인교육. 한국사회교육협의회 편. 서울: 배영사.

Jarvis, P. (1985). *Philosophy of adult education*. New York: Simon and Schuster.

Knox, A. B. (1977). *Adult learning*. S.F.: Jossey-Bass.

Merriam, G. (1982). *Foundation of adult education*. N. J.: Prentice-Hall.

Miller, H. (1986). *Adult teaching adults*. Texas: Learning concept.

Psychopolus, J. (1985). Development education. World Bank report.

Robinson, R. D. (1988). *An introduction to helping adults learn and change*. Millwaukee: Omnibook co.

Verduin, J.(1986). *Adult education and adult development*. Texas: Learning concept.

제2부

성인발달과 평생학습

제4장 성인발달의 이해

Gail Sheehy(1983)는 인간발달단계에 관한 그녀의 유명한 책의 서두에서 "인간은 매우 강건한 갑각류다. 바닷가재는 발육함에 따라 일련의 단단한 보호막을 벗으면서 자란다. 내부로부터 성장할 때마다 한정된 껍데기는 허물을 벗어야 한다. 그리고 새 껍데기가 헌 껍데기를 대체할 만큼 자라기까지는 노출된 채로 취약성을 가지게 된다."

이러한 말은 인간발달의 여러 단계의 과정을 거쳐야 하는 우리 인간도 동일한 경험을 하게 된다는 뜻이다. 이 점에서 우리 인간도 성장하기 위해서는 우리를 보호하고 있는 구조를 벗어 버려야 한다. 인간은 노출된 채로 취약성을 갖고 있기 때문에 활력이 있다가 다시 유치해지기도 하며 이전에는 알지 못했던 방법으로 성장할 수도 있다. 이러한 탈각의 과정은 몇 년 혹은 그 이상이 걸릴 수도 있다. 그러나 생애과정에서 각각의 과정이 나타나면서 인간은 보다 오랜 시간 동안 보다 안정된 시기로 접어들게 되고 상대적인 평온과 다시 획득한 평정심을 기대할 수 있게 된다.

인간발달과정에서 인간에게 발생하는 모든 사건은 인간에게 영향을 미친다. 졸업, 결혼, 출산, 이혼, 취직 혹은 실직 등과 같은 생애의 사건(life-event)은 삶의 과정에서 실제로 일어나고 있는 일들이다. 그러나 발달단계는 한 개인의 생애과정에서 일어나는 일들에 의해서 결정지어지는 것이 아니라 인간의 내부로부터 시작되는 변화에 의해 한정된다. 그리고 변화에 관한 기본적인 충동은 한 개인의 삶에서 경험하게 되는 사건을 통하여 충족된다. 이러한 점에서 어떤 주어진 시기에서의 인간의 생활은 내외적 측면의 두 가지를 모두 통합하고 있다. 성인의 삶은 생체적 · 사회적 측면뿐 아니라 심리적 측면이 복합적으로 혼합된 형태이기 때문에 어떤 생애 단계에 처한 성인 집단의 발달과업은 유사하지만 개인의 지각이나 대응전략은 다양하다. 〈표 4-1〉은 성인발달과정에서 일어나는 지속적인 변화과정을 설명하고 있다.

어떤 주어진 시기에 인간의 삶은 내외적 측면의 두 영역을 모두 통합하고 있다. 우리 인간이 속해 있는 사회변동 및 문화와 관련된 외부적 체계는 우리의 직업, 사회적 계급, 가족 및 사회적 역할 등과 관련되어 있는데, 우리가 살고 있는 세상에 우리 자신들을 참여시키기 위해 어떻게 해야 하는가에 영향을 주게 된다. 내부적 영향은 이러한 참여를 통해 개인이 가지게 되는 의미와 관련되어 있다.

내부의 영역은 변화의 필요성과 다음 발달단계에 새로운 발판으로 이동할 필요성을 지각하게 한다. 생애과정에서 결정적인 변화들이 발생하지만 사람들은 이러한 변화나 인생의 전환기를 인식하지도 못하고 때로는 갈등

표 4-1 삶의 변동 추이

	생체적	사회적	심리적
생애연령 요인	성숙 나이 들어 감	연령에 따른 위계 (age grading) 사회적 사건	심리적 · 사회적 요인과 자기지각
조정 요인	생체적 발달단계 (biological clock)	사회적 발달단계 (social clock)	사회 · 생체적 요인과 자기지각
환경 요인	스트레스, 영양상태, 활동	사회적 규범 사회적 역할	사회 · 생체적 요인과 자기지각
개인적 요인	기능적 연령	개인적 삶의 유형	적응 스타일-성격, 자기지각

을 경험하기까지 한다.

이러한 발달과정이나 과도기 동안 우리가 어떻게 느끼느냐 하는 것은 다음 네 가지 지각영역에서 복잡한 변화를 경험함으로써 가능하다.

- 다른 사람들과 관련한 내부적 자신감의 변화
- 삶에서 느끼는 위기감에 대한 안전의 비율
- 시간에 대한 인식, 즉 충분한 시간을 가지고 있느냐 하는 것과 시간은 지나간다는 사실을 느끼기 시작하고 있느냐 하는 것
- 생동감과 침체감에 있어서 충분한 수준의 변화

이러한 변화에 대한 지각은 생활배경의 분위기를 변화시키고 우리의 의사결정과정에 영향을 준다. 생애의 각 발달단계는 새로운 발달과업을 제공할 뿐 아니라 과거에 활용했던 삶의 기법이 쓸모없다는 점을 느끼게 해 준다. 그러므로 생애발달단계에 따라서는 어느 정도의 마법은 버려져야 하며 마음속에 품고 있는 만족감에 대한 환상이나 지나친 자신감은 더 큰 발전을 위해 포기해야 한다.

일반적으로 우리는 성인의 생애주기에 관해 다음과 같은 몇 가지 가정을 세울 수 있다.

- 인간의 삶은 순서와 단계를 가지고 펼쳐진다.
- 생애의 각 단계는 위기, 전환점, 취약성과 가능성이라는 두 가지의 결정적 시기로 특징지어진다.
- 생애의 각 단계는 수행해야 할 특유한 과업들을 가지고 있으며 과업들이 성공적으로 수행될 때 계속 발전하게 된다.
- 생애의 각 단계에서 내부적인 변화뿐 아니라 외부적으로도 졸업, 결혼, 출산, 이혼, 직업과 같은 중요한 일들이 항상 일어나고 있다. 이와 같은

중요한 사건 내부에서의 변화들은 발달단계를 만든다.

- 성장이라는 결정적인 변화가 일어나는 곳은 내부적 영역에서다. 우리가 실행자의 사건들(maker events)에 관해 느끼는 정도와 우리가 그러한 사건들과 제휴할 것인가의 여부는 성장해 나갈 것인지 혹은 침체할 것인지를 결정한다.
- 성장이 이루어지면 개인이 현재 가지고 있는 기능보다 좀 더 큰 기능이 요구되어 자아 확대가 이루어질 수 있으나 아직 더 안전한 곳으로 물러나도록 압도되고 강제되지는 않는다.

과도기는 성장을 유도하기 위한 기간이다. 과도기의 위기나 인생진로의 수정은 일상적인 생활상의 사건이 계기가 되나 급작스럽게 예기치 못한 생활상의 사건 때문에 계기가 되는 수도 있다. 예를 들어, 배우자 사이의 특별한 문제들은 배우자 중 한 사람이 상대방의 발달단계나 위기와 일치하지 않을 때, 상대방의 이상한 행동을 잘못 해석했을 때 일어날 수도 있다. 이러한 단계나 과정은 초기성년기(early adulthood), 중기성년기(middle adulthood), 후기성년기(late adulthood)라는 세 가지 주요 집단으로 나뉜다. 모든 성인이 동일한 단계를 통해 이동해 가는 것은 아닐지라도 그 순서는 예정대로 일어나는 것 같다.

표 4-2 성인발달에 관한 이론들

<table>
<tr><th>Freud의 모델
(한 단계)</th><th>Jung의 모델
(과정: 개인화)</th><th>Erikson의 모델
(과정: 후성설)</th><th>Buhler의 모델
(과정: 충족)</th></tr>
<tr><td rowspan="4">리비도
(libido)
발달의 최종 단계
(genital stage)</td><td>청년기</td><td>친교 대 고립</td><td>실험적 자기결정기</td></tr>
<tr><td rowspan="2">성인기</td><td rowspan="2">생식 대 침체</td><td>자기결정기</td></tr>
<tr><td>자기평가기</td></tr>
<tr><td>노년기</td><td>통합 대 절망</td><td>충족 혹은 실패</td></tr>
</table>

초기성년기에서부터 후기성년기까지의 발달단계를 연구한 학자들의 견해를 종합한 결과는 〈표 4-2〉에 제시하였다.

초기성년기에 있어서의 쟁점은 타인과의 관계에서 친교(intimacy) 대 고립(isolation)으로서 그 시기는 세 단계로 나누어진다.

① 18~22세: 뿌리내리는 시기

청년기로부터 성년기까지의 과도기로서 가족을 떠나 자신의 생활을 확립하는 시기다. 또한 교육이 계속되고 직업을 갖게 되며, 동료관계도 이루어진다. 이 시기에 독립된 가정이 형성되며 돈을 꾸리는 법을 배운다.

② 22~28세: 성인이 되는 시기

이 시기의 성인은 결혼상대를 선택하고 개인에 따라서는 일생의 직업을 시작한다. 집을 마련하고 부모가 되어 생활양식을 동적으로 설계하는 시기다.

③ 28~33세: 30대의 운을 붙잡는 시기

이 단계는 새로운 활력이 있는 시기이며, 종종 변화와 혼란 및 불만족을 가져다주는 시기다. 직업선택과 결혼을 좀 더 일찍 했더라면 하는 생각과 인간관계가 너무 편협하지 않았나 하는 느낌을 갖기도 한다. 이 시기의 성인은 자신을 확장하고 새로운 선택을 하며 사회적 참여활동을 변경하거나 보다 깊이 관여하기도 하며 직업을 바꾸고 집을 사며 자녀를 갖게 되고 이혼을 하는 등의 충동을 갖는다. 이전의 관행을 따르는 것보다는 자신이 원하는 것을 행한다. 이 시기는 재평가의 시기이며 정착하고 인격적 가치를 추구한다. 30대는 젊음의 꿈이 현실과 서로 맞붙어 실현되는 시기로 대부분의 사람들에게는 아주 어려운 과도기의 하나다.

중기성년기의 주요 문제는 다음 세대에 대한 수용과 보호라는 차원의 생식(generativity) 대 침체(stagnation)와 관련되어 있다. 중년 성인인 35~60세의 기간은 대개 능력의 획득과 타인에 대한 영향력 및 사회에 대한 영향력이라는 점에서 일생 중 가장 강력한 단계다. 이 시기에는 사회적 역할의 측면에서도 사회규범 창출자, 의사결정자, 법안제출자, 권력중개인, 관리자 및 지도자가 되는 나이다. 한편 인생의 절반이 끝났다는 사실에 직면하게 되는 40세는 대부분의 사람에게 있어서 어려운 과도기다. 중기성년기는 대개 네 집단으로 구분된다.

① 33~38세: 자기 자신에 충실한 시기

이 연령기에는 정착과 확장에 시간을 보내며 성장하는 시기다. 사회적 지위가 확립되고 능력이 신장되며, 일 처리를 잘하고 진보와 발전을 위해 노력하는 시기다. 배우자, 자녀들, 부모의 가족관계를 중시하며 때로 갈등을 느끼는 시기이기도 하다.

② 33~46세: 중년의 과도기

이 시기는 종종 불안정하고 폭발하기 쉬운 시기로, 청년기와 공통점이 있으며 세월이 너무 빠르다는 감정적 인식이 일어나는 시기다. 결혼생활은 재평가되며 일과 직업목표가 재검증되는 시기다. 이때는 10대 자녀들과 나이 든 부모에 대한 깊은 관련이 있는 시기다. 이 시기의 성인들은 의미로운 것을 추구하게 된다. 여성은 더욱 공격적이며 남성다워지며 남성들은 더욱 나약해진다. 가정을 일구어 오며 가사에 종사한 여성들은 자신을 다시 규정하게 되며 직업을 갖게 되어 가정을 떠나는 경우도 있다. 이 기간 동안 남성들은 종종 직업에 대한 포부를 하향조정하게 된다. 실현되지 않은 이상의 함정에 빠졌다는 것을 인식하고 가정으로 되돌아온다. 남성들이 다시 이상을 되살리려고 시도하는 경우와 여성들이 새로운 꿈을 펼치기 위해 노력하는 경우 등 극적인 변화가 일어나는 시기이기도 하다. 이러한 노력으로 전에 억압되었던 여러 측면을 다시 소생시킬 수도 있다. 중년기의 위기는 혼외의 애정문제, 알코올중독, 이혼, 과식, 자살 등이 증가하는 시기다.

③ 46~53세: 안정의 시기

이 시기의 성인은 중년의 위기에 뒤이어 새로운 삶의 구조가 형성된다. 이 시기에는 새로운 선택을 하여 생활은 안정된다. 만약 중년기의 위기에 변화가 없을 경우, 대부분 50세에 과도기가 있을 수도 있다. 이 시기에는 자신이 결국 혼자이며 스스로 생활에 책임을 져야 한다는 사실을 절감하게 된다.

④ 53~60세: 재생과 체념의 시기

만약 중년기의 과도기를 성공적으로 잘 넘기면 생애목표 달성과 재활력이 이루어지며 재생의 시기가 된다. 이 점에서 자기수용, 자기실현 및 자기 온정의 시기가 된다. 이때는 자신의 직업과 결혼생활을 포함하여 개인의 행복과 만족을 증대시키는 시기다. 만약 중년의 과정을 성공적으로 처리하지 못하면 체념의 기간이 될 가능성도 있는 시기다.

생애발달의 마지막 단계인 후기성년기의 주요 문제는 자신의 인생이 어떤 목적을 가지고 살아왔느냐의 신념과 관련된 통합(integrity) 대 절망(despair)의 문제다. 후기성년기는 대개 두 단계로 구분된다.

① 60~65세: 후기성인 과도기

은퇴에 직면한 60대는 대부분의 후기성인에게 있어서 어려운 과도기의 하나다. 이 시기는 은퇴에 대한 불안과 함께 자기 직업에 대해 재규정을 하는 시기이기도 하다. 직업을 통해 자아실현을 해 온 경험이 없는 여성의 경우에 남성들보다 더 쉽게 이러한 과도기에 빠지게 된다. 이 시기에는 수입이 줄어들기 때문에 적은 수입에도 자신을 적응시키는 과업이 중요한 과제가 된다. 때로 직업, 가정, 배우자를 잃는 문제에 직면하여 나이 든 성년은 소외감, 무기력감, 무의미, 고독감을 느끼기도 하고 때론 절망에 빠지기도 한다. 이 시기에 위기를 극복하기 위한 새로운 도전이 필요하며 평소 원했던 것들을 행동함으로써 계속적으로 성장할 수도 있는 시기다.

② 65세 이상: 후기성년기

나이가 듦에 따라 실직상태에 있는 것보다는 직업을 갖는 것이 육체적 건강에 더욱 좋은 시기다. 이 시기에 활동적인 노인들은 삶에 대한 더 큰 열정과 더 좋은 자기개념을 가질 수 있으며, 자신들의 삶에 대해 대체로 더욱 만족한다. 교회에 나가는 것과 같은 종교적 활동은 인생 후기에는 줄어드는 경향이 있지만 종교적 신념이나 느낌은 증가한다. 이 시기는 자기 스스로 삶의 의미를 찾고 자기 인생의 성공 혹은 실패의 느낌을 경험하며 자신의 삶을 재음미하기 위해 시간상으로 주춤거리는 시기다. 이 시기의 마지막에는 죽음에 직면하게 되는데, 이때는 죽음에 대해 부정하다가 노여워하게 되며 교섭하는 단계를 거쳐 우울한 상태에 이르게 된다. 그리고 마침내 죽음을 수용하는 단계를 거치게 된다.

앞에서 구분해 본 대로 생애발달과정에 관한 모든 지식에도 불구하고 성인교육자들이 명심해야 할 점은 생애발달단계별 시기를 잘 극복하기 위해서는 개인이 수행해야 할 과업(task)이 있다는 사실이다. 이 점에서 성인발달단계마다 성인들의 적응능력을 배양하고 격려해 주기 위한 교육 프로그램이 제공될 수 있다. 〈표 4-3〉에서 제시한 성인의 생애주기과업표와 성인계속교육 반응표를 보면 여러 종류의 교육 프로그램과 기회의 보기를 알 수 있다.

표 4-3 성인의 생애주기 과업과 성인의 계속교육 프로그램에 대한 반응

발단단계	과업	프로그램 반응	추구된 성과
18~22세 가정을 떠남	1. 심리적 속박을 깨뜨림 2. 직업의 선택 3. 일을 시작함 4. 동료관계 취급 5. 가정관리 6. 시간관리 7. 자신에 관한 시간조정 8. 문제해결 9. 변화를 수반하는 위기 관리	1. 개인의 발달, 단정적인 직업훈련 2. 전문직장, 가치분류, 직업정보 3. 교육/직업준비 4. 인간관계 집단 5. 소비자교육, 가사기능 6. 시간, 여가활용에 관한 일 7. 독신생활, 성공적 독신생활에 관한 일 8. 창조적인 문제해결방법 9. 긴장(위기)관리, 생체반응(bio feedback), 이완시간에 관한 일	1. 강화된 가치 2. 적당한 직업 결정 3. 성공적 교육/직업참가 4. 효과적인 사회적 상호작용 5. 박식한 소비자, 건강한 가정생활 6. 현명한 시간활용 7. 완성된 독신상태의 자치 8. 성공적인 문제해결 9. 성공적인 위기관리, 인격적 성장
23~28세 성년이 됨	1. 배우자 선택 2. 일(직업)에 정착하기, 직업수단 시작 3. 부모 4. 공동체에 열중함 5. 현명한 소비 6. 집 갖기 7. 사회적 상호작용 8. 자치력 성취(완수) 9. 문제해결 10. 변화를 수반하는 위기	1. 결혼에 관한 일 2. 관리 · 진보훈련 3. 부모되는 일 4. 공민교육, 독지가 훈련 5. 소비자 교육, 재정관리훈련 6. 집(주택) 유지에 관한 일 7. 인간관계집단, TA 8. 독신생활, 이혼에 관한 일 9. 창조적 문제해결에 관한 일 10. 긴장(위기)관리, 생체반응, 시간에 관한 일	1. 성공적 결혼 2. 직업만족과 진보 3. 효과적인 부모, 건강한 자녀 4. 박식하며 참여하는 시민 5. 건전한 소비자 행동 6. 만족한 가정환경 7. 사교적 기능 8. 만족한 독신상태, 자치 9. 성공적인 문제해결 10. 성공적인 위기관리, 인격의 성장
29~34세 30세 포착	1. 개인적 가치 추구 2. 관계성의 재평가 3. 직업상의 발전 4. 늘어나는 변화의 수용 5. 정착 '영구적인' 가정 이루기 6. 문제해결 7. 변화를 수반하는 위기관리	1. 가치분류 2. 결혼상담, 의사소통의 일, 인간관계 집단, 창조적 이혼에 관한 일 3. 직업상의 진보 · 직업 재구성 4. 부모자녀 관계성의 일 5. 소비자 교육 6. 창조적 문제해결에 관한 일 7. 위기관리, 생체반응, 이완 · 시간에 관한 일	1. 시험하고 평가된 가치들 2. 진정한 인간관계 3. 직업만족, 경제적 보상 · 성취감 4. 부모 · 자녀관계를 산출하는 성장 5. 건전한 소비자 행동 6. 성공적인 문제해결 7. 성공적 위기관리, 인격적인 성장

〈계속〉

35~43세 중년의 재시험	1. 의미 추구 2. 결혼생활의 재평가 3. 직업의 재시험 4. 10대 자녀들과의 관계 5. 인격적 사항 및 가치의 재평가 6. 독신생활에의 적응 7. 문제해결 8. 변화를 수반하는 위기관리	1. 직장관리 추구 2. 결혼생활에 관한 일 3. 중간 경력에 관한 일 4. 커 가는 10대 자녀들에 대한 부모의 관심(초점) 5. 부모, 자식에 관한 일 6. 가치분류, 목표설정에 관한 일 7. 독신생활, 이혼에 관한 일 8. 창조적인 문제해결에 관한 일 9. 위기관리, 생체반응, 이완, 시간에 관한 일	1. 현존하는 근심에 대처하기 2. 만족스러운 결혼생활 3. 적당한 직업 결정 4. 개선된 부모–자녀관계 5. 개선된 자녀–부모관계 6. 자치적인 행동 7. 충만된 독신생활 8. 성공적인 문제해결 9. 성공적인 위기관리, 인격적 성장
44~55세 재건	1. 일의 현실에 적응하기 2. 자녀 독립시키기 3. 빈 둥지(빈집생활)에 적응하기 4. 사회생활에 더욱 바빠지기 5. 관심 있는 공동체에 능동적인 참여 6. 나이 든 부모의 점증하는 욕구 처리 7. 여가시간 관리 8. 대학생 자녀와 병든 부모 부양을 위한 생활비 관리 9. 독신생활에의 적응 10. 문제해결 11. 변화를 수반하는 위기관리	1. 개인적 · 직업적 상담, 일에 관한 건 2. 부모교육 3. 결혼생활, 개인적 상담일에 관한 일 4. 인간관계 집단 5. 공민적 · 사회적 문제교육 6. 노화현상 연구에 관한 일 7. 여가활동에 관한 일 8. 재정관리에 관한 일 9. 적막(쓸쓸함, 외로움)에 관한 일 10. 창조적 문제해결에 관한 일 11. 위기관리, 생체반응, 이완에 관한 일	1. 직업조정 2. 부모 권위에 대한 정중한 태도 3. 만족의 새로운 근원 탐구 4. 효과적인 사회적 관계 5. 효과적인 시민권(공민권) 6. 노인에 대해 보다 인격적이고 사교적으로 적응하기 7. 창의적인 여가 활용 8. 건전한 소비자 행동 9. 완성된 독신 상태 10. 성공적인 문제해결 11. 성공적 위기관리, 인격적 성장
56~64세 은퇴 준비	1. 건강문제 조성 2. 부모관계성 발달 3. 은퇴 준비 4. 스스로 주목하는 흥미 확장 5. 새로운 여가에 투자하기 6. 배우자 사망에 적응하기 7. 문제해결 8. 변화를 수반하는 위기관리	1. 건강계획 2. 인간관계 집단 3. 은퇴 전의 일 4. 공연예술, 음악 및 후원하는 교육, 여행, 감상 5. 금전관리 훈련 6. 혼자만의 고독감, 죽음과 죽어 가는 것에 관한 일 7. 창조적 문제해결에 관한 일 8. 위기관리, 생체반응, 이완, 시간에 관한 일	1. 건강교육 2. 효과적 관계성 3. 현명한 은퇴계획 4. 예술 · 음악에 대한 만족, 여행, 지식, 즐거움 넓히기 5. 건전한 소비자 행동 6. 독신상태에의 적응 7. 성공적인 문제해결 8. 성공적인 위기관리, 인격의 성장

〈계속〉

65세~ 은퇴	1. 일을 제공하던 가정에서 벗어나 자유로워짐 2. 재산의 평가 3. 개인적 건강에 만족함 4. 새로 할 만한 배출구 찾기 5. 여가시간 관리 6. 더 항구적인 결혼 상대에 적응하기 7. 의미 찾기 8. 독신상태에 적응하기 9. 죽음의 수용(달게 받음) 10. 문제해결 11. 변화를 수반하는 위기관리	2. 재산(재무)관리 훈련 3. 건강관리(보호)계획 1, 4, 5, 6. 은퇴, 독지가주의(volunteerism), 노화에 관한 일, 노년을 즐기는 공공연한 논쟁에 관한 협회 7. 종교적 탐구 8. 혼자의 고독감에 관한 일 9. 죽음과 죽는 과정에 관한 일 10. 창조적인 문제해결에 관한 일 11. 위기관리, 생체반응 이완, 시간에 관한 일	1, 2. 재정문제로부터 자유로워짐 3. 적당한 건강보호 4, 5, 6. 창의적인 은퇴, 생활의 이탈, 공공연한 논쟁에 성공적인 대처하기, 노년의 요구에 반응하기 7. 인생의 의미로운 가치추구를 조장함 8. 완성된 독신상태 9. 죽음에 대한 철학적 수용 10. 성공적인 문제해결 11. 성공적인 위기관리, 인격적 성장

앞서 제시된 영역이 성인교육자들을 위해 이용가치가 큰 교육 가능성이 있는 분야라는 사실은 아마 널리 받아들여지지 않을지도 모른다. 그러나 미국의 경우, 정규적인 현직훈련을 필요로 하는 전문직 종사자가 약 1200만 명이며 새로운 목표를 추구하여 훈련을 필요로 하는 직업상의 과도기에 있는 사람은 4000만 명이 넘는다고 평가되고 있다(Miller, 1987). 성인교육의 확대를 장려하고 있는 하나의 흥미 있는 통계에 의하면 1990년 초까지 55세 이상의 성인학습자 수는 5세에서 18세 사이의 공립학교에 등록된 전체 학생 수만큼이나 많다는 사실이다. 더구나 미국에서 25세 이상의 나이에 해당되는 1억 1000만 명 성인의 절반이 고등학교교육을 받지 못했으며 200만 명은 학교교육을 전혀 받지 못했다는 사실에 주목할 필요가 있다(Carman, Hunter, & Harman, 1985: 23-33). 교육 프로그램에 성인들이 많이 유입됨으로써 전통적인 학습양식에 관한 관념들이 도전을 받게 될 수 있다. Malcolm Knowles(1987)는 가장 넓은 의미에 있어서 자기지시적 학습(self-directed learning)은 개인이 창의성을 가지고 있다는 전제를 하고 있는 과정이라고 말한다. 개인은 자기의 학습욕구를 진단하고 학습목표를 명확하게 하며 학

습에 필요한 인적 · 물적 자원을 확인하여 학습전략을 선택하게 된다. 그리고 이러한 학습전략에 따라 실행에 옮긴 뒤에 학습결과를 평가하게 된다. 이러한 모든 절차에 성인학습자 자신이 관여하게 되는 학습을 자기지시적 학습이라 할 수 있다. 대개 이러한 자기지시적 학습은 교사, 교수, 교장, 동료들과 같은 협력자들과의 관계에서 이루어진다.

Abraham Maslow의 욕구단계에서는 인간은 인생의 초기부터 말기까지 목표추구적이라고 주장한다. 이러한 Maslow의 이론은 목표를 일련의 욕구로 전환한 것이다. 즉, 인간은 목표에 도달하기 위해 내면적으로 발생한 욕구가 있기 때문에 어떠한 목표에 도달하도록 동기화된다는 것이다. [그림 4-1]에서 제시된 것처럼 인간욕구의 성취는 모든 사람에게 보편적이고 적용 가능하도록 되어 있다. 그것은 모든 사람이 그 동기적 단계를 높은 수준으로 하려는 능력을 갖고 있으며 높은 수준에 도달하고 있는 사람은 감정적으로 성숙한 것처럼 보인다는 관념을 설명하고 있다. 대개 자아실현을 한 사람은 진정한 자아의 가능성을 탐구하기 위해서 외부적으로 노출된 욕구로부터 자유로워진다. 이 점에서 자아실현은 결코 끝이 없는 과정이다.

전형적으로 성인들이 교육적 활동에 참여하는 데에는 몇 가지 이유가 있다. 즉, 지식 욕구, 개인의 목표도달 욕구, 사회적 목표도달 욕구, 종교적 목표도달 욕구, 회피 욕구, 어떤 활동에의 참여 욕구, 형식적인 요구를 따르고자 하는 욕구 등이다.

기본적으로 세 부류의 사람들이 성인학습과정에 참여한다. 즉, 목표지향적(goal-directed), 활동지향적(activity-oriented), 학습지향적(learning-directed) 성인들이 그들이다(Houles, 1978; Tough, 1982).

목표지향적인 성인들은 학습과정에 참여하는 특별한 목적이 있는 사람들이다. 그들은 자신이 부족하다는 사실을 알고 그 부족한 것을 얻기 위한 수단으로서 성인교육활동을 하게 된다. 활동지향적인 사람들은 본래부터 그 학습과정의 목표나 내용과는 무관한 이유로 학습에 참여한다. 학습지향적

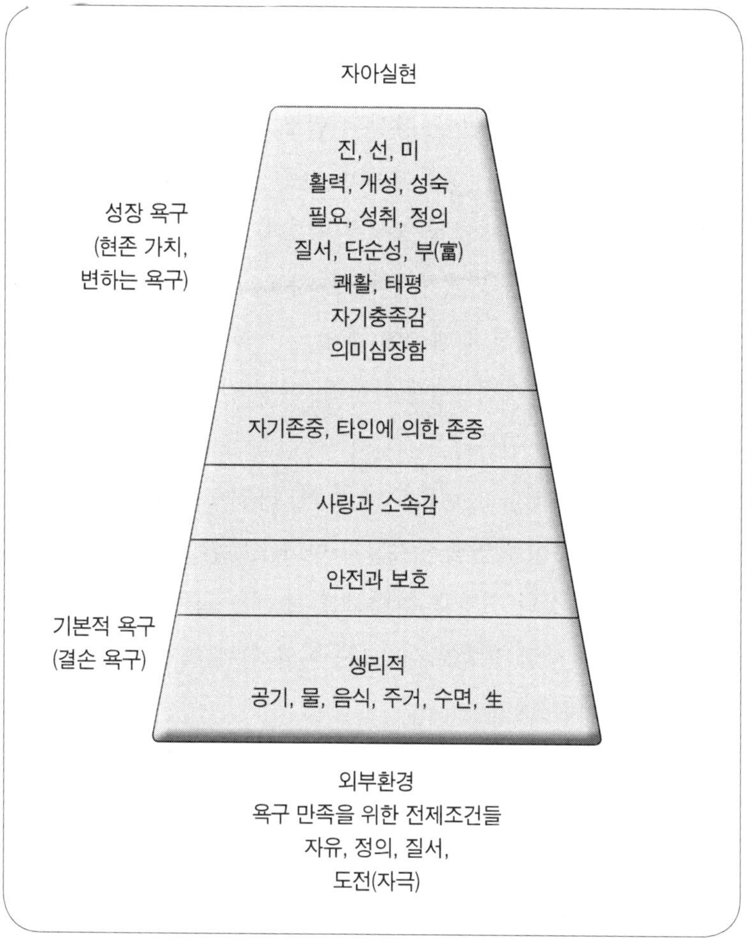

[그림 4-1] Maslow의 욕구단계와 성인

각 욕구는 똑같이 중요하며 위계적이지 않다.

인 성인들은 새로운 모든 종류의 사실에 관한 학습에 흥미를 갖고 있다. 이러한 성인집단은 학습주제에 관해 거의 모르기 때문에 호기심으로 학습과정에 등록하게 된다. 대체로 그들은 자신의 지식을 확장시키고자 하는 욕망 때문에 광범위하고 다양한 학습과정에 참여하는 형태다.

일반적으로 성인이 학습을 추구하도록 자극하는 몇 가지 유인요인은 다음과 같다.

- 인간은 건강, 시간, 돈, 인기, 향상된 면모, 노년기의 안정, 타인으로부터의 칭찬, 편안함, 여가, 성취에 대한 만족감, 직업적 · 사회적 성장, 향상된 기쁨, 자신감 및 개인적 명성을 얻고자 하는 욕구를 지니고 있다.
- 인간은 훌륭한 부모가 되기를 원하고, 사교적이고 호의적이며, 현대적이고 창조적이며, 자신의 재산에 대해 긍지를 가지며, 타인에 대해 영향력을 행사하고 집단적 · 능동적이며, 어떤 일에서든 '제일'이고 권위자로서 인정받기를 원한다.
- 인간은 자기의 개성을 표현하고자 하며, 타인으로부터의 지배를 거부하고 자신의 호기심을 만족시키고자 한다. 또 위인과 동일시되기를 바라고, 아름다운 것의 진가를 식별하고 물건을 획득하거나 수집하기를 바라며, 타인의 사랑을 받고자 한다. 이와 함께 자신들이 개혁하고 개량하기를 원한다.
- 인간은 시간, 돈, 일, 불안정, 근심, 의심, 위험 및 개인적 어려움으로부터 구원받기를 원한다.

앞에서 제시된 바와 같이 성인들을 학습에 참여하도록 자극하는 요인과 더불어 성인들을 가르칠 때 염두에 두어야 할 몇 가지 점은 다음과 같다.

- 성인들은 학습하기를 원한다.
- 성인들은 학습에 대한 욕구를 느낄 때에만 학습한다.
- 성인들은 행함으로써 학습한다.
- 성인들은 실제의 문제를 해결함으로써 학습한다.
- 성인들은 비공식적 환경하에서 가장 잘 학습한다.
- 성인들은 다양한 교수방법에 관심을 갖는다.

- 성인들은 등급이나 성적이 아니라 안내나 인도를 필요로 한다.
- 성인학습은 경험에 의해 영향을 받는다.

성인들은 전 생애를 통해 학습할 수 있다. 학습능력은 나이가 듦에 따라 감소하지 않으며, 학습속도의 비율 혹은 쇠퇴 비율도 원래는 학습활동에 참여하지 않는 성인들에게만 있는 것이다. 이 점에서 학습은 성인의 학습무능력을 치유하는 최선책이다. 성인의 학습능력에 차이가 있다면 그것은 연령 차이 때문이라기보다는 사회적 지위, 교육적 배경, 직업 수준, 선천적 지능 등의 요인과 더 깊은 관계가 있다.

성인들은 초기성년기만큼이나 후기성년기에서도 효과적으로 학습할 수 있으나, 교육자가 인식해야 할 어떤 생리적인 변화가 성인기 동안 나타나기 마련이다. 이런 변화들은 개인에 따라 폭넓게 변화하고, 대체로 시력과 청력이 쇠퇴하며, 어떤 경우는 신체적으로 순발력이 없어지고 행동이 느려지게 된다. 이와 더불어 기억력의 감퇴, 감기, 열, 피로에 대한 저항력이 낮아지는 등의 현상이 나타난다. 근육의 힘과 활력, 그리고 반응속도는 쇠퇴하는 경향이있으나, 기능은 오랫동안의 기량으로 발달하는 경향이 있다. 후기성년기는 겉으로 보기에는 강렬한 충동이나 야망이 부족해 보일지 몰라도 신빙성, 침착성, 태연함이 증가할 것이며 직업수행과정에서는 정확성이 있다. 특히 나이 든 성인들이 학습에서 경험하게 되는 가장 큰 장벽은 "늙은 개에게는 새로운 기술을 가르칠 수 없다."라고 믿는 자신들의 생각이다. 이러한 사고 때문에 학습에 있어 자신감이 결여되고 쉽게 좌절하게 된다. 또한 과거의 부정적인 학습경험은 학습에 큰 장애요인이 된다.

일반적으로 성인기의 변화를 요약해 보면 다음과 같다.

- 세포조직이 건조하며 성장이 둔화된다.
- 신체의 신진대사가 감소한다.

- 반응속도, 강도 및 지속성이 감소한다(Bloom, 1971; Cross, 1979).
- 시력 · 청력이 약화된다(Kidd, 1973).
- 심장고동의 강도 비율이 감퇴하며 60세 이후 급격히 감소한다.
- 성기능이 감퇴하며 80대에는 80% 이상이 무력해진다.
- 색조변별력이 감퇴하다(Kidd, 1973).
- 지능과 기억력이 둔화된다(Birren, 1978).
- 체력이 점진적으로 저하된다.
- 명암 적응 능력이 감퇴한다.

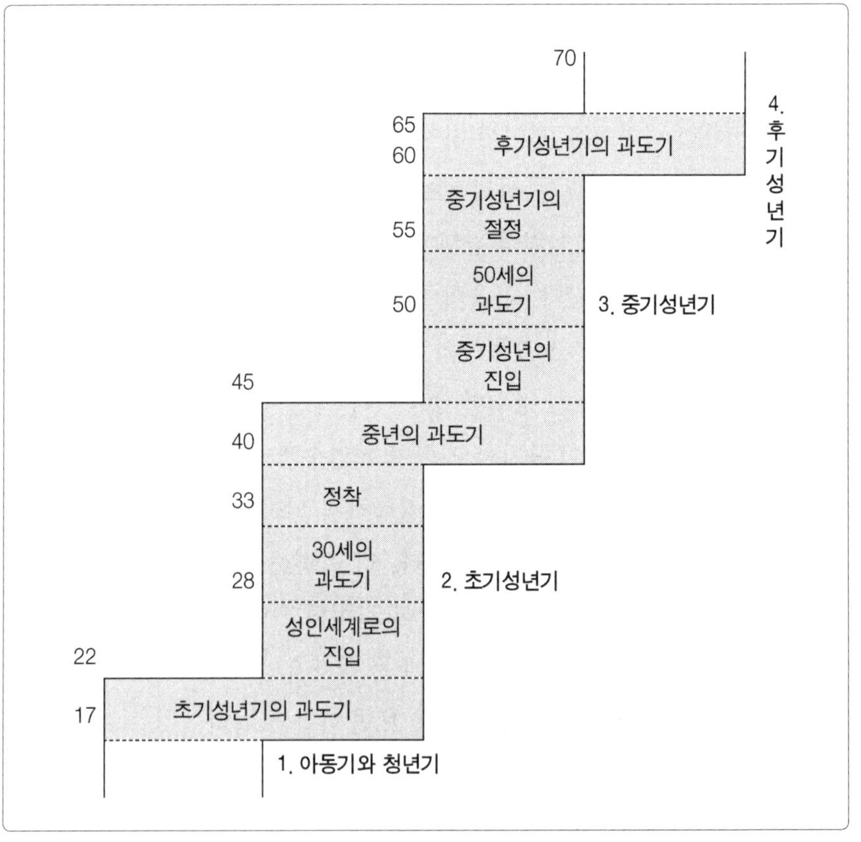

[그림 4-2] 성인생애의 사계절

이와 같이 성인기에는 신체적 · 심리적 · 사회적으로 많은 변화를 경험하면서 모든 개인도 변화 혹은 발달과정을 경험하게 된다. 이러한 인간생애의 사계절은 [그림 4-2]와 같다. 성인교육자들은 이러한 성인학습자들의 욕구를 만족시키도록 프로그램을 제공할 필요가 있으며 성인이 발달과정 중에 경험하게 되는 새로운 경험과 과업에 대한 불안과 고통을 완화시켜 줄 수 있다. 이 점에서 성인교육 프로그램은 성인발달과업과 변화, 그리고 교육 욕구에 전적으로 의존해야 한다.

참고문헌

Birren, C. (1978). *Adult development*. New York: Association press.

Bloom, A. (1971). *THe adult learning process*. New York: Macmillan.

Carman, S. T., Hunter, J., & Harman, D. (1985). *Adult illiteracy in United States*. New York: McGraw-Hill.

Cross, P. (1979). *Adult learner*. S.F.: Jossey-Bass.

Goble, F. G. (1970). *The third force: The psychology of Abraham Maslow*. New York: Grossman Publishers, Inc.

Gould, R. (1978). *Transformations: Growth and change in adult life*. New York: Simon and Schuster.

Houles (1978). *Continuing learning in the professions*. S.F.: Jossey-Bass.

Kidd, J. R. (1973). *How adult learn* (rev.ed.). New York: Association press.

Knowles, M. S. (1973). *The adult learner: A neglected species*. Houston: Gulf.

Knowles, M. S. (1980). *The modern practice of adult education: Andragogy versue pedagogy*. New York: Association Press.

Knowles, M. S. (1987). *Andragogy in action*. Cambridge.

Miller, H. G. (1985). *Adult teaching adults*. Texas: Learning concept.

Miller, H. G. (1987). *Adult and continuing education.* ILL: SIU press.

Robinson, R. D. (1988). *An introduction to helping adults learn and change.* Milwaukee: Omnibook co.

Sheehy, G. (1983). *Passages: Predictable crises of adult life.* New York: Hart Publishing co.

Tough, A. (1982). The adult learning projects. *A fresh approach to theory and pratice in adult learning* (3rd ed.). Toronto Ontario Institute for Studies in Education.

제5장

성인경험론*과 경험적 학습

성인의 경험과 학습 간에는 밀접한 연관성이 있다. 성인들은 말 그대로 오랜 기간을 살아왔으므로 젊은이들보다 엄청난 양의 경험을 축적하고 있다. 또한 젊은이들과 비교했을 때 성인의 경험의 종류 또한 매우 다양하다.

이러한 다양한 경험 덕분에 성인학습자들은 학습자 상호 간에 서로 중요한 학습자원인사의 역할을 할 수도 있다. 이러한 점은 학교교육에서 교사와 전문가, 그리고 교과서만을 의존하는 학교교육 대상자들과 중요한 대조를 이룬다.

성인학습자들의 광범위한 과거 경험들은 새로운 학습(new learning)을 위한 중요한 기초가 된다. 더구나 부정적인 면에서 볼 때 삶의 경험은 학습되지 않은(unlearned) 고정된 사고에 의해 나타나는 특징적인 행동을 형성하기도 하기 때문에 이러한 행동에 의존하려는 무의식적인 버릇은 창조적 사고와 진보적인 행동을 어렵게 만드는 요인이 된다. 물론 모든 성인의 경험 과정은 유사성이 있지만 개인 차원에서의 각기 다른 특별한 경험은 성인들을 독특한 학습자로 만든다. 즉, 이 세상 어느 누구도 똑같은 방법으로 똑같

* 미국 위스콘신 대학교의 교수 R. D. Robinson의 「Adult experience」를 발췌한 내용과 저자의 견해를 종합한 내용이다.

은 경험을 한다고 볼 수 없다.

우리가 유념해야 할 또 한 가지는 삶의 경험이 학습준비도에 영향을 준다는 것이다. 성인들은 그들 각자의 생의 발달과업(development task) 과정에 있기 때문에 그들의 학습준비도에 영향을 주게 된다.

성인들의 학습에 영향을 주는 주요 발달과업을 열거하면 다음과 같다(Havighurst & Orr, 1958).

〈성인초기〉

- 반려자의 선택
- 직장의 선택
- 가족 구성요원으로서의 새 출발
- 자녀양육
- 가정의 관리
- 사교집단의 선택
- 시민으로서의 책임

〈성인중기〉

- 반려자와의 성숙된 인간관계
- 사회와 공민적 책임의 성취
- 경제적 안정 유지
- 행복하고 책임 있는 성인이 되도록 10대 자녀를 보살피는 과업
- 직장 내에서의 인정과 최고 수준의 승진과 관련된 과업
- 노부모의 봉양과 적응과업
- 성인 오락, 취미활동의 개발

〈성인후기〉

- 신체적 쇠약과 노화에의 적응
- 은퇴와 수입 감소에 대한 적응
- 반려자와의 사별에 대한 적응
- 만족할 만한 삶의 확립

종종 복합적인 사회적 역할과 관련되어 일시에 일어나는 성인의 삶의 갈등적인 경험은 학습동기와 성인의 변화에 커다란 영향을 준다. 즉, 자녀, 반려자, 부모, 직장생활, 가정경제의 책임자, 시민, 친구, 조직체의 구성원, 신앙인 그리고 오락·취미생활자로서의 복합적 역할은 성인학습동기와 성인의 변화에 영향을 끼친다.

따라서 모든 성인학습 프로그램에서는 삶의 경험을 고려하여야 한다. 특히 성인학습은 청소년들의 미래지향적 학습과는 달리 현세중심학습(present-oriented learning)이자 문제중심학습의 특성을 지니기 때문에 과거의 누적된 경험을 최대한 활용하는 데 따른 유익한 점은 다음과 같다.

- 연관된 과거경험은 학습동기를 증진시키는 데 기여한다.
- 실제 삶의 경험은 가장 신뢰할 수 있는 정보원이 되며 이러한 정보는 산교육의 원천이 된다.
- 공통된 경험은 학습활동을 하는 동료들과의 친근감을 증진시키며 특히 협동교육의 기회를 확대해 준다.

1. 성인의 흥미

성인의 흥미는 성인으로 하여금 활력 있고 열정적으로 삶을 영위하도록 해 줄 뿐 아니라 흥미가 결여될 경우에는 무료함과 소외감, 그리고 외로운 감정 등을 유발시킨다. 흥미를 상실했을 경우 좋지 않은 감정, 무력감 그리고 박탈감 등을 유발하여 억압감정과 소외의식을 촉발한다. 흥미를 상실한 성인의 경우에 특징적으로 나타나는 현상은 과도한 수면, 지나친 TV 시청, 과식, 성 탐닉과 정서불안 및 신경질 등을 들 수 있다.

따라서 성인의 흥미를 유발함으로써 학습효과를 극대화할 수 있다는 점에 유의할 필요가 있다. 일반적으로 성인의 흥미는 단기적 · 직접적 흥미와 장기적 흥미로 구분할 수 있다. 〈표 5-1〉에 제시하였듯이 성인학습에서 바람직한 흥미는 단기적 쾌적(快的) 흥미보다는 장기적 쾌적 흥미로, 이러한 흥미를 유발할 수 있는 방안이 바람직하다.

표 5-1 성인의 장 · 단기 흥미

단기적 쾌적 흥미	장기적 쾌적 흥미
• 감각적 • 단기적, 일시적 • 작업/노동과 무관 • 신속하고 짧은 시간과 관련된다.	• 만족과 즐거움 • 장기적 • 작업/노동과 유관 • 동기유발적 특성이 있다.
• 개입이나 자기가치와 무관하다.	• 애정이나 자기개입 등 긍정적 자아 이미지와 관련된다.
• 차후 스트레스 조정능력에 필요한 강인함과 특성을 신장하지 못한다.	• 생애과정의 스트레스를 조정할 수 있는 자신감과 내적 강인함을 배양한다.
• 지속적으로 좋은 감정을 가져다주지 못한다. • 순간적으로 극치의 감정을 느끼게 한다. • 일시적 만족감을 준다.	• 지속적으로 좋은 감정을 유도해 준다. • 자아충족감을 완성시켜 주는 흥미와 관련된다.

출처: Ford (1975).

2. 성인의 가치

성인의 가치는 앞서 지적한 흥미는 물론 태도, 신념, 가치, 감정 등이 복합된 개념이다. Jacob Getzels(1958)는 인간의 가치를 2S 가치, 즉 신성한 가치(sacred value)와 세속적 가치(secular value)로 양분하고 있는데, 성인들의 가치체계 또한 2S의 특성을 탈피할 수는 없다. 여기서 신성한 가치라고 규정되는 가치는 민주주의, 개인주의, 평등 그리고 인간의 완벽성 등에 기여할 수 있는 가치를 뜻하며, 세속적 가치란 전통적 가치와 현세적 가치로 구분되기도 한다.

전통적 가치와 현세적 가치를 비교한 〈표 5-2〉는 세속적 가치의 내용을 설명해 주고 있다.

특히 성인의 가치형성에 영향을 주는 요인들로는 가족, 친구관계, 종교, 학교 경험, 지역사회, 매스미디어, 음악 등을 들고 있다. 따라서 성인들의 가치체계를 중심으로 하는 평생교육 프로그램이 보다 교육적 효과를 기대할 수 있다는 것이다. 더구나 성인들은 세대 간의 가치체계가 다르기 때문에 성인들의 세대적 가치(generation value)에 대한 이해가 필요하다. 세대 간 가치체계 형성에 영향을 준 사회적 사건을 이해함으로써 동 세대의 공통적 가치체계에 대해 이해를 높일 수 있다. Massey(1987)가 설명하고 있

표 5-2 세속적 가치의 구분

전통적 가치	현세적 가치
직업 성공 윤리	사교성
미래중심 오리엔테이션	현재중심 오리엔테이션
독립성 혹은 자율적 자아	집단동조
청교도적 도덕성	도덕적 상대주의

는 미국의 세대적 가치를 참고하여 성인학습자의 세대적 가치형성에 영향을 준 사회적 사건들을 〈표 5-3〉에 제시하였다.

표 5-3 한국과 미국의 세대적 가치와 사회적 사건

현재의 성인 연령	가치형성기	가치형성의 영향요인	
		한국	미국
110대	1900년대	일제침략	파나마 운하 건설
90대	1910년대	제1차 세계대전 3 · 1운동	제1차 세계대전
80대	1920년대	경제적 빈곤 3 · 1 운동 일제지배	가족연대의식 T모델 비행기 티포트 돔(Teapot Dom)
70대	1930년대	일제지배 경제적 빈곤	세계대공황
60대	1940년대	해방 경제적 빈곤	제2차 세계대전 가족해체 현상 사회이동
50대	1950년대	6 · 25사변 경제적 빈곤	번영과 풍요 허용적 육아법 TV 발명
40대	1960년대	4 · 19 5 · 16 경제성장	우주선 발사 인권운동 베트남전쟁 컴퓨터
30대	1970년대	경제성장	–
20대*	1980년대 1990년대	핵가족 유신체제 상대적 빈곤	전자문화 신문화 자유주의사회
10대*	1990년대 2000년대	사이버문화 다문화	사이버문화 융합문화 다문화 신자유주의사회

*20대와 10대는 사회변동이 급격하여 20년을 함께 다루었음.

성인의 가치형성 과정은 자아정체성과 유관하며 성인학습과정에서 중요한 부분이라 할 수 있다. 특히 성인의 경험과 흥미와 관련되어 세대적 가치를 형성하게 된다. 성인의 세대적 가치는 인종이나 역사, 그리고 지역적 특성에 따라 다양하기 때문에 성인학습의 설계과정에서 학습대상자의 연령층에 따라 학습과정 및 내용이 선정되어야 한다. 그러나 성인의 경험은 세대적으로 공통적인 경험이 있을 뿐 아니라 개인적 차원의 독특한 경험이 있기 때문에 문제해결중심의 학습일 경우에는 학습능력 면에서 개인적 차이를 쉽게 찾아볼 수 있다. 더구나 성인학습은 성인의 가치를 분명히 해 주는 과정이며 자아정체성을 확립시켜 준다는 점에서 가치정체성(value identity) 확립과 깊은 연관이 있다. 따라서 성인가치의 선택과정, 결과의 예측과정 그리고 가치의 실천과정이 곧 성인학습이 되어야 한다는 점도 인식할 필요가 있다.

3. 성인의 욕구

성인학습에서 가장 중요시되는 것은 앞서 지적한 바대로 성인의 경험, 성인의 흥미 그리고 성인의 욕구와 관련된 요인들이다.

Kidd Roby(1973)는 성인학습의 3요소를 3R이라고 지적하고 있다(Roby, 1973). 3R이란 성인학습자에게 적절하며 의미를 부여하는 내용이어야 한다는 적절성(relevancy), 성인학습자의 욕구와 관련되어 있는 내용이어야 하는 관계성(relationship), 그리고 성인은 그들 스스로 학습에 책임을 져야 한다는 책임성(responsibility)을 뜻한다. 이러한 3R은 모두 성인의 욕구와 관련되어 있으며 교육적 차원에서의 교육적 욕구(educational need)와 관련된다.

성인학습에서 흔히 교육적 욕구라고 지칭하는 것은 목표로 설정된 기능과 현재의 기능 수준 간의 차이를 말한다. 그러므로 학습에서는 이러한 성인의 교육적 욕구를 충족시키기 위한 내용과 방법 및 과정이 설정되기 마련이다. 물론 이러한 과정에서 성인의 욕구, 흥미 그리고 경험이 중요한 역할을 수행한다. 물론 성인의 욕구를 증진시키기 위한 전략이나 학습방법 그리고 환경의 재조정 등 다양한 요인이 필요하지만, 무엇보다 중요한 것은 Irving Lorge(1965)가 지적한 대로 성인학습의 촉매요인이라 할 수 있는 인정, 안락 그리고 자기확신 등의 심리적 요인과 사회에서 부여된 역할과 관련된 사회적 요인 등이 중요하며, 이외에도 건강이나 금전, 효율성 등과 관련된 제반 요인도 학습에 영향을 끼치기 마련이다.

성인의 욕구와 관련지어 고려해야 할 점은 대개 다음과 같이 요약 · 정리할 수 있다.

- 성인의 학습은 교육적 욕구와 성인이 느끼고 있는 다른 욕구를 충족하려는 데 있다.
- 성인의 욕구는 개인적 변화와 관련되어 있으며 특수한 정보나 지식습득과 관련되어 있다.
- 성인의 학습은 가치를 분명히 하는 과정과 연관되어 있다.
- 성인의 욕구는 지배적 욕구(dominance needs), 수용적 욕구(acceptance needs) 그리고 성취욕구(achievement needs) 등을 포함한다.
- 성인의 욕구는 반려자, 부모, 사회인 또는 직업인으로서의 역할수행과 관련되어 있다.

성인욕구는 성인경험과 가장 밀접한 연관성이 있기 때문에 성인학습에서 학습자로서의 성인을 이해하기 위한 중요한 단서는 성인경험을 파악하는 일이다.

성인학습과 성인경험은 앞에서 설명했듯이 서로 밀접한 관련이 있다. [그림 5-1]에서 제시한 대로 성인경험과 성인학습 내용은 때로 중복될 경우가 있는데, 이러한 내용이 다시 중복될 경우와 다시 학습될 때에는 중복학습이

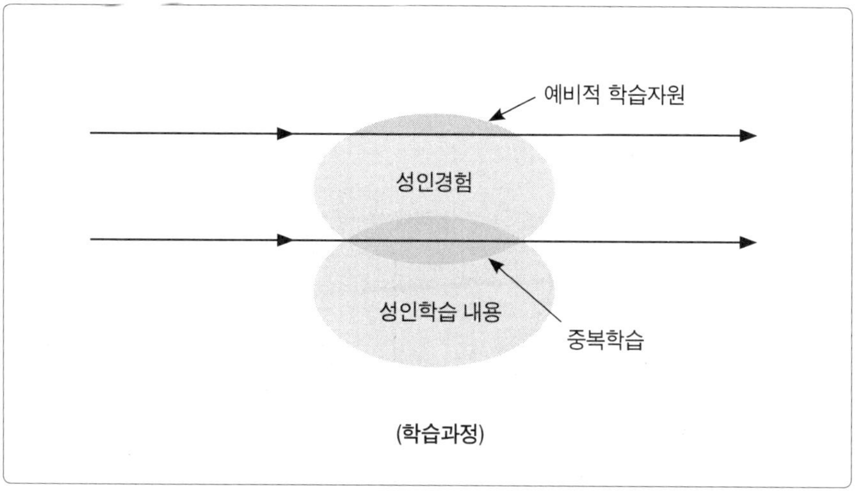

[그림 5-1] 성인경험과 성인학습과정

된다. 또한 성인학습 내용이 성인경험을 다 활용할 수 없는 영역일 때는 예비적 학습자원으로 차후 활용된다.

결국 성인경험의 양의 크기는 성인으로 하여금 학습을 어느 정도 효율적으로, 그리고 자기주도적으로 하게 만드느냐와 관련되어 있다. 또한 성인의 선경험(先經驗)이 특정한 학습내용과 관련지어 부정적 경험일 때 성인의 학습결과는 좋지 못할 것이며, 이와 반대로 성인의 선경험이 긍정적일 때는 학습결과가 바람직할 것이다.

일반적으로 성인의 경험론은 각 개인이나 시대적 배경, 그리고 성장과정과 밀접한 연관이 있기 때문에, 우리가 흔히 성인경험의 역이라 지칭할 수 있는 최소한의 기대치와 최대한의 기대치가 있을 수 없다. 다만 시대적 혹은 세대적 경험과 개별적 경험으로 구분이 가능할 뿐이다.

성인경험론에 관한 성인심리학적 정립이 되어 있는 실정은 아니지만 학습자로서의 성인이 지니고 있는 경험의 특성은 학습에 지대한 영향을 준다는 데는 의심의 여지가 없다.

성인경험과 성인교수과정에서의 상호 연관성은 [그림 5-2]와 같다.

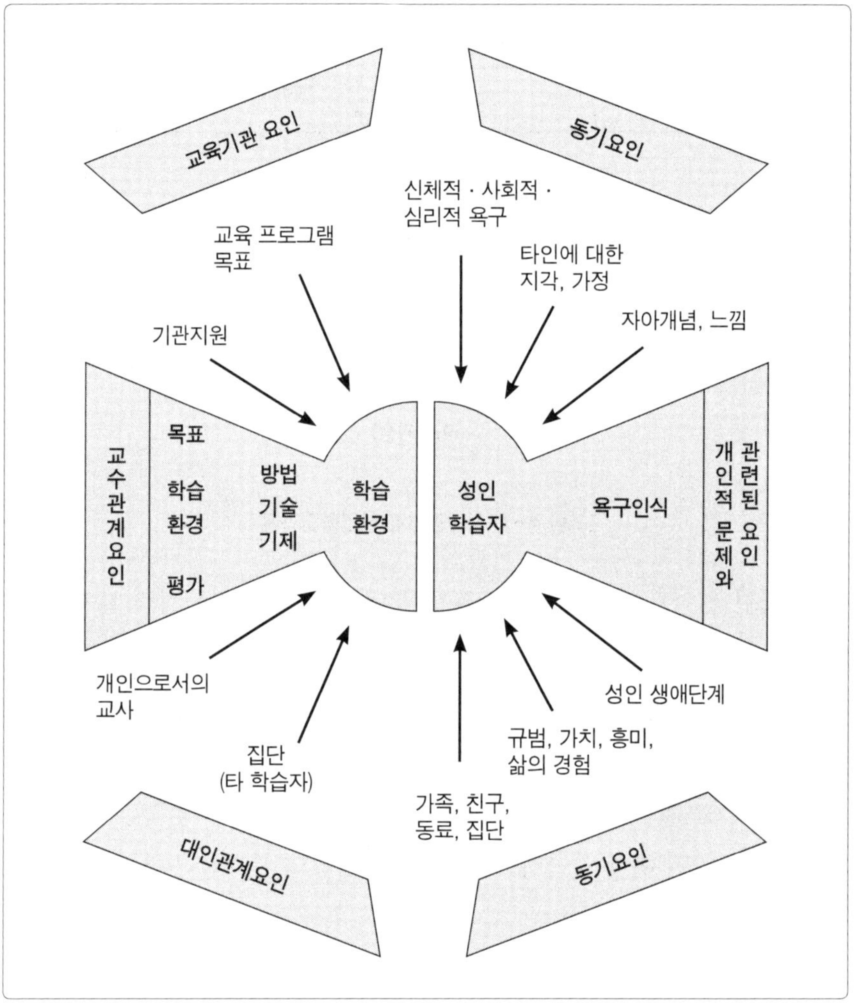

[그림 5-2] 성인학습요인의 역동성

출처: Robinson (1989), p. 59.

성인경험은 성인의 가치와 성인의 지각, 그리고 욕구 등이 상호 연관되어 있으므로 성인의 경험을 욕구화(欲求化)할 필요가 있으며, 특히 성인들이 지니고 있는 가치를 신념과 행위로 선택할 수 있도록 가치를 부여하는 일이 중요하다. 이것이 곧 성인학습자들의 학습을 극대화시킬 수 있기 때문이다.

4. 경험적 학습

'화상을 당했던 아동들은 불을 무서워한다.' '연습은 완전함을 만든다.' '경험은 최고의 스승이다.'라는 격언들은 오늘날의 '중등 이후의 교육(postsecondary education)'을 재음미하도록 만든다. 지금의 교육은 플라톤이 그의 추종자들과 모였던 아테네 근교의 동산과 닮은 데라고는 찾아볼 수 없다. 물론 처음부터 'Academic'이란 이론적인 것을 의미했기 때문에 실제적인 결과를 낳을 것으로는 기대되지 않았다. 그러나 오늘날의 고등교육의 사회적 역할은 단순한 학문적 공헌보다 그 이상의 결과를 요구한다. 여전히 문학이나 고전적 연구가 필요하지만 현재의 고등교육은 그것만으로 충분한 것은 아니다. 우리에게 익숙한 학문적 전통과 훈련의 관습은 새로운 지식과 방법, 그리고 포괄적인 논리를 충족시켜 줄 수 있는 고도의 학습을 더 이상 제공해 주지 않는다. 특히 학문적 · 기술적 훈련에 대한 시대적 요청에 따라 보다 나은 지식을 갖춘 고도로 세련된 시민을 요구하고 있다. 이러한 점 때문에 교육이 하나의 사회문제로 대두되었고 경험적 학습(experiential learning)에 대한 관심이 증가되고 있는 실정이다. 그러나 경험적 학습이 일반화될 수 있다고 주장하는 것은 아직 시기상조일 것이다. 전문교육이나 교양교육의 어떤 영역에서는 괄목할 만한 진전이 있음에도 불구하고 경험적 학습은 아직도 초보단계에 머물러 있다. 경험적 학습의 대부분의 문제는 효과적인 교수와 관련된 학습목표, 내용 및 질과 관계가 있기 때문에 대개 학습자의 개인차나 능력, 다양한 학습활동의 결과 및 평가 그리고 자격증 등과 관련되어 있다.

좋든 나쁘든 우리는 우리에게 익숙한 양식으로 유사한 내용을 가르치는 데에는 익숙해져 있지만, 학습에 관련된 제반 요인을 어떻게 잘 조화시켜야 하는지 어떤 순서로 어떤 비율로 배정해야 하는지에 대해서는 잘 모른다.

1) 경험적 학습의 개념

경험적 학습은 말 그대로 경험을 통한 학습 혹은 실제 행함으로써 습득할 수 있는 학습을 의미한다. 이 점에서 경험적 학습은 학급경험, 학급 이외의 경험, 인턴십, 컴퓨터 시뮬레이션, 현장연구 프로젝트, 지역 비즈니스의 문제해결을 위한 프로젝트 등 다양한 형태를 지닌다. 따라서 경험적 학습의 개념에 비추어 볼 때 세 가지 관점이 고려되어야 한다. 첫째, 실제 행함으로써 특정한 행동이나 작동 등을 어떻게 하는지를 학습하는 학습법(how to learning)을 배우게 된다는 점이고, 둘째, 전문적 역할에서 복합적으로 수행해야 하는 역할사회화(role socialization)를 배우게 된다는 점이다. 셋째, 개인의 의식, 풍부한 인생경험 등에 초점을 두어 형식적 학습을 포함한 자기건설적 학습을 할 수 있는 학습자 관리 경험적 학습(learner managed experiential learning)을 할 수 있다는 것이다.

경험적 학습의 확고한 근원은 전문교육 프로그램에서 비롯되었다고 볼 수 있다. 특히 다양한 형태의 학습경험을 전제로 하기 때문에 전통적 교육에서 시도되지 못한 지식과 실제적 기법을 활용하는 특성이 있다. 경험적 학습은 기술습득, 역할사회화, 학습 등의 학습과 같은 세 영역이 중요시되는 개념이다.

2) 경험적 학습 프로그램의 설계

경험적 학습의 근본 철학은 개인적 · 전문적 · 조직적 삶을 통해 이해 수준을 증진시키는 데 있으므로 '경험을 통한 학습(learning from experience)' 모델에 기초하고 있다. 이 모델은 Kolb(1971)가 MIT에서 활용한 방법으로 학습자는 반성적 관찰을 통해 얻어지는 구체적 경험으로부터 추상적인 개념화에 이르기까지 학습과정을 거치게 된다(Kolb, Rubin, & McIntyre, 1971).

설계싱 유의해야 할 점은 ① 학습목표 및 프로그램 기대에 대한 책임성, ② 교수와 학생이 선호하는 학습과 기법, ③ 학습목표의 본질 등이다. 따라서 경험중심의 학습을 설계할 때 이러한 점에 유의할 필요가 있다.

경험적 학습 프로그램의 설계는 다음 몇 단계를 거치게 된다.

① 목표설정(직업선정 및 학습관심 표출)

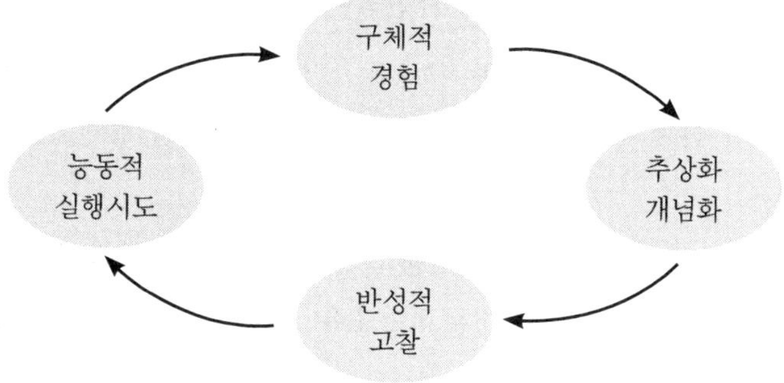

② 특수목표 설정

③ 구체적 학습안 선정

④ 경험의 구성

⑤ 경험의 학습평가

3) 경험적 학습의 예

경험적 학습은 대개 다음과 같은 세 유형으로 대별될 수 있으나 다양한 형태의 학습유형이 있다(Brown, 1980: 47–56).

제1유형은 '학습법의 학습(how to learning)' 유형으로, 기존의 개념 혹은 기술을 특별히 학습하기 위해 신중히 선택되고 구성된 경험을 통해 학습하게 된다.

제2유형은 '역할사회화(role socialization)' 유형으로, 이 유형은 주로 전문직을 위한 것으로 지식과 기술의 습득뿐 아니라 성공적으로 직업을 수행토록 하는 경험구성이 그 특징이라 할 수 있다. 이 유형은 전문직종의 학위 프로그램에서 쉽게 찾아볼 수 있으며 실제 직업세계에 직접 참여함으로써 학습하는 유형이다. 즉, 제1유형이 학급에서 개별화된 학습 형태라면 제2유형은 현장에서의 실습형태라 볼 수 있다.

제3유형은 '학습자 관리 경험적 학습'으로, 제1유형이나 제2유형과는 달리 주된 학습목표는 인지와 학습과정과 관련되어 있다. 특히 학습자 스스로 학습내용이나 커리큘럼을 선정하고 스스로 자아교수(self-instruction)하는 유형이다. 따라서 전통적 학습모형과는 다르며 Knowles의 성인학습모형이라 할 수 있다.

경험적 학습은 앞에 제시된 유형에 근거하고 있지만 다양한 형태의 경험적 학습이 있다. 이들을 열거해 보면 전문직업교육, 경험적 MBA 프로그램, 전문법률임상프로그램, 고등교육-노동조합 협동프로그램, 주말대학 프로그램(weekend college program), 유니온 캠퍼스(Union Campus) 프로그램, 노동대학(Labor College), 경험중심대학(Experiential Campus) 등이 대표적인 예라 할 수 있다.

경험적 학습의 세 가지 유형을 예시하면 <표 5-4>와 같다.

표 5-4 경험적 학습유형

프로그램 보기	학습목표	설계	평가
유형 I: 학습법의 학습			
• 회계분야 훈련 • 시 예산의 완전재설정 • 국가방위 개념 훈련 • 외과수술과정에대한 학습	• 주제사항학습 • 논리적으로 주제에 따른 체제 설정 • 특수화 • 제한된 수 • 학습자에 우선하여 지도자의 목표설정 • 요구되는 직업목표의 구체적 분석	• 학습자 실천사항 선정, 조정 • 내부적 피드백의 중요성에 유의 • 특수한 학습목표에 부합하는 설계 및 설정 • 교수 • 오리엔테이션	• 표준규정 선정 없이 주어진 상황에서의 개인 수행 관찰 • 외부 오리엔테이션
유형 II: 전문역할 사회화			
• 시행능력실습 • 기술된 인턴십 • 노사협정 역할 습득	• 전문인 역할에 대한 오리엔테이션 • 역할요구에 따른체제 설정 • 일부특수화, 보편적으로 일반화 • 대단위 인원 • 전문직과 교수 간의 협의에 의한 설정 • 개인적 차원에서의 역할개념에 대한 예시 및 조합 • 상호 연관적이며 때로 상호 상충적	• 도제역할모델 • 교수/코치 • 교수의 주관적 판단 • 학습자의 조기 선택 • 학습저널 • 외부 오리엔테이션	• 실습자에 의한 평가 • 제3전문가의 판단 • 역할연기 • 집단문제 해결
유형 III: 자발적 학습			
• T집단학급 • 전문직업계획 • 현장경험	• 경험학습 • 학습법 학습 • 문제중심체제 • 특수화와 일반화 • 대단위 인원 • 자아설정된 적절한 학습 • 자기주도적 학습유형의 인식 • 상호 연관적, 그리고 빈번한 상충	• 실제상황에의 직접개입 • 학습자 중심 • 도구적 주제에 대한 사고와 학습에 관한 인지 • 촉매자로서의 교수역할 • 교수에 의한 한정적 판단 • 학습자 통제 및 선택기제	• 개별적이고 심층적인 면접 • 자기주도적 평가 • 전문잡지의 활용 • 역할시연 • 촉매자의 판단 • 개별화

참고문헌

Brown, F. G. (1980). Three types of experiential learning: A non-trivial distinction. In *New directions for experiential learning*. San Francisco: Jossey-Bass.

Ford, E. E. (1975). *Why be lonely?* Niles, IL: Argus Communications.

Havighurst, R., & Orr, B. (1956). *Adult education and adult needs*. Chicago: Center for the Study of Liberal Education for Adults.

Kolb, D. A., Rubin, I. M., & McIntyre, J. M. (1971). *Organizational psychology: An experimental approach*. N. J.: Prentice-Hall.

Massey, R. (1987). Generation values in America. U.S. Clearing House.

Robinson, R. D. (1989). *Helping adults learn and change*.

Roby, K. J. (1973). *How adult learn* (Revised). New York: Association Press.

제6장

성인교육 중퇴자론

1. 성인교육 참여동기: 그들은 왜 등록하는가

한 성인이 어떤 성인교육활동에 참여하기 위해 나타났을 때 그는 거기에 참여하기까지의 정신적 · 육체적 장애를 극복하였음을 알 수 있다. 피로, 날씨, 주차난, 무력감, 가족부양과 사회적 요구사항은 그가 극복해야 했던 장애의 일부였을 것이다. 그럼에도 그는 참여한 것이다. 처음 참여할 때의 욕구는 아주 강한데, 어째서 중도탈락하는 성인의 수는 많은가?

이 물음에 답하기 위해서는 우선 그가 왜 참여하였는지를 살펴볼 필요가 있다. 학습에의 순수한 열정 때문이었을까? 새로운 정보와 기술, 지식을 얻을 필요성 때문이었을까? Alvin Zander(1989, 미시간 대학교 사회연구소 집단역학연구센터의 책임자)는 완전히 그런 것만은 아니라고 말하고 있다. 몇 년 전의 한 연구에서, Zander는 그가 인터뷰한 공립학교 성인교육 학습자들의 3분의 2 이상이 강좌의 내용보다 다른 이유로 교실에 왔다고 결론지었다. 대부분의 성인교육자들과 성인지도자들은 성인들이 지식을 얻기 위해서뿐 아니라, 친구를 사귀기 위해서, 잠시 가정으로부터 벗어나기 위해서, 또는 그들의 잠재적 재능에 관한 것을 배우기 위해서 학습활동에 참여한다고 기꺼이 동의할 것이다.

2. 특별한 욕구: 욕구를 어떻게 충족시킬 것인가

성인교육자는 학습자의 지적 욕구뿐 아니라 개인적 · 심리적 욕구까지도 신경을 써야만 한다. 그들의 개인적(또는 사회적 · 오락적 또는 무엇이라 하든) 욕구가 만족스럽게 충족되지 않는다면, 학습자들은 오래 머물지 않을지도 모른다.

이러한 특별한 욕구들은 다양할 수 있겠지만, 다음과 같은 욕구들은 대부분의 성인학습자들이 가지고 있다. 즉, 그들은 개인적 가치의 어떤 의미를 발견하려고 하며, 제법 영향력을 행사할 수 있는 방도를 알려고 하며, 집단 활동에 실제로 참여하기를 원하는 것이다. 그들은 프로그램의 목표를 달성하는 데 한몫을 해내기를 원하며, 그 주제에 대해 교사뿐 아니라 학급의 모든 학습자와 함께 토론할 기회를 갖고 싶어 한다.

Zander가 관찰한 교사들은 학습자들을 포함시키고 그들의 참여에의 욕구를 충족시켜 주기 위해 토의식 교수법을 사용하고 있었다. 그러나 학습자들이 발표할 때마다 거의 빠짐 없이 논평을 하느라 적어도 수업시간의 40%를 교사들이 차지하였다. 각 학급에서 3분의 1의 학생들이 거의 모든 담화를 하였는데, 그들은 학급의 동료학습자들에게 한 마디를 할 동안 교사에게는 두 마디의 말을 하였다. 이와 같은 균형을 잃은 토의방식 때문에 다른 사람들과 인간관계를 쌓으려는 욕구를 충족시킬 기회는, 교사와 학습자 간의 관계로 크게 제한되었다.

이어진 면담에서 학습자들은, 학과목의 내용보다 학급의 동료학습자들을 더 좋아하며, 그 내용보다도 교수방법을 더 싫어한다고 말했다.

3. 중도탈락 이유: 그들은 왜 중도탈락하는가

매주 교실에 참석하는 데 실패한 성인학습자들을 모두 중도탈락자라고 할 수는 없다. 왜냐하면 그들의 복잡한 개인적 욕구의 약간은 충족될 수 없기 때문이다. 그것은 피로, 날씨, 주차문제 등 앞에서 언급한 요인과 다른 어떤 요인 때문일지도 모른다.

1977년 테네시 주 녹스빌의 연구진은 중도탈락에 관한 성인교육 프로그램의 조사에서 그 이유를 다음과 같이 밝혔다.

"아이들이 아프지 않을 때 자동차가 고장났었다. 우리들은 아이들의 병을 돌보느라고 여유가 없었다. 나는 진심으로 내년에 다시 공부하고 싶다."

"우리들은 11월에 댈러스로 이사를 갔다."

"나는 다른 대학교의 프로그램에 등록했다."

"내 남편은 지난달에 해군에 재입대했기 때문에, 중도에 그만둘 수밖에 없었다."

"이 질문지는 내 아들에게 보내진 것이다. 그는 한 건설연구소에 취업하여 지금 록우드에서 근무하고 있다. 우리들은 그가 형편이 되면 학교로 돌아오길 기대한다."

4. 만일 날씨 때문이 아니라면

성인학습자들이 성인계속교육에 참여하는 동기는 매우 다양하기 때문에 중도탈락 이유 또한 다양할 수 있다. 만약 날씨 때문이 아니라면, 이러한 녹스빌의 조사에서와 같은 외적 조건은 성인교육자들의 통제를 훨씬 벗어난 것이어서, 아무리 커피를 마시면서 상담한다 해도 그들을 변화시킬 수 없다. 그러나 중도탈락의 가능성이 내적인 학습조건 때문이라면 이제 교사가 다시 점검해야 할 시기다.

다행히도 교실상황이 학습과정에 충분히 기여하지 못할 때 교사의 주의를 자주 일깨워 주는 약간의 뚜렷한 위험신호가 있다.

5. 불만족의 징후

성인학습자들은 한 교육과정이 그들의 욕구를 충분히 충족시키지 못할 때 불만족을 나타낸다. 그러한 징후를 일찍 알아차리고, 이를 분석 · 개선함으로써 학습자들의 작아지는 관심을 다시 일깨워 교수계획에 더 잘 참여하게 할 수도 있다. 그 무관심의 징후를 찾아본다.

- 불규칙한 출석이다. 어떤 학습자가 계속해서 수업에 잘 참석하다가 갑자기 네 번 중 두 번 빠진다면 그는 잠재적인 중도탈락자일 수도 있다.
- 준비의 불충분성이다. 어떤 학습자가 학습에 부주의하며, 토의에 참여하는 데 실패하거나 또는 전혀 토의할 준비를 하지 않는다면, 그것은 그가 더 이상 처음 참여할 때 기대했던 것을 발견하지 못하는 것을 의미한다.
- 교실에서 엉뚱한 짓을 한다. 백일몽에 빠지거나, 토의시간 중에도 침묵을 지키거나, 휴식시간 후에 교실에 늦게 들어오는 일이 반복되는 등 이러한 모든 것은 그가 참여를 꺼려한다는 경고적인 징후들이다.

6. 교정하는 방법

무관심의 징후가 나타나면, 교육자는 그가 할 수 있는 모든 교수기술과 이해력을 동원해야 한다. 그는 그 문제를 교육자 측면과 어려운 처지에 있는 학습자 측면의 모두를 감안하여 결정해야 한다. 이러한 조치들은 때때로 교실현장에서 교육자에 의해 곧바로 취해질 수도 있다. 가끔 그것은 교육자와 학습자 간의 개인적인 대화를 뜻하기도 한다. 이제 이러한 조치들을 살펴보자.

- 그 강좌가 학습자들의 욕구를 얼마나 잘 충족시켜 주고 있는지 정기적인 수업조사를 실시한다. 이것은 가끔 학급에서 전체적인 토론을 함으로써 가장 잘 될 수도 있고, 질문지를 통해서도 가능하다.
- 개별적 면담을 한다. 수업이 끝난 후 또는 휴식시간에 그 학습자에 대한 교육자로서의 염려와, 그와 그의 학업에 대한 관심을 알게 한다. 그와 수업에 대하여 대화하고 싶다고 말한다. 한 잔의 차를 마시며 나누는 대화는 친근하고 비공식적인 이야기까지도 문제를 자연스럽게 끄집어내어 그럴듯한 해결책을 제시해 줄 수도 있다.
- 안내상담을 실시한다. 모든 교육자는 의식적이든 무의식적이든 약간의 안내상담을 하고 있다. 그러나 그 분야에서 특별한 훈련을 받은 전문가를 필요로 하는 상황도 가끔씩 있다. 훈련된 카운슬러를 필요로 하는 안내 문제가 생길 경우에는 그 학습자에게 상담을 받도록 권유한다. 그와 약속을 하고, 안내를 위해 그와 동행한다. 만일 필요하다면, 학습자에게 상담 때문에 그 강좌의 급우들과 헤어지는 일은 결코 없을 것이라고 안심시켜 준다. 카운슬러 역시 전문적인 문제를 해결할 수 있는, 교육자보다 더 능력을 갖춘 전문가이어야 한다.
- 개인적인 지도를 한다. 이것은 교육자에게 '요구되는 의무를 넘고 초월하는' 행위다. 극소수의 성인교육 관리자들만이 교육자들에게 자유롭게 개별지도하도록 요구하거나 기대할 것이다. 그러나 이러한 개인적인 지도가 행해지고 있고, 또 자주 이루어진다. 방과 후에 학습자와 몇

번 만나 지도하는 것이 문제를 완전히 제거할 수도, 그리고 그만두려는 마음을 바꿀 수도 있다.

- **교수계획에 변화를 시도한다.** 개인들은 각각 다르게 배우며, 다른 집단의 개인이 수업에 대해 항상 같은 반응을 나타내는 것도 아니다. 더 많은 실제적인 정보를 제공하고, 학과목의 진행순서를 조절하며, 복습하는 데 시간이 더 필요한지 물어보고, 교육자에 의한 실물교수를 학습자 자신에 의한 것으로 대체시키는 (또는 그 반대로) 것은, 그 강좌의 학습 의욕을 다시 일깨울 수도 있다.

7. 최소한의 예방

학급조사를 통해 우리들이 충족시켜 주려고 하는 학습자들의 욕구와 관심 정도를 알아볼 수 있으며, 그 결과에 대해서는 학습토의를 진행할 수 있다. 우리들이 효과적인 수업을 실시하는 데 정보가 더 필요하다고 생각될 때마다 조사를 할 필요가 있다. 학습자들에게 그들의 이름을 적지 말도록 하며, 자유롭게 그들의 의사를 표현하도록 지도한다. 조사의 목적은, 학습자들이 원하거나 필요하다고 느끼는 종류의 강좌를 제공하기 위한 것뿐임을 그들에게 알려야 한다.

〈학급 조사〉

1. 당신은 이 강좌의 중도탈락을 고려한 적이 있습니까?

예 ________ 아니요 ________

2. 당신이 위의 질문에 어떻게 응답하였든, 그렇게 응답한 이유를 아래에 적으시오.

____

3. 만일 당신이 그만두게 된다면(육체적으로 당신이 참여하기가 불가능한 경우 외의 다른 이유로), 그리고 선생님께서 편지로 또는 전화로 '추가 지도'하여 다시 참여하도록 요청할 때 어떻게 생각하는가?
   ① 그와 상관없는 일을 하고 있다고 생각한다.
   ② 당연한 일을 한다고 생각한다. 그러나 바른 결정을 하기 위해 더 고심을 해야겠다고 마음먹는다.
   ③ 내가 참여하지 않음을 몹시 아쉬워하며 기뻐할 것이다.
   ④ 기타

8. 교육자들은 '이것을 시도해 보라'고 말한다

"게임을 적절히 사용함으로써 학습에의 관심을 다시 불러일으킬 수 있습니다."라고 로스앤젤레스의 웨스트체스트 성인학교의 특강교사인 Melvin B. Weber가 말했다.

"한 학습자에게 25센트짜리 동전을 주고 그에게 가능한 한 많은 동료학습자 이름을 부르도록 요청하십시오. 그가 실패하면 그 동전을 다른 학습자에게 넘겨 주십시오. 가장 많은 동료학습자의 이름을 부르는 학습자가 그 동전을 차지합니다. 다른 또 하나의 게임은 대화의 주제 선택하기입니다. 이 선택은 중요하며, 각 학습자들에게 고유의 주제를 생각해 내도록 요청할 수 있습니다. 그리고 주제를 교환하도록 하여, 그가 받은 새로운 주제에 대해 발표합니다. 이 게임에 자극을 줌으로써 생각을 불러일으킵니다."

참고문헌

Zender, A. (1989). Adult learners' learning barriers. Ann Arbor: Michigan University Report Series.

제7장

사회교육방법론: 개인중심방법

1. 개념의 정의

사회교육학습을 설계(design)하고 학습방법론(methodology)을 선택하는 일은 성인학습의 성공 여부와 깊은 관련성이 있다. 일반적으로 볼 때 방법을 선택하는 데 있어 주요한 요소로 받아들여지고 있는 변인으로서는 개인의 학습욕구(learning need), 학습 형태(learning style) 그리고 학습조건(learning condition)의 세 가지를 지적할 수 있다.

이러한 관점에서 볼 때 사회교육의 방법론은 사회교육 프로그램의 형태, 학습자의 교육적 욕구 그리고 주어진 학습장면에 따라 비교적 다양하다고 볼 수 있다.

특히 사회교육의 방법론과 관련된 용어의 통일이 이루어지지 않고 있는 실정임을 감안할 때 오히려 Knowles(1980)가 제시한 '학습을 위한 체재(format)'라는 용어가 더 바람직하다고 할 수 있겠다(Malcolm & Knowles, 1980: 129-132).

2. 사회교육방법에 관한 견해

사회교육에서는 아직도 방법(method)이냐 혹은 체재(format)라는 용어를 쓸 것이냐에 관해 통일된 견해를 갖고 있지 않다. Verner(1962)의 경우에는 성인학습을 과정(過程)으로 보아 세 가지 기능, 즉 방법(method), 기법(technique), 방책(device)으로 구분하고 있다(Verner, 1962: 9-10). 이때 '방법'이란 교육목표를 달성하기 위한 참여자들의 교육수행의 조직이라는 개념으로 받아들이고 있기 때문에 단순히 '방법'이라는 용어로는 사회교육과정을 설명할 수 없다.

Houle(1973)도 학습을 설계하는 데 있어서 필수적인 두 가지 행위가 필요한데 이것이 성인학습설계의 기본체계가 된다고 보았다. 이 두 체계란 '학습상황에 대한 검증과 프로그램 활성화를 위한 학습상황의 적용'이라는 것이다(Houle, 1973: 40).

또한 앞서 지적하였듯이 Knowles(1980)도 '방법'이라는 용어 대신 '체재'가 바람직하다고 주장한다. 그는 체재의 유형을 세 가지로 구분하고 있는데 ① 개인학습체재, ② 집단학습체재, ③ 지역사회 개발 또는 지역사회 교육체재로 구분하고 있다.

Houle이 구분하고 있는 교육설계를 위한 상황을 보면 개인, 집단, 교육기관 그리고 대중 혹은 대집단(mass)으로 대별되고 있다(〈표 7-1〉 참조).

그러므로 학교교육에서 활용되고 있는 상대적으로 일관된 기법과는 달리 성인학습에서는 방법 면에서 비교적 다양하다고 볼 수 있다. 학습방법으로서 사회교육에서 흔히 사용되는 기법은 강의, OJT 훈련, 인턴십, 워크숍, 컨퍼런스, 개인학습, 집단토론, 독서클럽, 연구그룹, 자기주도학습(self-study), 통신교육방법, 집단 프로젝트(group action project), 여행학습 프로그램(travel-study program), TV 혹은 비디오 프로그램, 라디오 프로그램, 청

표 7-1 Houle의 사회교육설계 상황의 유형

개인	
유형 1	개인 스스로를 위한 개인별 설계
유형 2	다른 개인의 학습활동을 위한 개인 혹은 집단설계
집단	
유형 3	집단을 위한 집단설계(집단지도자의 유무와 상관없음)
유형 4	교사 또는 교사집단의 학습그룹을 위한 설계
유형 5	대집단을 위한 위원회 설계
유형 6	두 개 또 그 이상의 집단이 합동 프로그램을 위한 설계
기관	
유형 7	새로운 교육기관의 설계
유형 8	교육기관의 새로운 학습체제 설계
유형 9	교육기관의 설정된 학습체제에 의한 새로운 설계
유형 10	두 개 혹은 그 이상의 교육기관이 합동 프로그램을 강화하기 위한 학습활동 설계 대집단
유형 11	한 개인, 집단 혹은 교육기관이 대집단을 위한 교육활동 설계

출처: Houle (1973), p. 44.

취학습(audio program), 인터넷 강좌 그리고 다중매체 개인학습 프로그램(multi-media individual learning package) 등 다양한 실정이다.

사회교육방법의 선택에 있어서 요구되는 기법은 사회교육 학습 프로그램의 형태와 학습자의 특성에 근거해야 한다. 이러한 기법들은 지식전달의 기법, 기술교수의 기법, 태도변화의 기법 그리고 창의성의 계발기법 등으로 구분되고 있는데 개인중심일 경우와 집단중심일 경우에 따라 달라진다(Robinson, 1987: 89-90).

일반적으로 개인중심의 사회교육의 경우에는 개인의 학습 스타일(individual learning style)과 프로그램의 유형에 따라 선택되며, 집단중심의 사회교육일 경우에는 집단의 응집력에 따라 학습방법이 선택된다(〈표 7-2〉 참조).

표 7-2 사회교육방법 선택의 형태

<table>
<tr><th colspan="2" rowspan="2">학습자 유형</th><th colspan="3">프로그램 형태</th></tr>
<tr><th>기술중심 프로그램</th><th>이해중심 프로그램</th><th>태도중심 프로그램</th></tr>
<tr><td rowspan="3">개인</td><td>높은 이해 수준</td><td>절대적으로 내용중심 학습유형</td><td>내용중심 학습방법</td><td>높은 수준의 인간중심 학습방법</td></tr>
<tr><td>적절 수준의 이해력</td><td>내용중심 및 실기중심</td><td>혼합형</td><td>인간중심 학습방법</td></tr>
<tr><td>낮은 이해력</td><td>실기중심 학습유형</td><td>혼합형</td><td>혼합형집단</td></tr>
<tr><td rowspan="3">집단</td><td>응집력</td><td>내용중심 학습유형</td><td>혼합형</td><td>높은 수준의 인간중심 학습방법</td></tr>
<tr><td>적절 수준의 집단응집력</td><td>내용중심 학습유형</td><td>혼합형</td><td>인간중심 학습방법</td></tr>
<tr><td>낮은 집단응집력</td><td>절대적인 내용중심 학습방법유형</td><td>내용중심 학습방법</td><td>혼합형</td></tr>
</table>

따라서 사회교육방법 선택의 기준은 대개 학습자 혹은 학습집단의 학습자 유형과 프로그램 형태, 그리고 학습장면(학습환경)의 복합적인 관계에서 이해될 수 있다. 즉, 방법론(M)=f(학습자(L)×프로그램(P)×학습환경(E))의 공식에 의할 수 있다.

3. 개인중심 사회교육방법

사회교육은 전통적인 학교교육에서와 같은 교육학(pedagogy)의 특성만으로는 학습이 이루어질 수 없기 때문에 성인교육학(andragogy)과 노년교육학(gerogogy)에서 다루어지고 있는 성인 · 노년학습자들의 특성에 근거한 자율학습이 강조되고 있다. 이러한 학습은 자기주도적 학습(self-paced learning), 자기보조학습(self-help learning), 문제중심학습(problem based learning) 그리고 비지시적 학습(nondirected learning) 등 비교적 자기통제적 개인학습이 일반적인 경향이다. 따라서 개인중심의 사회교육방법은 자기지시적 학습(self-directed learning)을 위한 기법이 주가 되고 있다.

1) 앤드라고지 방법론의 특성

앞서 언급한 바와 같이 개인중심의 사회교육방법은 '교수'가 아닌 '학습' 위주의 개인중심 학습방법이므로 '페다고지'와는 달리 학습계획의 설계와 학습활동 및 평가에 이르기까지 학습자의 주도적 특성에 의존한다. 학습계획의 설계에 있어서도 학습자 자신의 학습준비도에 따른 학습내용의 선택과 학습 프로젝트(learning project)에 의존한다. 그러므로 앤드라고지 방법론은 대개 개인중심 학습 프로젝트 질문 또는 의문중심의 탐구 프로젝트(inquiry project), 독립적인 연구(independent study) 그리고 경험적인 기법 등이 주가 되는 개별학습법이라 할 수 있다. 또한 학습성과나 결과의 평가에 있어서도 자기주도적인 성숙된 평가를 위주로 하고 있다. 그러므로 프로그램이나 학습주제에 따라서는 학습경험 위주의 방법론이 선택되기도 한다.

2) 개인중심 사회교육방법론의 형태

일반적으로 사회교육방법론은 앞서도 언급한 바와 같이 개인중심, 집단중심 그리고 지역사회중심의 기법 등으로 구분되고 있으나 여기에서는 개인중심 사회교육방법론에 관해서 다루고자 한다. 개인중심 사회교육의 방법론은 다음에서 제시한 것과 같이 다양한 형태의 기법을 활용하고 있다. 그러나 학습보조자의 도움을 받는 형태, 완전히 독자적인 학습 형태, 교육자료 중심 학습 형태 등으로 구분되고 있다. 개인중심 사회교육방법과 내용은 다음과 같다.

① 도제제도: 주로 기술습득과 관련된 영역으로서 경험 있는 숙련자로부터 개별적 습득을 하는 형태다.

② CAI: 자기주도적 학습의 대표적인 형태로 컴퓨터 보조학습이다. 프로그램이 된 컴퓨터와 상호작용을 통해 학습하는 형태다.

③ 통신교육: 온라인상이나 다른 통신매체를 통해 교수자(instructor)와의 통신을 통한 개별학습 방법이다.

④ 카운슬링: 성인상담자의 도움을 받는 개인사회교육의 방법으로 교육 카운슬링이 되고 있는 형태다.

⑤ 직접 개별학습: 일정한 교수에 의한 수시 직접 교수학습 형태다.

⑥ 현장경험: 조직적이고 계획적인 현장경험중심의 개인학습 형태다.

⑦ 독립적인 독서연구: 학습자주도의 체계적인 독서와 연구 형태다.

⑧ 개인학습 프로젝트: 특수영역의 학습을 달성하기 위한 교육자원 활용을 포함한 학습자 주도적인 형태로, 개인중심학습의 가장 보편적인 형태다.

⑨ 관찰/모방: 관찰 및 모방 중심의 학습 형태로 견학도 포함된다.

⑩ 프로그램 학습: 학습에 대한 즉각적인 피드백(feedback)과 함께 각 단계마다 프로그램에 의한 개인중심의 사회교육 형태다.

⑪ 감독 및 장학: 감독자의 지도나 장학에 의존하는 개인중심의 사회교육의 형태로 계속적인 자기발전을 위한 감독 훈련을 하는 형태다.

⑫ 개인지도 및 코치: 교사와 일대일로 학습하는 형태다.

⑬ 인턴십: 도제제도와 거의 유사한 형태로 실제적 경험을 습득하는 개인중심의 사회교육방법이지만 주로 경영학적 기법이나 전문적인 역할 습득에 치중하는 형태다.

⑭ 다중미디어학습(multi media learning packages): 최근 들어 널리 보급되고 있는 개인중심의 사회교육방법론으로서 컴퓨터 활용을 통한 콘텐츠, 인쇄자료, 진단적 도구, 시청각 자료, 마이크로필름, 연습, 실습을

위한 책 그리고 평가도구 등의 복합적인 학습 형태다. 이 학습기제는 대개 직업교육, 개인성장과 관련된 영역, 그리고 언어개발 영역에서 널리 활용되고 있다.

⑮ CBT: 컴퓨터를 활용한 개인중심 사회교육의 형태로 주로 기술과 실습 중심의 컴퓨터중심훈련(computer based training)을 활용한다.

⑯ 약정학습: 약정학습(the contract learning)은 개인학습자의 특정영역에 필요한 학습내용만을 협정 또는 계약에 의해 개인중심으로 학습하게 하는 형태다.

⑰ 충격주도적 훈련(IDT): 새로운 형태와 새로운 모델의 학습 형태로 주로 조직의 효율성을 증대시키기 위한 방법이다. 충격주도적 훈련(impact-directed training: IDT)모델은 결과, 명확성 그리고 진실성의 세 가지 요소로 구성된다.

⑱ 팀과 개인 기법(TI): 이 기법은 조직인으로서 개인을 인정하는 관점에서 집단학습과 개별학습을 병행하는 Team and Individual Model이다.

3) 개인중심 사회교육방법의 선택기준

개인중심을 위한 사회교육방법을 선택하는 데 있어 유의해야 할 선택기준은 개별화(individual)와 개별화된 학습체제(individualized learning system)와 깊은 관련성이 있다. 그러므로 개인중심 사회교육방법을 설계 또는 활용할 경우에는 개별화의 주요 영역과 개별화된 학습체제의 기본 요소를 알아볼 필요가 있다.

(1) 개별화의 주요 영역

개별화의 주요 영역은 대개 세 가지로 분류된다. 첫째는 다양한 시간, 둘째는 다양한 내용, 그리고 셋째는 다양한 학습자원이다. 다양한 시간은 학습자의 교육적 욕구와 생애과정 등을 고려하여 학습체제를 달성하기 위한 다양한 시간대와 다양한 기간을 설정해야 된다는 의미다.

두 번째 다양한 내용이란 성인학습자의 준비도와 경험, 그리고 학습욕구에 따라 비교적 신축성 있는 내용과 교과과정의 설정을 의미한다. 대체적으로 성인학습자들은 그들이 이미 습득하고 있는 내용이나 과제보다는 그들이 학습하고자 하는 필요성에 따라 사회교육 프로그램에 참여하기 때문에 이러한 성인학습자들의 교육적 욕구를 충족시켜야 된다는 것이다.

다음으로 다양한 학습자원의 영역은 개인중심 사회교육방법 선택의 성패 여부를 결정짓는다 해도 과언이 아닐 정도로 중요하다. 사회교육에서 비정규교육 위주의 성인학습자는 다양한 학습 스타일을 가지고 있기 때문에 학습자원(learning resource)에 의존하는 경향이 크다. 그러므로 학습자가 최대의 학습효과를 거둘 수 있는 다양하고 풍부한 학습자원이 선택의 주요 기준이 된다.

(2) 개별화된 학습체제의 기본요소

개별화된 학습체제의 기본요소는 행동목표, 유형 관련 테스트(criterion referenced test) 및 학습지도다.

개별화된 학습체제의 기본요소는 개인중심의 성인학습자가 자기주도적 학습을 함에 있어서 그들이 가지고 있는 교육적 욕구를 학습목표로 전환시키는 데 중요한 역할을 하게 된다. Knowles(1987)는 세 가지의 가능한 유형체제를 지적하고 있는데, 이것들은 욕구 관련 프로그램 분야(예컨대, 직업 관련 주제나 기술), 사회적 역할(예컨대, 실제 직업), 그리고 행동변화를 포함하는 행동목표(예컨대, 기술, 지식, 이해, 태도 등)다.

그러므로 개인중심 사회교육방법을 선택함에 있어서는 [그림 7-1]에서 제시하고 있는 바와 같이 실제적인 목표와 교육적 목표를 고려한 학습체제의 기본요소에 유의하여야 한다.

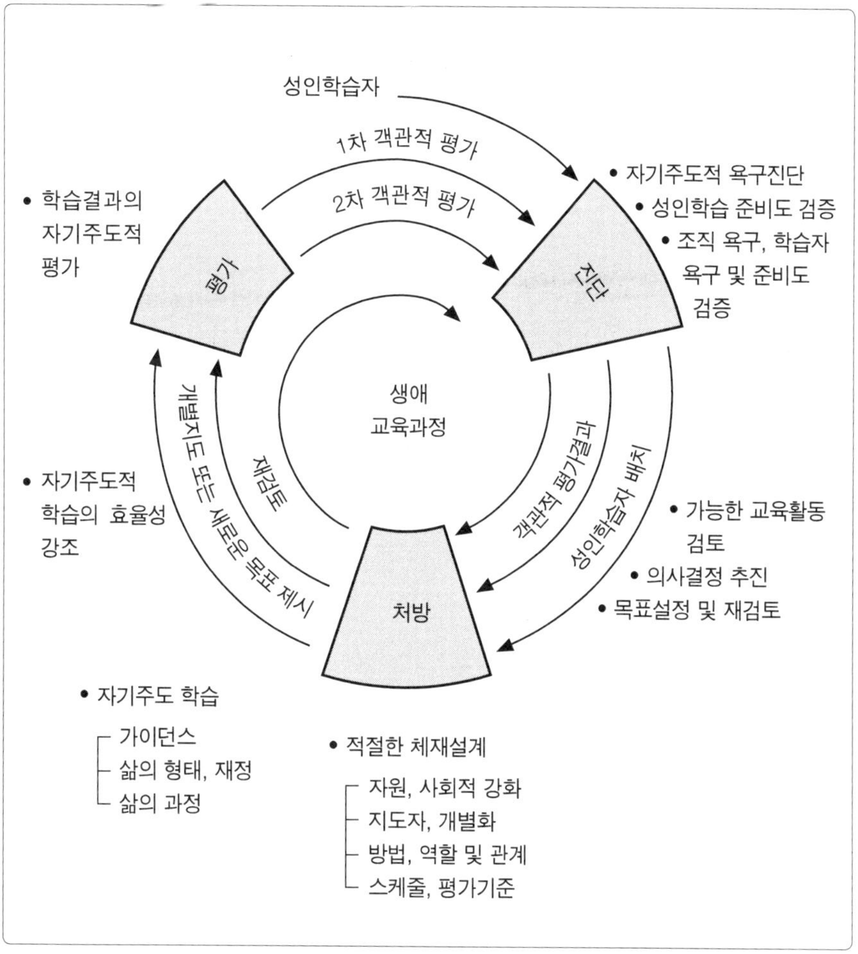

[그림 7-1] 욕구의 교육목표로의 전환과정

또한 개인중심의 학습을 설정하기 위하여 종합적인 개별화 학습체제가 필요한데, 이때 학습자의 준비도에 적합해야 하고 학습자중심이어야 하며 잘 조직되어야 한다는 점 등이 중요시된다. 물론 모든 필요한 자료, 테스트 그리고 훈련과 경영체제가 제공되어야 한다. 〈표 7-2〉에서와 같이 개인중심의 사회교육은 성인학습자의 학습욕구가 스스로 설계하고 학습하는 과정에서 어떻게 효율적으로 교육목표로 전환되느냐가 중요시된다 하겠다.

따라서 개인중심의 사회교육방법 중 최근 들어 주목을 끌고 있는 것이 다중미디어학습 패키지다. 이 방법은 개인의 학습욕구를 교육활동을 통해 목표에 가장 효율적으로 접근할 수 있도록 다양한 학습보조 자료와 진단물을 활용하고 있다.

(3) 개인중심 사회교육방법의 절차

개인중심 사회교육방법은 집단중심이나 지역사회중심의 교육방법과 같이 기본적 절차가 있다. 이 기본절차는 주로 개인중심 사회교육방법으로 학습활동을 설계 · 경영하는 과정을 의미한다. 이 기본절차는 대개 7단계로 나뉘며(Knowles, 1980; Lee & Winecoff, 1986), 그 절차는 다음과 같다.

① 학습을 위한 풍토 조성
② 성숙된 계획을 위한 구조 수립
③ 교육욕구의 진단
④ 교육목표의 설정
⑤ 교육경험의 형태 설계
⑥ 교육경험의 집행
⑦ 학습결과의 평가 및 학습욕구의 재진단

대개 개인중심 사회교육방법을 논의할 때 중요시되는 절차는 ③ 교육욕구의 진단, ④ 교육목표의 설정, ⑤ 교육경험의 형태 설계, 그리고 ⑦ 학습결과의 평가 및 학습욕구의 재진단과 관련된 단계다. 따라서 여기에서는 이와 관련된 절차에 대해서 좀 더 논의해 보기로 한다.

교육욕구의 진단 교육욕구의 진단을 위해서는 우선 바람직한 행동이나 요구되는 이해 또는 능력을 개발하기 위한 이해중심모델(competency model)

을 설정한 후 자기진단적 평가에 의한 교육욕구를 진단해야 한다. 이 진단의 내용은 대체로 학습내용, 학습기간, 학습활동, 학습평가와 요구되는 기법 또는 이해 수준의 영역에 이르기까지 비교적 포괄적인 진단이 되는데 주로 자기평정에 의해서 이루어진다.

[그림 7-1]에서 나타난 바와 같이 개인중심의 사회교육방법을 선택하기 전에 대체적으로 자기주도적 진단을 하여야 한다. 이것은 대개 실행능력 평가라든지 이해력 평가 등과 같이 개인중심의 사회교육 프로그램의 영역과 관련성이 있다. 개인중심 사회교육방법에 따른 학습욕구 진단, 즉 현재의 능력평가를 위한 절차는 ① 태도와 관련된 영역, ② 흥미 수준과 관련된 영역, ③ 가치와 관련된 영역 등으로 구분되어 자기주도적 진단을 하는 경우도 있으나 이 경우에도 자기지각적인 교육욕구 진단에 의존하게 된다. 이 경우에는 일반적으로 개인중심의 지각평가를 하지만 표준화된 검사를 활용하고 있다. 표준화된 진단을 통해서만 보충적 학습(additional learning)을 위한 욕구진단이 가능하기 때문이다. 일반적으로 대부분의 성인들은 교육활동에 참여할 때 자기방어적인 경향이 있기 때문에 자기 스스로 학습과 관

표 7-3 표현력과 관련된 자기 교육욕구 진단

성명	월 날짜
기술요소	중앙치
어휘력	1 2 3 4 5 6 7 8 9 10
표현의 명확성	(저) (고)
강조, 지속성	
음성	
제스처	
논리적 전개	
발음	
진지성	

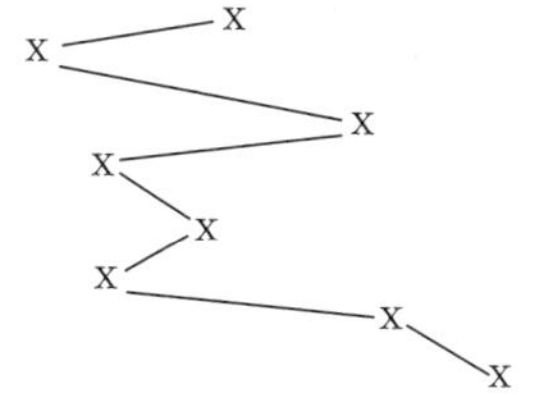

련된 취약점을 은폐하려 한다. 특히 최초의 성인학습경험을 하게 되는 성인학습자일수록 자기진단적 마음가짐이 선행되어야 한다.

개인중심 사회교육방법에 따른 학습욕구 진단, 즉 현재의 능력평가를 위한 절차는 ① 자기진단적 태도의 확립, ② 현재의 실행(또는 이해)능력의 증거 제시, ③ 학습욕구의 진단 등의 단계를 거치게 된다.

학습을 위한 목표의 설정(개인학습목표) 목표설정은 내용과 관련된 요소, 주제, 개념 등의 성취 수준을 설정하고 이를 조직하고 계획을 수립하는 것이다. 이때 개인중심의 사회교육방법을 활용한다는 점을 고려해야 하기 때문에 자기계발을 위한 자기결정적 방향에 근거해야 한다(Westinghouse Learning Co., 1985: 59-63).

개인중심의 사회교육 프로그램을 위한 목표설정에서 유의해야 할 요인은 다음과 같다(Mager, 1962: 2).

- 개인중심의 교육의도를 기술하는 내용
- 개인중심의 성취와 이러한 성취의 인지와 관련된 내용
- 학습자의 최종 행위에 관련된 내용
  - 총체적 행위의 설정
  - 중요한 행위 상황의 설정(바람직한 실행의 유형 정립)
- 각 목표를 위한 별개의 상태 설정

앞에 제시된 개인중심 사회교육방법을 활용한 학습목표 설정의 유의점 외에도 인본주의 교육학자인 Rogers와 Maslow 등이 제시하고 있는 바와 같이 개인중심의 학습은 '자신감의 증진을 위한 개발'이라는 점에 유의할 필요가 있다. 또한 Tough(1979)의 연구결과에서도 성인학습자의 학습 프로젝트 수행에서 학습효과 증대의 관건은 학습목표를 언제나 확실하고 명확

표 7-4 학습목표 설정을 위한 체크리스트

컬럼 1	컬럼 2
목적 #1	목표 체크리스트
목표 #1	___________ 무엇을?
	___________ 누구를 위해?
	___________ 어떻게?
	___________ 언제?
목표 #2	
목표 #3	

하게 설정했느냐에 달려 있다고 밝히고 있다(Allen, 1979).

〈표 7-4〉에 제시된 학습목표 설정을 위한 체크리스트를 활용하여 개인중심의 학습활동을 위한 학습목표를 기술하고 각 목표에 따른 목표 체크리스트를 작성하여야 한다.

학습경험의 형태 설계(방법론과 내용) 일반적으로 커리큘럼 이론가들은 효과적으로 학습경험을 조직하기 위해서는 세 가지 요인을 고려해야 한다고 주장한다. 즉, 지속성(continuity), 절차성(sequence) 그리고 통합성(integration)을 고려해야 한다는 것이다. 지속성은 주된 커리큘럼 요소의 시간의 경과에 따른 수직적인 반복(reiteration)을 의미하며, 절차성은 각개 지속적인 학습경험의 처리를 의미한다. 또한 통합성은 각 커리큘럼 요소 간의 수평적인 연계성을 뜻한다. Tyler(1950)는 이러한 교육경험의 내용설계에 있어서의 유의점은 주제의 논리적 조직에 적용되는 것이 아니라 학습자의 심리적 조직에 적용된다는 점을 지적하고 있다(Tyler, 1950: 63).

그러므로 전적으로 개인의 학습준비도, 개인의 경험, 학습욕구 그리고 호의적인 형태 등에 근거하여 경험을 조직하게 된다. 따라서 학습자중심(learner-oriented)이 되어야 한다. 학습경험의 설계절차에서 유의해야 할 점은 다음과 같다.

- 학습자중심이어야 한다.
- 문제중심(problem-based)이어야 한다.
- 잘 조직되어야 한다.
- 학습자의 준비도를 감안해야 된다.
- 학습 프로젝트 중심이어야 한다.

이러한 유의점 등을 고려해 볼 때 다음 〈표 7-5〉에 제시된 분류에 따라 학습자의 학습영역, 내용의 구체성 여부, 학습자의 참여 정도에 의한 학습방법을 선택하는 것이 바람직하다 하겠다. 이 표에서 보는 바와 같이 첫 번째 영역은 이론적 영역으로부터 응용적인 영역의 정도를 설명하는 학습자로서의 구체성(concreteness) 여부다. 두 번째 영역은 어느 정도 사고적인가 행동적인가의 정도에 따라 구분하고 있는 참여 정도의 영역이다. 이러한 학습의 축을 설정하는 두 영역에 따라 학습방법을 선택하게 된다. 이에 따라 학습방법은 네 가지 기본형태로 구분할 수 있다(Kolb, 1974: 27-42). 여기에 제시된 형태 중 개인중심 사회교육방법으로 택할 수 있는 것은 그룹중심의 학습 형태를 제외한 모든 학습방법을 활용할 수 있다. 앞에 제시된 방법과 스타일 외에도 최근 개인중심 사회교육방법으로서 널리 활용되고 있는 컴퓨터활용학습(computer-based learning) 또한 바람직한 형태의 개인중심 사회교육방법이 될 수 있다.

컴퓨터를 활용한 학습방법 등은 일반적으로 CAI(computer assisted instruction), CMI(computer-managed instruction) 그리고 CSLR(computer-supported learning resources) 등으로 대별되고 있다. 이 중에서 개인중심의 사회교육방법으로 활용할 수 있는 방법은 〈표 7-6〉과 같다.

특히 성인학습자의 개인중심 사회교육방법으로 활용되고 있는 컴퓨터 보

표 7-5 학습목표 설정을 위한 체크리스트

감상과 관련된 주제	태도와 기술과 관련된 주제
영화 강의 대화 제한된 토의 사례연구 문제검증 프로그램 학습(실습에 한함) II	역할 시연 게임 구조적 경험 과정중심 토의 T-그룹 현장 프로젝트 기록일기 III
지식 습득과 관련된 주제	**태도와 기술과 관련된 주제**
이론 강의 독서(선별된 주제) 자료(Handouts) 프로그램 학습(개념에 한함) 이론에 관련된 논문 내용검증 I	학습그룹중심 논쟁적 토의 실험/연구 제시된 독서 분석에 대한 연구논문 IV

조적 학습방법은 최근 들어 널리 보급되고 있으며, 특히 인간자원개발(human resource development) 영역과 개인중심 사회교육방법으로 적합한 방법이라 인식되고 있다(Cain, 1981: 76-78).

표 7-6 컴퓨터 활용 형태

컴퓨터 활용 형태	내 용	비 고
CAI	개별지도 훈련과 실습 학습게임 모델학습 문제해결학습	• 프로그램으로 개별적 학습을 일대일로 할 수 있다. • HRD에서 활용되는 반복과 연습의 좋은 방법이다. • 게임을 통한 학습효과를 증대시킬 수 있다. • 소프트웨어의 다양성에 따라 모델학습, 문제해결학습을 다양하게 활용할 수 있다.
CMI	자기주도적 학습 자기주도적 학습진도 check 기록 및 보관 교육자료, 학습지원 검토	• 이 방법은 학습활동의 기술, 학습활동 후 성취 수준 측정에 활용된다. • 개인중심학습에서 극히 중요한 학습자원과 자료를 효율적으로 활용하게 한다. • 이 형태는 HRD(인간자원 개발) 영역에서 널리 활용하고 있다.
CSLR	교수커뮤니케이션 학습정보망	• 정보망을 통한 학습정보의 습득이 가능하다. • 어떤 영역의 권위자의 선별된 학습지 활용이 가능하다.

학습결과의 평가 및 개인학습 욕구의 재진단 개인학습 결과를 평가하고 차후의 개인학습 욕구를 진단하기 위한 절차는 대개 목표, 설계, 과정 그리고 결과 등의 영역에 따라 검증한다. 개인중심 사회교육방법에서는 모든 학습이 자기주도적으로 이루어지므로 평가 또한 자기주도적 평가(self-paced evaluation)를 하게 된다. 대개 평가는 형성평가와 종합평가를 하게 되는데, 학습경험의 내용과 주제에 따라 표준화된 개인중심 사회교육 프로그램의 평가자료를 활용하거나 평가기관에 의존하는 경향이 있다.

평가의 자료는 개인학습 시리즈에 포함되어 있는 경우가 많고, 그렇지 못할 경우에는 평가기관에 의존하거나 자기주도적 평가를 하게 된다. 자기주도적 평가 자료의 예는 〈표 7-7〉과 같다.

표 7-7 **자기기술평가**

자기기술평가지

성명 ____________

배경: (학습준비도와 문제영역을 기술한다.)

학습목표: (목표를 열거 기술한다.)

학습자료: (자료의 활용 여부를 기술한다.)

학습방법: (학습방법과 기법의 활용 여부와 문제점 등을 평가한다.)

종합평가: (대개 만족도와 성취 수준을 5점 평정척도로 자기평정을 한다.)

주제기술평가 프로파일

성명 ____________

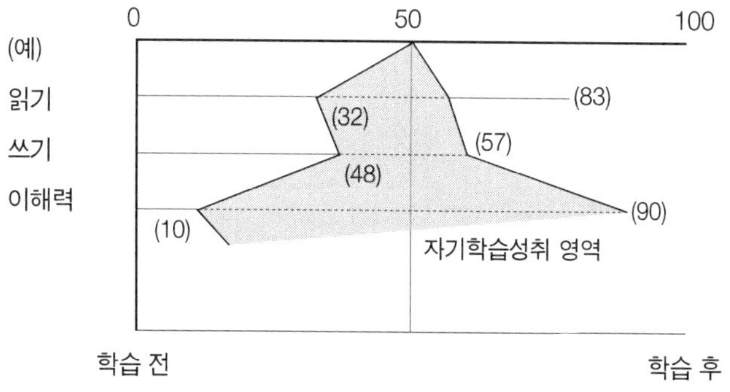

출처: Winecoff & Lee (1986), pp. 11-15.

표 7-8 **Stufflebeam의 평가도식**

	목 표	설 계	과 정	결 과
책무성 (종합평가)				
의사결정 (형성평가)				

출처: Stufflebeam (1975), pp. 7-12.

4) 개인중심 사회교육방법의 절차

개인중심 사회교육방법은 여러 가지 방법을 주제에 따라 혼용할 수 있기 때문에 일반적으로 통일된 방법이 없다. 여기서는 성인학습개발을 위한 자기학습과 관련된 개인중심 사회교육방법의 실례를 제시하고자 한다.

(1) 나의 성인학습

개인중심 사회교육방법은 전적으로 개인의 경험, 학습동기, 학습욕구 그리고 자기평가에 의존하고 있으므로 자기 성인학습에 대한 준비도를 측정하여야 한다. 따라서 '나의 성인학습' 방법은 다음에 제시한 것과 같이 과거 3년 동안의 기간에 참여했던 성인학습에 대한 경험을 측정하기 위한 방법이다.

〈예시 1〉 나의 성인학습

여러분이 지난 3년 동안 관여했던 성인학습 경험을 제시하십시오.

집단경험 (class, 워크숍 등)	여러분의 학습에 가장 도움을 주었던 경험은 무엇입니까?	여러분의 경험 중 가장 도움이 되지 않았던 것은 무엇입니까?

개인경험 (자기학습 프로젝트 등)	학습에 가장 보탬이 되었던 개인중심 성인학습은 무엇이었습니까?	가장 도움이 되지 않았던 개인중심 성인학습경험은 무엇이었습니까?

앞에 제시된 '나의 성인학습'의 기술지에 경험과 그 경험으로부터 얻은 결과들을 순서대로 기술한다. 개인중심 사회교육과 관련된 '나의 성인학습' 또한 경험중심의 자기평정을 통해 준비도를 측정하게 된다.

(2) '나와 타인' 방법

앞서 제시된 '나의 성인학습'은 개인중심 사회교육방법 중 개인의 사회교육 경험과 이에 관련된 결과들을 검토함으로써 자기평정에 의한 준비도 측정과 관련된 방법이다. 이에 반해 '나와 타인' 방법은 자기 스스로의 동기(motivation)와 관련된 방법으로, 이 방법은 대개 자신의 동기를 개발 검증하는 데 유익하다.

다음에 제시된 방법을 통해 타인에 대한 자신의 동기와 타인의 자기와 관련된 태도를 개발하고 인식할 수 있다. 따라서 '자기와 타인' 방법은 자기 개인의 동기검증과 개발방법이라 볼 수 있다. 특히 자아개념(self-concept)

의 개발에 유익한 방법이다. 물론 점수화하거나 해답이 있을 수 없기 때문에 비교적 자기기술적 방법이라 볼 수 있다. '나와 타인' 방법은 'I'm O.K., You're O.K.'의 자가수용과 관련된 기법이기도 하다.

〈예시 2〉 자신과 타인들

아래 문장들을 완성하십시오.

1. 사람들이 처음 나를 만났을 때 그들은 ____________________
2. 내가 ____________________ 때 사람들은 나를 좋아한다.
3. 어떤 사람이 적절하지 못한 언행을 한다고 느낄 때 나는 __________ ____________________
4. 대부분의 사람들은 ____________________
5. 그들이 ____________________ 할 때 나는 사람들을 싫어한다.
6. 나는 ____________________ 한 사람들을 신뢰한다.
7. 인간적으로 나의 가장 큰 장점은 ____________________
8. 나를 진정으로 잘 아는 사람들은 나를 ____________________ 하다고 생각한다.

(3) '나의 성인생활' 방법

'나의 성인생활' 방법은 성인발달(adult development)과 관련이 있다. 이 방법은 개인의 생애과정과 관련된 직업의 변동, 가족과 관련된 일들, 그리고 독특하고도 중요한 삶의 경험 등을 기술함으로써 삶의 주기(adult life cycle)에서 각 개인이 이루어야 할 삶의 과제(life task)와 자기 스스로의 성인생활 경험을 비교해 봄으로써 삶의 변화와 과제에 대한 인식을 할 수 있는 개인중심 사회교육방법이다. 물론 이 방법은 집단의 사회교육방법으로도 활용할 수 있다.

〈예시 3〉 나의 성인생활

아래에 여러분 스스로의 직업과 관련된 변동, 가족의 삶과 관련된 사건 그리고 그 외의 중요한 삶의 경험을 기술하십시오.

나 이	특성들	나의 성인생활
18~22	• 자기의 발견 시기 • 가정의 품으로부터의 독립 • 자기 스스로의 삶의 개척 • 인생관의 설정	
22~28	• '안목'의 신장기 • 자율성의 확립 • 삶의 패턴의 설정 • 배우자의 선택 • 성인직업인으로서의 출발 • 자신감과 미래에 대한 희망과 낙관	
28~33	• 30대의 인생전환기 • 지금까지의 선택에 대한 회의, 변화에 대한 요구, 자신의 확대, 안정의 희구	
33~38	• 안정과 확대기: 자기정립기, 자기주도적 삶	
38~46	• 중년기의 전환시기: 시간에 대한 강박관념, 불만족의 확대 • 재검증의 기간: 긴박감, 기한박두인생(deadline decade)	
46~53	• 안정회복기: 정착, 자기평가의 시기, 자기수용 증대, 원숙한 시기, 죽음에 대한 의식	
53~60	• 재임 또는 사임의 시기: 직장에서의 지위 확보나 역할변동의 시기	
60~65	• 성인후기 전환기: 은퇴, 여생에 대한 준비기	
65~	• 후기성년기: 삶의 만족감과 실패감, 자기 삶에 대한 의미의 추구	

〈예시 3〉에서 제시하고 있는 바대로 성인의 삶은 그들이 처하고 있는 삶의 과정이 지니고 있는 연령과 사회적 역할에 따라 과제가 달라진다. 따라

서 '나의 성인생활' 방법은 자기기술법을 통해 스스로 자기의 역할과 경험, 그리고 삶의 주기에 처한 과제를 이해하게 하고 태도 형성을 돕기 위한 개인중심 사회교육방법이라고 볼 수 있다.

(4) '나의 사건' 측정법

어떤 사람이든 자신의 지난 1년을 되돌아볼 경우 많은 변화와 직접 · 간접의 사건을 접하게 된다. '나의 사건' 측정법(life impact scale)은 자신과 관련된 지난 1년 동안의 사건들을 점수화한 것이다. 점수가 많을수록 많은 변화를 겪었다는 것을 의미하며 점수가 적을수록 평범하고 평온한 삶은 살았다는 것을 의미한다. 각 사건별에 따른 점수의 차이는 변동의 폭 또는 심리적 충격 정도를 의미한다.

〈예시 4〉 '나의 사건' 측정법

나의 사건과 충격

지난 1년간 여러분의 사건들을 점수화시켜 보십시오.

사 건	삶의 변동/점수	나의 점수
배우자의 죽음	100	
이혼	73	
별거	65	
구류 또는 구속	63	
친족 혹은 친척의 죽음	63	
중병과 부상	53	
결혼	50	
파면	47	
은퇴	45	
임신	40	

성적 곤란	39	
⋮	⋮	
식성의 변화	15	
휴가	13	
교통법규 위반	11	
총 계		

(5) '나의 욕구진단' 방법

〈예시 5〉는 개인중심 사회교육을 할 경우 자기 스스로의 욕구를 진단하는 방법이다. 물론 욕구진단은 앞에서 언급하였듯이 다양한 방법이 있으며, 표준화된 검사 혹은 자작(自作)검사 등 진단영역에 따라 달라지게 된다. '나의 욕구진단' 방법은 개인중심 사회교육을 하기 전에 대략적으로 자신의 교육적 욕구(educational need)를 진단하기 위한 것이다. 대개 학습욕구 영역에 따른 기술과 함께 자기주도적 학습 후에 얻어지게 될 결과에 대해 간략히 기술하는 방법이다. 학습 경비와 기대 수준을 기술하여 다시 생각해 보게 함으로써 스스로의 교육적 욕구를 의미 있게 자기평정할 수 있다. 또한 T & D(Training and Development) 이해력 측정과 관련된 각 영역의 이해 수준을 자기평정하게 함으로써 앞에 제시된 자기기술적(自己記述的) 교육 욕구에 따른 교육수행능력을 스스로 검토하게 하는 방법이다. 여기서 T & D 이해력 측정과 관련된 영역들은 ASTD(American Society for Training and Development)의 기준에 따른 것이다(Schneier, 1985: 302).

〈예시 5〉 '나의 욕구진단' 방법

욕구진단

여러분의 학습욕구는 어떤 영역의 것이라 생각됩니까?

기술과 관련된 욕구	지식과 관련된 욕구	태도와 관련된 욕구

학습 후의 기대 수준이 무엇입니까?

____

학습을 위한 경비에 대해 어떤 견해를 가지고 있습니까?

____

여러분의 이해 수준 여부에 따라 표시를 하십시오.

성인학습이론	____	이해력 측정법	____	HR 기법	____
평가이론	____	카운슬링 기법	____	질문 기법	____
A–V 장비활용 기술	____	피드백 기법	____	탐구 기법	____
직업발달이론	____	상호작용 기법	____	T & D 기법	____
학습 분위기 조성	____	교육자원활용 기법	____	지도자 기질	____

(6) 미래에 대한 의사결정방법

미래에 대한 의사결정방법은 개인이 미래에 대해 어떠한 견해를 가지고 있는가를 몇 가지 예시된 지시에 의거해 스스로 결정하도록 하는 방법이다 (Lee, 1987).

〈예시 6〉 미래에 관한 의사결정

의사결정은 미래와 관련된 핵심적인 요소입니다. 각 개인은 주어진 선택에 따라 우선순위를 설정하십시오. 그리고 다음에 상호토론 그룹에서 그 이유를 논의해 주십시오.

지 시

제1단계: 가장 바람직한 미래의 변화와 생각하는 번호에는 #1을, 그리고 가장 바람직하지 못한 것에는 #9 등으로 우선순위를 설정하게 합니다.

제2단계: 왜 그러한 우선순위를 부여했는지를 기술하도록 합니다.

제3단계: 자신의 의사결정에 관한 스스로의 검증을 위해서 '교차충격 매트릭스(cross impact matrix)'*가 개인의 연습도구로 주어질 것입니다.

우선순위 결정

A. 원자핵 융합식물(Fusion)로부터 값싸고 무공해물인 전력의 개발

B. 지하와 수중도시의 건설

C. 유전인자 변형에 의한 유전성 결함의 화학적 치료

D. 세계 식량생산의 증대

E. 초고속의 지상, 철도 그리고 공중 교통수단을 통한 주요 세계도시 간의 교통망

F. 발달된 커뮤니케이션을 통한 가정에서의 협동적 업무처리

G. IQ 150이 넘는 이해력이 풍부한 컴퓨터

H. 저렴한 비용으로 효율적인 날씨 조정

I. 지능을 증대시킬 약의 개발

---

* 교차충격 매트릭스는 미래 측정을 위한 한 방법으로서 여러 영역과 서로 비교해서 미래에 대한 종합적인 견해를 갖도록 하려는 방법이다.

위에 제시된 미래측정 또는 미래에 대한 방법은 자기태도 개발을 위한 개인학습방법 중의 하나다. 물론 종합적인 견해에 따라 여러 다양한 방법론을 소개할 수 있으나 하나만 예시하기로 한다.

(7) MBTI 개인훈련방법

MBTI(Myers–Briggs Type Indicator)는 자기의 성격유형을 식별하기 위한 개인중심 사회교육방법의 하나다. 이 방법 역시 앞에서 제시한 여러 가지 방법과 같이 다양한 기법이 있다. 예를 들어, 게임을 통한 훈련방법, 집단중심의 식별방법, 학습이론과 학습 스타일을 검증하기 위한 방법 등 많은 방법이 있다. 여기서는 가장 간략한 방법 중의 하나인 MBTI 개인훈련방법만을 소개하기로 한다.

이 방법은 일반적으로 개인중심의 방법이자 동시에 집단중심의 방법이다. 최종의 목표는 각 개인이 일반적으로 자신이 간직하고 있는 성격의 타입이 있으나 집단의 타인과 적절한 조화를 통해 훌륭한 팀워크를 이루도록 하는 데 있다.

〈예시 7〉 MBTI 개인훈련

제1단계: 주어진 세 질문에 대해서 서너 가지의 반응을 기술하도록 한다. 그후 이를 집단훈련의 자료로 삼기 위함이다.

① 무엇에 대하여 감사한 마음을 갖는가?

② 직업상황에서 무엇이 종종 나를 짜증나게 하는가?

③ 대부분의 사람들이 다른 사람들을 짜증나게 만들 때 당신은 무엇을 합니까?

제2단계: 집단토의를 통한 태도형성을 할 때 팀워크를 위해 고려되야 할 점이 무엇인지를 기술한다.

① 집단의 성원으로서 어떻게 할 때 가장 최상의 효과를 가져다줄 수

있는지요?
② 무엇에 대해 너무 지나치게 과장하고 무엇이 비효율적으로 이루어집니까?
③ 집단 효율성을 증대시키기 위해 나는 어떻게 해야 합니까?

제3단계: 개인이나 집단의 효율성을 증대시키기 위한 좋은 타입(good type)을 개발하도록 합니다(Lawtence, 1979).
① 타인의 욕구에 민감합니까?
② 생산성을 증대시키기 위해 필요한 경우 여러 스타일을 활용합니까?
③ 개인의 타입을 개발하기 위해 개인적 자원과 능력을 모두 활용합니까?

앞서 예시된 방법으로 3단계의 기술을 통해 태도형성을 하도록 하는 방법이다. 1단계에서는 성격유형과 관련지어 직장 내의 인간관계를 스스로 기술하게 된다. 2단계에서는 집단토의를 가정하여 집단의 성원으로서 자기 스스로 어떻게 해야 할 것인가에 대해 세 가지의 반응을 하도록 한다. 3단계에서는 이상적인 유형을 세 가지로 간략히 요약하여 반복하게 함으로써 태도형성에 도움을 주도록 한다.

일반적으로 〈예시 7〉에서 제시한 기술중심의 MBTI 개인훈련 이외에 MB 게임, MB 역할시연(役割試演) 방법 등으로 구성된 종합 패키지를 활용하여 효율적인 유형을 습득하게 한다.

5) 개인중심방법의 과제

개인중심 사회교육방법은 엄밀히 말해 집단중심의 사회교육방법과 혼용되는 경우가 많다. 개인중심 사회교육방법은 단순한 기법만을 활용하는 게 아니라 종합적이고 여러 방법을 연속 혹은 단계적으로 활용하기 때문에 앞에서 밝힌 대로 '학습을 위한 체재(format)'라는 용어가 타당하다.

개인중심 사회교육방법도 컴퓨터 중심이나 매체중심, 그리고 교육공학기재를 활용하는 A-V 기법, 특히 게임, 태도 변화를 위한 여러 방법 등을 활용하는 종합적인 방법을 사용하는 경향이다. 물론 학습이론 측면에서도 주제나 학습영역에 따라 문제중심학습(problem-based learning), 이해중심학습(competency-based learning), 상황중심학습(situational-based learning) 등으로 다양하다.

참고문헌

Allen, T. (1979). *The adult's learning projects* (2nd ed.). Toronto: Ontario Institute for Studies in Education.

Cain, J. (1981). Computer-based training at United Airlines. *Training and Development Journal,* March, 76-78.

Houle, C. O. (1973). *The design of education.* San Francisco: Jossey-Bass.

Knowles, M. S. (1980). *The modern practice of adult education.* New York: Cambridge.

Knowles. M. S. (1987). *Andragogy in action.* New York: Canbridge.

Kolb, D. A. (1974). On management and the learning process. In D. A. Kolb, I. M, Rubin, & J. M. McIntyre (Eds.), *Organizational, psychology: A book of readings* (2nd ed.). Englewood Cliffs, NJ: Prentice-Hall.

Lawtence, G. (1979). People types and tiger stripes. Gainesville: Center for Applications of Psychological Type(CAPT).

Lee, H. C., Winecoff, L., & Lyday, J. (1987). Future excercises. (Unpublished Class Materials). University of South Carolina.

Lee, H. C., & Winecoff, L. (1986). Educational problem solving process.(USC unpublished course material).

Mager, R. F. (1962). *Preparing instructional objective.* Palo Alto, Cal.: Fearon Publishers.

Robinson, R. D. (1987). *Helping adults learn and change.* Wisconsin: Omnibook.

Schneier, C. E. (1985). ASTD competency study, the training and development sourcebook. HRD press.

Stufflebeam, D. (1975, March). Evaluation as a community process. *Community Education Journal, Vol. 2,* 7–12.

Tyler, R. W. (1950). *Basic principles of curriculum and instruction.* Chicago: University of Chicago Press.

Verner, C. (1962). A conceptual scheme for the identification and classification of processes for adult education. Washington, D.C.: Adult Education Association.

Westinghouse Learning Co. (1985). *Designs for individualization: The administration's approach.*

Winecoff, L., & Lee, H. C. (1987). *Seven steps to educational problem solving.* University of South Carolina 교수자료집.

제8장

사회교육평가론

사회교육평가의 문제는 사회교육 프로그램을 운영하는 과정에서 목표설정, 과정설정과 함께 핵심적 영역이라 할 수 있다. 사회교육평가는 교육 프로그램의 다양성이나 성인학습자들이 지니고 있는 특성이 이질적이라는 점 때문에 비교적 여러 형태의 평가과정이나 수단이 요구된다. 특히 사회교육평가는 정규 학교교육에서의 학력평가 등과는 달리 사회교육 프로그램 담당자뿐 아니라 학습자 자신에 의해서 이루어지기 때문에 자기평가과정(self-assessment process)이 중요시된다. 일반적 평가가 그러하듯 사회교육평가 역시 왜, 언제, 누구를, 누구에 의해서 평가되어지는가에 대한 관점에 따라 평가시기, 평가과정 및 평가수단 등이 달라질 수 있다.

학교교육에서의 평가가 비교적 미래 예견적이고 진단적 특성이 있다고 본다면, 사회교육평가는 현재중심적이고 자기주도적 특성이 있다. 이 점에서 사회교육평가는 자기분석적 평가라기보다는 자기주도적 평가(self-paced assessment)이고, 동시에 자기만족과 국가사회에 대한 기여를 전제로 하는 자족적 사회평가(socio-individualized evaluation)의 특성을 갖는다 하겠다. 또한 사회교육평가는 이러한 특성 때문에 성인교육평가(adult education evaluation)와 계속교육평가(continuing education evaluation)의 큰 주류로 구분·설명할 수 있는 영역이라 할 수 있다.

1. 사회교육평가의 개념 및 준거

사회교육평가는 사회교육적 경험을 거쳐 획득된 일련의 지식, 기술, 태도체계를 총체적으로 검증하는 의미를 지닌다. 그러므로 사회교육목표의 특성에 따라 지적 영역, 심동적 영역 및 정의적 영역 등 하위영역으로 구분할 수도 있고, 연령, 성별 등의 대상이나 프로그램의 특성에 따라서도 구분할 수도 있다. 이 점에서 비교적 표준화된 학교교육에서의 학력평가와는 구분할 수 있다 하겠다. 먼저 사회교육평가의 개념과 체계에 대해서 검토해 보기로 한다.

1) 사회교육평가의 개념

어떠한 교육이나 학습활동의 경우든 대개 주요한 세 요소로 구성되어 교수활동이 이루어진다고 볼 수 있다. 이들 세 요소는 목표(goal-setting), 과정(learning setting), 평가(evaluation setting)로, 사회교육평가에서는 일반평가와 마찬가지로 이 세 요소를 모두 포괄하는 총체적 검증의 의미를 지닌다.

사회교육평가는 유용성, 정확성, 실용성 및 중요성을 준거로 하여 평가의 계획, 실시, 결과, 활용에 대한 평가가 모두 합당하다고 판정된 평가만을 의미하는 학교교육의 학력평가와는 달리, 사회교육 행위자에 대해 가치를 부여하는 자기주도적인 모든 검증을 의미한다(Cronbach, 1980; Fisher, 1980; Nevo, 1983). 그러므로 사회교육평가는 사회교육 프로그램의 목표, 과정 및 평가를 검증하여 학습자에게 가치를 부여하는 모든 행위를 포괄적으로 의미한다. 사회교육의 목적, 기능, 대상, 모형, 준거 및 방법 등이 구체화되면 사회교육평가의 의미는 여러 가지 형태로 그리고 보다 구체적으로 정의할 수 있다.

수업평가에 대한 모형은 다양하지만 일반적으로 학업성취에 의한 평가모형(Tyler, 1950)과 과정중심의 평가모형(Scriven, 1967) 등으로 대별되어 왔다. 그러나 사회교육평가는 학습자가 곧 사회구성원이며 사회적 생산에 참여하고 있다는 점에서 성취평가와 과정평가는 물론 사회적 관점에서의 사회적 평가(social evaluation)까지도 고려되어야 한다. 이때의 사회적 평가는 학교교육 이후의 재교육과 계속교육의 효과가 사회에 주는 의미가 무엇인가를 음미할 수 있는 평가를 뜻한다.

사회교육평가의 개념을 보다 명확히 하기 위해서는 사회교육평가의 준거와 일반체제모델(general system model)을 고려할 필요가 있다(Brethower & Rummler, 1976, [그림 8-1] 참조).

사회교육 프로그램의 준거나 프로그램과 관련된 일반체제모델이 전제되어야만 성취와 과정평가의 개념은 물론 사회평가의 의미까지를 이해할 수

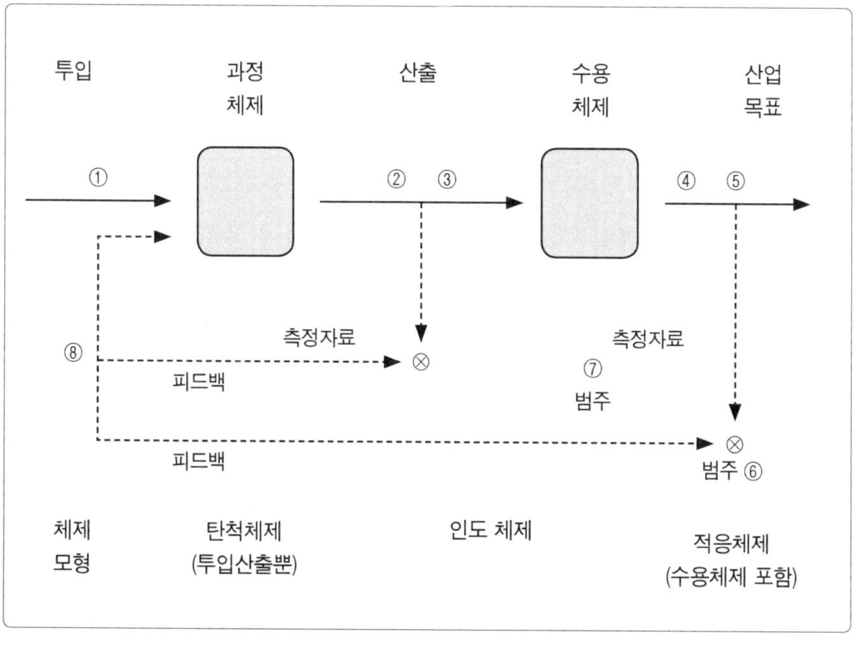

[그림 8-1] 사회교육 프로그램의 일반체제모델

있기 때문이다.

앞에서도 논의하였듯이 사회교육평가는 단순히 학교교육에서 실시되는 학력평가와는 다른 특성을 지니기 때문에 평가절차나 요소 또한 총체적이고 성인학습자의 자기만족적인 특성에 부합되는 의미를 지닌다. [그림 8-1]을 중심으로 일반체제모델을 살펴보고, 이 체제에 따른 평가의 의미를 논의해 보기로 한다. 사회교육 프로그램은 학교교육에서와 같은 투입(input)-과정(through-put)-산출(output)과 같은 단순한 탄척체제(ballistic system)가 아니라, 투입-산출이 또 다른 2차 산출(표에서 ⊗로 제시된 부분)을 유도할 수 있는 인도체제(guided system)와 아예 현장에서의 실행목표나 조직목적까지 수정할 수 있는 적응체제(adaptive system)로 이루어져 있다. 이 점에서 사회교육 프로그램은 이미 사회에 배출되어 현직에 종사하고 있는 산출자이면서 동시에 계속교육을 위한 투입 대상자인 성인을 교육시킨다는 점에 유의하여야 한다. 즉, 투입과 산출의 양면적 속성을 동시에 지닌 성인을 대상으로 하는 사회교육 프로그램은 단순한 투입-산출의 체계라기보다는 사회에서 현재 필요로 하는 기술과 능력을 신장하려는 측면과 직업현장에서 목표로 삼고 있는 인력의 개발이라는 점이 평가의 의미에 포함되어야 한다. [그림 8-1]에서의 수용체제는 산업체나 직장을 의미하며 과정체제는 학습과정을 뜻한다. 또한 과업목표란 개인 차원이나 사회의 차원에서의 목표수행을 의미한다. 그러므로 사회교육평가를 위한 준거는 수용체제와 관련된 사회적 평가의 의미와 성인학습자의 학습행위와 관련된 성인학습평가의 복합적 의미를 지닌다.

사회교육평가의 개념은 ① 성인학습자의 투입, ② 교수학습, 학습장면, 코스 혹은 훈련부서 등과 관련된 과정, ③ 성인학습자의 산출(학습자의 성인), ④ 직장, 학교체제의 업무목표, ⑤ 수용체제의 업무목표, ⑥ 업무목표의 성취와 관련된 평가, ⑦ 과정체제의 질과 양의 평가, ⑧ 업무목표의 성취와 과정체제에서 나타난 산출에 대한 피드백(feedback) 등 일반체제의 전 과정을 포괄하는 의미를 지닌다. 따라서 사회교육평가에서 고려되어야 할 기능은 학교교육에서의 평가와는 달리 격리개념(isolation concept)이 아니라 산출-투입-재산출-재투입의 역동적이고 순환적 기능을 수행한다는 특성을 지닌다. 또한 보편성과 사회적 요구에 따른 자료나 범주에 의해 평가기능이 통제될 수 있다는 특징을 지닌다.

Nevo(1983)는 교육평가의 개념정의를 비교적 포괄적으로 하고 있는데, 대개 ① 평가의 의미, ② 평가의 기능, ③ 평가의 대상, ④ 평가를 위한 정보의 종류, ⑤ 평가의 준거, ⑥ 정보의 사용자, ⑦ 평가의 절차, ⑧ 평가의 방법, ⑨ 평가 실시자, ⑩ 평가의 평가 등을 고려하여야 평가의 개념이 충실하고 타당하게 정의될 수 있다고 주장한다(Nevo, 1983).

이러한 교육평가 개념에 따라 사회교육평가를 생각해 본다면, 사회교육평가란 개인이나 집단이 사회교육의 목표를 통해 이룩한 공적(merit) 또는 가치(worth)에 대한 사정(assessment) 결과를 체계적으로 기술하는 것이라고 정의할 수 있다. 이러한 점에서 볼 때 사회교육평가는 모든 사회교육활동을 평가하는 형성평가와 총괄평가에 해당되며, 또한 복합적인 평가의 준거가 제시될 수 있다.

2) 사회교육평가의 준거

사회교육평가는 앞서 논의된 대로 투입과 관련된 일차적 준거, 그리고 산출과 관련된 삼차적 준거 등을 포함한 총괄적인 의미를 지닌다. 사회교육평가의 준거는 사회교육 프로그램의 특성이나 대상자, 그리고 기간 등의 요인에 따라 다양하다 하겠으나 대개 공통된 준거는 효과성, 효율성, 적정성, 형평성, 대응성, 적절성 등을 들 수 있다(Dunn, 1981). 뿐만 아니라 책무성(accountability)과 의사결정(decision-making)에 따라 목적, 설계, 과정, 산출결과 등을 평가하는 준거도 가능하다(Stufflebeam, 1975). 이 중 책무성의 범주는 '종합평가'와 관련이 있고, 의사결정은 '형성평가'와 관련이 있다고 보는 것이 일반적 경향이다.

한편, Kirkpatrick(1976)은 사회교육평가에서 네 가지 유형의 평가가 가능하다고 주장한다. 그는 프로그램 진행과정에서 수시로 이루어질 수 있는 반응평가(reaction evaluation), 학습준비도와 학습 후의 결과를 측정하는 학습평가(learning evaluation), 실질적 행동변화를 검증하는 행동평가(behavior evaluation), 그리고 최종적으로 행해지는 결과평과(result evaluation)가 전체적인 사회교육평가라고 보았다(Kirkpatrick, 1976). 이러한 네 가지 유형의 평가는 모두 조직활동 증진의 교육 프로그램활동 증진의 준거가 되어야 한다고 주장한다.

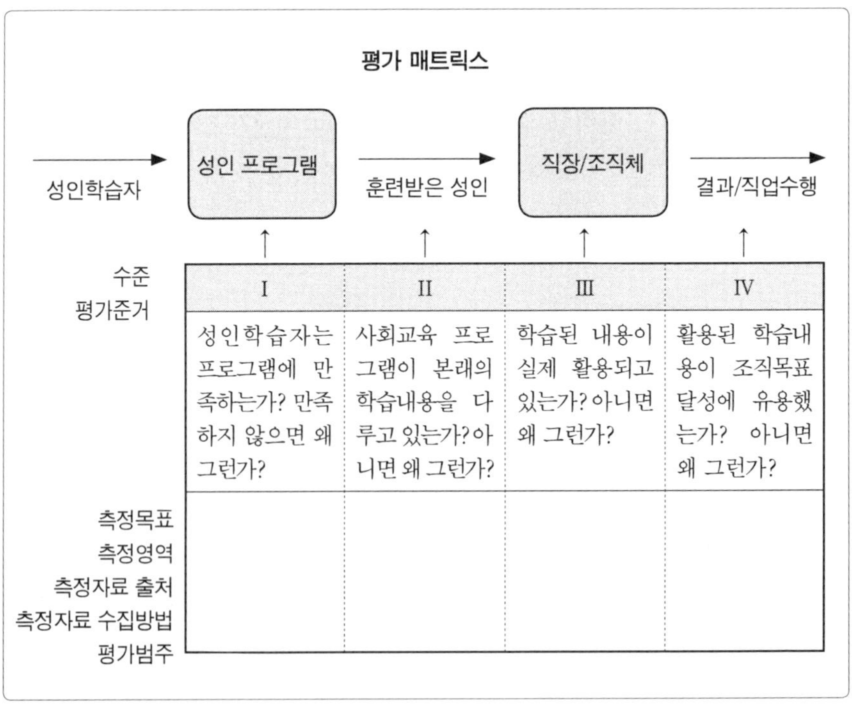

[그림 8-2] 사회평가 매트릭스 모형

출처: Baird (1983), p. 198.

물론 사회교육평가를 위한 준거는 학자들에 따라 약간의 차이가 있지만 대개 사회교육 프로그램의 목표, 과정, 결과 및 실제 활용수준과 관련된 요인이라고 할 수 있다.

여기서는 사회교육평가의 준거모형을 평가 매트릭스(evaluation matrix)에 근거하여 제시하고자 한다. 이 준거모형은 사회교육평가의 수준을 네 가지로 설정하고 각 수준마다 6요인에 대한 측정을 시도하고 있다(Baird, 1983: 198-200).

4단계 수준은 다음과 같다. ① 성인학습자가 사회교육 프로그램에 만족하는가? ② 성인학습자가 사회교육 프로그램을 통해 학습하고 또 이러한 학습이 제대로 이루어지고 있는가? ③ 성인학습자는 사회교육 프로그램을 통해 배우고자 하는 개념과 기술을 습득하는가? 아니면 학습욕구와 무관한 내용을 습득하고 있는가? ④ 조직체(기업 혹은 산업체)는 성인학습자가 습득한 학습내용을 통해 조직목표를 효율적으로 달성할 수 있는가? 이러한 네 가지 준거에 따라 효율성, 효과성, 적정성, 형평성, 대응성 그리고 적절성 등이 평가된다.

사회교육평가에서 제시하는 평가의 준거에 따라 일반적으로 ① 어떤 문제점에 해답을 얻고자 하는가? ② 이러한 질문에 대한 해답을 얻을 수 있는 측정은 어떤 것이어야 하는가? ③ 측정하고자 하는 학습이나 실습 영역은 무엇인가? ④ 측정을 용이하게 할 수 있는 자료의 출처는 무엇인가? ⑤ 측정을 위한 자료수집의 대안은 무엇인가? ⑥ 이러한 질문에 적용할 수 있는 평가범주는 무엇인가? 등을 검토해야 한다. 이러한 질문들은 준거와 프로그램의 특성에 따라 수준과 정도를 설정하여 검토되어야 한다.

앞서 제시된 평가 매트릭스를 실제 적용해 보면 다음과 같은 몇 가지 편리한 점이 있을 수 있다.

첫째, 네 가지 수준에 따라 무엇을 어떻게 평가할 것인지를 결정할 수 있다.

둘째, 네 가지 수준에 따라 학습내용이 제대로 설정되고 있는지를 결정

표 8-1 사회교육평가의 준거

준거의 유형	질문	예시적 준거
효과성 (effectiveness)	가치로운 산출이 성취되었는가?	교육효과평가
효율성 (efficiency)	교육을 위해 어느 정도의 노력이 투입되었는가?	교육비용/수익률
적정성 (adequacy)	교육결과에 의해 문제해결이 어느 정도 이루어졌는가?	문제해결 능력평가
형평성 (equity)	비용과 효율이 개인 혹은 집단 간에 공평하게 배분되었는가?	교육기회 및 자원 배분 준거 평가
대응성 (responsiveness)	조직의 목표, 집단의 필요 등을 프로그램을 통해 만족할 수준으로 달성했는가?	사업체/조직체의 교육목표 달성 여부
적절성 (appropriateness)	기대된 산출이 실제로 가치로운가?	적절성을 제외한 모든 준거의 검증

출처: Dunn (1981), p. 343 참조.

할 수 있다.

셋째, 실제 사회교육 프로그램 운영을 할 때 조직으로부터 지원을 받을 수 있는 계기가 된다.

넷째, 평가 매트릭스에 준하여 평가를 하게 되면 잘못된 평가를 재조정하거나 개선할 수 있다.

일반적으로 사회교육평가를 위한 준거의 제시와 과정의 설정에도 불구하고 실제 현장에서 평가를 하게 되면 평가가 쉽지만은 않다고 생각할 수 있다. 그러므로 평가를 위한 준거 활용 외에도 다음과 같은 몇 가지 유의점을 고려해야 한다.

첫째, 사회교육 프로그램과 활동에 대한 주요한 요소들을 기술해 두어야 한다. 단순히 프로그램의 내용만을 중요시하게 되면 올바른 평가가 이루어질 수 없다.

둘째, 사회교육 프로그램은 대상과 영역 및 교육욕구 수준에 따라 매우 다양하므로 획일적이고 표준화된 평가설계는 있을 수 없다. 이 점에서 사회교육 프로그램 상황에 따라 그 상황에 가장 적절한 평가설계가 필요하다는 점을 유의할 필요가 있다.

마지막으로, 어떤 사회교육 프로그램을 운영하는 데 있어서도 자연적으로 발생하는 평가의 기회나 단서가 있을 수 있다는 점을 항상 염두에 둘 필요가 있다. 이 점에서 사회교육평가는 준거에 의한 '준거중심평가(matrix-based evaluation)'와 '상황중심평가(situation-based evaluation)'의 이중적 평가가 이루어져야 한다는 것이다.

2. 사회교육평가의 유형과 절차

사회교육 프로그램의 다양성 때문에 사회교육평가의 종류도 다양할 수 있다. 그러나 사회교육평가는 표준화된 평가와 표준화 이외의 평가로 대별할 수 있고 개인평가와 집단평가, 그리고 범주중심평가와 상황중심평가 등으로 대별할 수 있다. 평가의 설계 면에 있어서도 통제집단 평가설계(control group evaluation design), 전환 혹은 ABA 평가 설계(reversal or ABA design), 다면적 평가설계(multiple baseline design) 그리고 선-후 측정설계('before and after' measurement)에 따라 달라질 수 있다.

1) 사회교육평가의 유형

사회교육평가의 유형은 사회교육 프로그램의 대상, 기간, 내용 등에 따라 구분할 수 있다. 그러나 일반적으로 개인평가와 집단평가, 준거평가와 상황평가, 그리고 사회교육 프로그램 실시 전 평가와 사회교육 프로그램 실시

후 평가로 대별할 수 있다. 또한 학습자의 특성과 교육욕구가 다르다는 점에서 '성인교육평가'와 '계속교육평가'로 구분할 수 있다.

(1) 개인평가

어떤 교육 프로그램의 결과에 대한 검증이든지 개인학습자의 행동변화와 기술습득, 인지수준의 증가 등에 관심을 두는 것은 당연하다. 사회교육평가에서 개인평가는 학습의 목표, 과정, 결과에 대한 개인의 성취 수준을 검증하기 위한 평가의 방법이다. 특히 사회교육 프로그램은 교육내용에 따라서는 개인중심의 자기주도적 학습(self-paced learning)이 많기 때문에 평가에 있어서도 다양한 개인중심의 평가가 활용되고 있다. 개인중심의 평가방법으로서는 ① 표준화 검사, ② 교수자 검사 혹은 특수검사(tailor-made test), ③ 실행검사(performance test), ④ 사례검사, ⑤ 산출검사(student products test), ⑥ 교수평가, ⑦ 직업실무 검사 등 비교적 다양한 방법을 활용하고 있다. 이때 주로 고려되고 있는 점은 주제에 관련된 지식, 개인의 학습태도의 특성, 학문적 성취수준과 교육수준, 적성, 흥미 그리고 기술 등에 관한 영역으로서 주로 사회교육 프로그램의 학습 전 검사와 프로그램 학습 이후의 검사 이외에도 학습 도중 스스로 평가해 볼 수 있는 수시검사가 이루어지고 있다. 특히 최근 들어서는 컴퓨터를 활용한 온라인(on-line) 평가와 다중매체 학습자료에 의한 자기평가방법이 발달되어 다양한 접근을 통한 자기평가가 이루어지고 있다. 이 평가방법에는 자기주도적 평가는 무엇이든 활용될 수 있고 자기검증평가의 일종인 AVL 가치검사(Adult Value Laboratory)로부터 삶의 형태평가(life-style evaluation), 그리고 24시간 기술평가(24-hour diary) 방법 등 다양한 기법 등이 개인평가에 해당된다(Kotter & Faux, 1971, 이현청, 2011).

(2) 집단평가

집단평가는 대개 집단사회교육 프로그램에 대한 평가로서 개인평가와 병행되는 경우가 많다. 개인평가가 개인의 성취 수준을 측정하는 데 반해, 집단평가는 개인의 성취 수준에 대한 검증보다는 집단의 성취 수준에 관심을 갖는 평가유형이라고 볼 수 있다. 특히 집단평가의 경우에는 사회교육 프로그램에서 준거집단이 되는 특정집단 혹은 통제집단의 성취 수준과 비교하는 평가라 할 수 있다. 때에 따라서는 조직의 목표와 변화과정을 측정 · 검토함으로써 집단의 교육효과를 평가하는 방법을 사용한다.

집단평가의 유형은 대개 4~5명의 토론중심그룹에 의한 집단평가, 학습자 상호평가 혹은 동료평가(peer evaluation), 전체 그룹의 표준화된 측정(group standardized evaluation)이나 검사에 의한 평가, 그리고 사회교육목표에 의한 부분적인 집단평가(subgroup checking) 등이 주로 활용되고 있다. 이때 유의해야 할 사항은 평가의 목적을 명확히 해야 한다는 점과 평가설계를 다양하게 해야 한다는 점 이외에도 학습의 성취 여부, 학습결과의 활용 여부, 그리고 학습효과가 조직의 변화를 가져다주었는지 여부를 분명히 평가할 수 있어야 한다는 점이다.

(3) 범주중심평가

사회교육평가의 유형 중에서도 범주에 따른 평가는 사회교육 프로그램의 설정과정이라 할 수 있는 목표-과정-평가를 총체로 다루는 평가라고 볼 수 있다. 이 유형의 평가는 타 평가와 달리 비교적 엄격한 기준(norm)에 의해 평가된다는 특징이 있다. 일반적으로 범주로 제시되고 있는 요인은 무엇을 평가할 것인가와 관련된 사회교육 프로그램 운영 전반에 내재된 문제들을 평가한다. 예컨대, 지원체제, 지각된 욕구, 집단의사결정, 스케줄, 장소 등을 프로그램 실시 직전 혹은 진행 중에 실시하는 평가가 범주중심평가의 일례라 할 수 있다. 범주중심평가는 목표평가, 과정평가 그리고 평가의 평가로 구분할 수 있는데 대개 프로그램 실시 전이나 진행 중에 실시하는 평가와 프로그램 후 평가로 대별된다. 프로그램 실시 전에는 앞서 예로 지적한 바와 같이 지원체제, 특히 조직체의 준비도, 사회교육 프로그램 학습자들의 학습집단 형성에 대한 평가, 스케줄에 대한 검증, 사회교육 프로그램이 행해지는 장소, 그리고 조직체와 개인인 학습자들의 욕구진단 등을 범주로 설정한다. 사회교육 프로그램 실시 이후의 평가범주로는 실제 직업장면에서의 활용도, 실제 직업장면에서의 활용도를 측정하기 위한 도구, 사회교육 프로그램 이후 실제 활용의 기회가 부여되었는가의 기회 수준, 의사소통의 원활한 적용 등을 들 수 있다.

특히 범주중심평가는 계속교육 프로그램의 평가에서 필요한 평가라고 할 수 있다. 계속교육 프로그램의 대상자와 목적이 자격증이나 전문성 혹은 이해중심(competency based)이라는 점에서 보다 범주화되고 표준화된 평가가 요구되기 때문이다.

(4) 상황중심평가

범주중심평가가 설정된 준거와 범주에 의해 계획된 일정에 따라 엄밀히 행해지는 것과는 달리, 상황중심평가(situational evaluation)는 비교적 학습자나 교수자가 수시로 필요에 따라 행할 수 있는 평가다. 상황중심평가는 학습자가 학습진행사항을 점검하기 위해 하는 경우도 있으나 교수자가 프로그램을 운영하는 과정에서 예기치 않은 변화가 생겼을 때 시행하는 경우도 있다. 특히 상황중심평가는 프로그램의 수정이 필요할 때, 혹은 학습자나 교수자에게 프로그램 수행을 저해할 수 있는 요인이 발생했을 때 수시로 상황에 대해 실시하게 된다.

상황중심평가의 예로서 학습진도에 예기치 않은 변화가 있을 때 시행할 수 있는 진도평가(pace-test), 학습자료가 지나치게 난해하거나 수월할 때 할 수 있는 자료 테스트(material-test), 학습집단 내의 학습 불능 상태일 때 시행하는 집단검사(group test), 성인교육자와의 문제가 발생할 때 행할 수 있는 훈련자 검사(trainer–test), 그리고 사회교육 프로그램이 행해지고 있는 장소와 관련된 관리검증(house-keeping test) 등을 들 수 있다(Stevenson, 1980). 상황중심 평가는 성인교육평가에서 널리 활용될 수 있으며 문제중심(problem–based)교육이나 상황중심(situation–based)교육에서 활용할 수 있다.

물론 평가의 종류에는 전통적 구분에 따른 형성평가(formative evaluation)와 총체적 평가(summative evaluation)도 중요시되고 있다.

2) 사회교육평가의 절차

사회교육평가의 절차는 공식평가이든 수시로 행해질 수 있는 비공식평가(informal evaluation)이든 절차가 있기 마련이다. 그러나 비공식평가의 경우에는 반드시 엄격한 절차를 거칠 필요가 없다. 사회교육평가의 절차는 대개 몇 단계를 설정하고 있지만 우선 누구를 평가할 것인가에 따른 대상과 시기에 대한 결정이 이루어지는 것이 순서다.

(1) 평가시기의 선정

시기의 결정은 공식적인 평가일 경우에는 프로그램 실시 전과 후에 실시하는 경우도 있고, 목적, 과정, 결과 그리고 실제 적용 결과를 포함하여 5회 정도 실시하는 경우도 있다. 그러나 비공식평가의 경우는 만족할 만한 자료(happiness data)가 얻어질 경우에는 한 번에 그치는 경우도 있다. 그러나 〈표 8–2〉에 예시하였듯이 몇 차례의 평가를 실시하는 것이 일반적이다.

평가의 시기선정은 다음 〈표 8–2〉와 [그림 8–3]에서 제시하였듯이 형식적 평가와 비형식적 평가 등으로 구분하여 투입–산출과정에서 수차례 혹은 최소한 한 차례 정도의 평가를 실시하여야 한다.

표 8-2 사회교육평가 설계의 활용

설 계	사회교육 프로그램 평가 활용도	평가시기
통제집단 평가설계	낮음	조직의 통제요인이 지속적으로 통제집단과 교육집단에 존재할 때
전환/ABA 평가설계	적절 수준 (중간 수준)	프로그램의 중요한 요소를 중단시켜야 할 필요가 있을 때
다면적 평가설계	높음	영역별로 사회교육 프로그램을 실행할 필요가 있을 때
전-후 측정설계	상황에 따른 활용	직무수행에 영향을 끼칠 가능한 요인이 없을 때 또는 타 평가설계를 활용할 수 없을 때

출처: 한국교육개발원(2011). 고등교육 통계자료집.

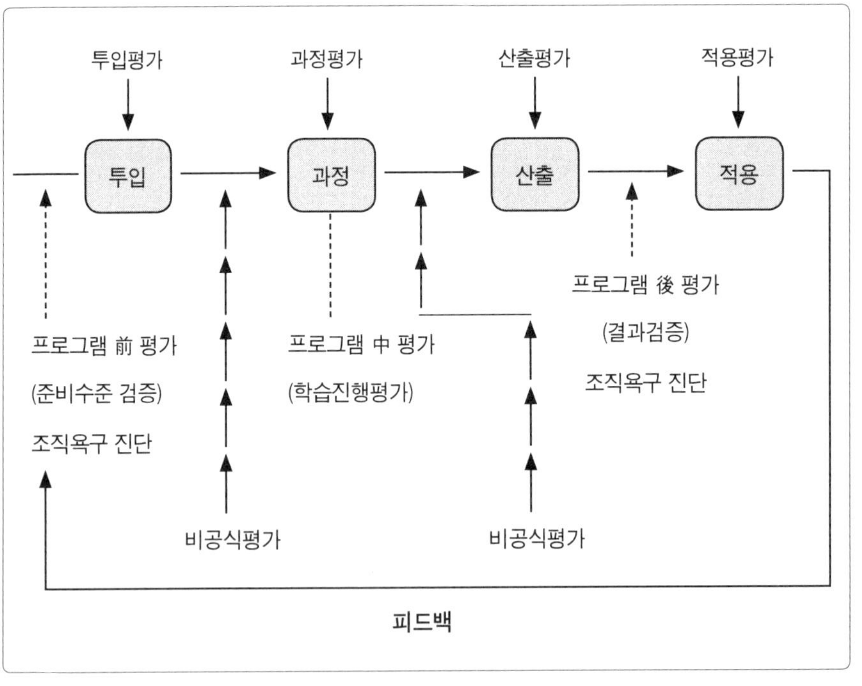

[그림 8-3] 평가의 시기와 평가유형

(2) 평가 대상자의 선정

평가시기가 고려됨과 동시에 누가 평가를 받아야 될 것인가를 결정하는 평가 대상자의 선정이 이루어져야 한다. 평가 대상자는 사회교육 프로그램의 종류, 그리고 시기와 내용 등에 따라 다양하지만 일반적으로 평가 대상자에 필히 포함되어야 할 사람은 다음의 대상자들이라 할 수 있다.

- 사회교육 프로그램의 참가자
- 사회교육 프로그램의 교육담당자
- 사회교육 프로그램의 요원(지원인사)
- 사회교육 프로그램위원회
- 외부전문가
- 교육 프로그램 관리위원
- 지역사회 대표

이러한 대상자들은 사회교육 프로그램의 실제 참여자들일 수도 있고 관련자나 교수자(敎授者)이기도 하기 때문에 평가를 받는 대상자이지만 동시에 교육을 한 결과에 대해 평가를 하는 평가자들이기도 하다. 따라서 이들은 사회교육평가에서 고려되어야 할 대상이다.

(3) 평가도구의 목표설정

평가를 하기 위한 시기와 대상이 고려된 다음에는 실제 평가를 위한 목적이 설정되어야 한다. 이때 목표가 설정되면 이에 따른 세부목적(objectives)이 선정되고 이에 따라 평가도구가 설정된다. 평가도구 설정을 위한 목적은 조직의 풍토와 체계에 관련된 목적, 욕구와 흥미와 관련된 목적, 프로그램 설계와 관련된 목적, 프로그램 운영과 관련된 목적, 프로그램 평가와 관련된 목적, 그리고 교육목표(educational goals)와 관련된 목적 등을 고려하여야 한다.

① 사회교육 프로그램 운영과 관련된 목표

사회교육 프로그램 운영과 관련된 목표는 조직풍토와 조직체제(structure)와 관련된 목표, 교육 욕구 및 흥미와 관련된 목표, 목표와 목적의 개념을 설정하는 것에 관한 목표, 프로그램 설계와 관련된 목표, 프로그램 운영과 관련된 목표, 평가와 관련된 목표 등이 평가도구 선정과정에서 검토되어야 한다(〈표 8-3〉 참조).

② 사회교육목적과 관련된 목표

사회교육목적과 관련된 목표는 일반교육이 그러하듯 사회교육을 통해 행동변화를 가져올 수 있고 바람직한 수준의 지식과 기술을 습득했는가의 여부를 검증하는 일이다. 이와 관련된 요인들은 대개 지적 성장발달, 문화적 기초 습득, 신체적 · 정신적 건강유지, 경제적 자립 등의 목표와 관련되어 있다(French et al., 1967: 88).

평가도구를 선정하기 위해서는 사회교육의 목적과 관련된 요인들과 프로그램 운영과 관련된 요인을 고려하여 사회교육 프로그램의 평가가 이루어져야 한다. 그러므로 앞서 제시된 목표에 대한 평가도구가 설정되는 것이 바람직하다.

특히 사회교육목표와 관련해서도 사회평등과 교육기회의 개념을 감안한 평가도구의 설정에 유의해야 한다.

(4) 평가자료 수집방법 선정

일단 평가도구가 선정되면 선정된 평가도구에 따라 수집이 이루어져야 한다. 자료 수집방법은 사회교육 프로그램의 참가자라 할 수 있는 사회교육 담당자인 성인교육자와 성인학습자, 자원인사, 외부전문가, 사회교육 행

표 8-3 사회교육평가를 위한 목표유형

분 류	관련영역별 목표	세부 평가목표
프로그램 운영과 관련된 목표	1) 조직풍토와 체제 목표	① 사회교육을 위한 역동적 정책을 유지하기 위한 사항 ② 사회교육 참여자의 적절한 의사결정과 학습관리를 위한 사항 ③ 탁월한 서비스를 제공하기 위한 사항 ④ 성인학습 분위기를 유지하기 위한 사항
	2) 욕구와 흥미에 관한 목표	① 사회교육 프로그램이 최근의 개인적 욕구와 흥미, 조직욕구, 지역사회 욕구에 부응하는가에 관한 사항
	3) 목적개념 설정에 관한 목표	① 프로그램에 적절한 최근의 목적설정이 이루어졌는가에 관한 사항 ② 현재 프로그램을 지도할 수 있는 목표설정 여부에 관한 사항
	4) 프로그램 설계에 관한 목표	① 프로그램 설정의 질을 유지하기 위한 사항 ② 의도된 욕구와 목적에 부합되는가를 검증하기 위한 사항
	5) 프로그램 운영에 관한 목표	① 최상의 사회교육자를 유치하기 위한 사항 ② 성인학습에 적합한 물리적 환경을 유지하기 위한 사항 ③ 교육목표를 달성하기 위한 행정지원에 관한 사항 ④ 적절한 재정지원에 관한 사항
	6) 프로그램 평가에 관한 목표	① 프로그램 질관리 전반에 관한 사항 ② 효율적인 사고 배양 ③ 중요한 정보, 아이디어, 원리의 습득 ④ 효율적인 작업기술과 습관 형성 ⑤ 사회문제에 대한 감각, 미적 경험의 증진 ⑥ 인식한 사고보다 사회적 사고의 신장 ⑦ 미적, 예술적, 음악적 감상 능력 증진 ⑧ 가치와 성숙된 홍미의 증진 ⑨ 사회적응능력의 증진 ⑩ 신체적 건강증진 ⑪ 삶의 철학 정립

출처: Knowles (1983), pp. 205-209.

정가 그리고 지역사회 인사들로부터 수집할 수 있다. 수집방법으로는 ① 인터뷰, ② 대표위원회의 의견, ③ 질문지, ④ 교수과정에서의 수집, ⑤ 검사 혹은 시험, ⑥ 사례연구, ⑦ 직업수행능력에 대한 기록, ⑧ 사회교육성취 측정기록 등을 들 수 있다.

(5) 평가자료 분석

일단 다양한 평가자료 수집방법에 의해 자료가 수집되면 다음 단계는 자료를 분석하는 일이다. 자료의 분석은 어떠한 방법에 의해 자료가 수집되었는가에 따라 질적 방법에 의한 분석도 가능하고 양적 방법에 의한 분석도 가능하다. 일반적으로 성취 수준을 분석하는 방법과 기술습득 정도를 측정하는 분석방법 등으로 대별된다.

(6) 자료의 활용

마지막 단계는 평가자료를 실제 장면에 활용하고, 필요에 따라서는 사회교육 프로그램 목표설정 과정에 기초자료로서 활용한다. 사회교육 프로그램 평가의 중요한 목표 중 하나는 자료를 실제장면에 활용하고 활용과정에서 피드백이 될 수 있는 것이 무엇인가를 결정하는 일이다. 자료 활용을 통해 사회교육 프로그램 설정과정에서 제시되었던 조직목표가 어느 정도 달성되었는가를 검증할 수도 있고 필요에 따라서는 재교육 실시를 위한 기초자료로서도 활용할 수 있기 때문이다.

지금까지 여섯 단계의 평가절차를 검토해 보았듯이, 사회교육 프로그램 평가를 위한 단계는 목표설정, 표집, 경험적 설계, 측정, 자료처리 및 분석, 결과의 적용 등으로 구분할 수 있다.

3. 사회교육평가의 쟁점과 실제

1) 사회교육평가의 쟁점

사회교육평가의 실제가 다양하듯이 효과적인 평가가 이루어지기 위해서는 몇 가지 관점에서 진지한 논의가 필요하다(Forest, 1973: 167-177).

첫째, 사회교육 프로그램과 성인학습에 대한 사회적 책무성(accountability)이 더욱 강조되고 있다.

둘째, 사회교육 프로그램에서 성인학습자보다는 성인교육자가 평가를 통제해야 한다.

셋째, 자기주도적 평가보다는 보다 형식화되고 보다 체제적인 평가가 이루어져야 한다.

넷째, 사회교육평가에서 일반 교육체제에서 활용하기 위해 개발한 평가모델에 지나치게 의존하거나 직접 모방하려고 해서는 안 된다.

다섯째, 사회교육에서 일반 학교교육에서와 같이 동일한 교육목표에 의존하고 있다.

여섯째, 사회교육평가에서 측정이나 양적 방법론이 증대하고 있다.

이러한 쟁점들은 사회교육평가에서 많은 논쟁의 여지를 담고 있다. 우선, 사회교육의 책무성과 관련하여 생각해 본다면 사회교육 프로그램은 독립적으로 떼어놓고 생각할 수 있는 성질의 것이 아니라 사회체제라 할 수 있는 가족, 직장, 정치, 경제의 각 영역과 연계되어 있다. 사회교육을 위해 이러한 사회체제들로부터 지원과 자원을 활용받게 됨으로써 사회교육의 결과와 사회적 책임에 대해 평가받게 되기 마련이다. 최근 들어 사회교육평가가 중요시되고 있는 이유 중의 하나는 사회교육의 의의와 소산에 대해 사회적 검증이 필요하다는 점 때문이다(Alkin, 1972; Lee, 1983, Lutz, 1983; Mondale,

1972). 특히 사회교육 프로그램 중에서도 계속교육(continuing education)과 전문인 계속교육(professional continuing education) 프로그램의 경우에는 자격증 갱신과 밀접한 관련성이 있기 때문에 사회적 책무성 문제가 극히 중요시되고 있다. 미국의 경우를 비롯한 선진국에서는 전문직에 대한 재교육을 강화시켜 의무화하고 있는 추세이므로 이들에 대한 사회교육평가도 강화해 가는 경향이다.

두 번째의 사회교육자가 평가를 관리 통제하여야 한다는 견해도 사회적 책무성과 관련하여 생각해 보아야 한다. 사회교육은 학교교육과 비교해 볼 때 질적인 면에서 문제가 있을 수 있는 가능성이 높다. 따라서 사회교육평가가 강화되어야 한다는 주장이 나올 수 있다. 특히 평가과정의 관리, 평가의 설계 및 목표설정은 전문가나 사회교육 담당자가 관리 · 통제하여야 한다는 것이다(Boyle, 1970; Scriven, 1967).

세 번째의 쟁점인 사회교육평가의 체계화와 형식화에 관련하여서도 사회교육이 자기주도적 자발학습에 의존한다는 점 때문에 평가를 보다 제도화 혹은 형식화하고 체계화해야 한다는 것이다. 물론 비형식적 평가나 형식적 평가는 모두 다 중요하지만 자기주도적인 비형식적 평가보다는 보다 체계적이고 공식화되어 있는 형식적 평가가 강조되어야 한다는 것이다.

네 번째의 쟁점인 초 · 중등학교의 평가모델을 사회교육 평가모델로 활용한다는 문제도 성인교수자가 학습을 통제하기 위해서는 평가모델을 직접 모방하거나 원용하여야 한다는 견해다(Knowles, 1983; Knox, 1977). 이는 사회교육에서 가장 중요한 쟁점인 사회교육을 정규교육의 강제적 연장으로 보느냐 그렇지 않으면 자발학습으로 인식하느냐와 관련된 문제라 할 수 있다. 즉, 초 · 중등학교의 평가모델을 사회교육평가의 모델로 활용해야 된다는 견해는 다분히 사회교육을 정규교육의 강제적 연장교육으로 보는 견해와 부합되기 때문이다. 그러나 Rippey(1973)와 Brack(1978) 등은 사회교육학습에 부합되는 평가모델을 개발하고 있다(Rippey, 1973).

이와 관련된 쟁점의 하나는 교육목표 설정인데, 사회교육목표 설정은 사회적 책무성, 교육자의 통제, 공식적 평가 등과 밀접한 관련성이 있으며, 같은 맥락에서 사회교육목표가 성취되었는가를 확인하는 작업이 사회교육평가라고 보고 있다(Houle, 1980; John, 1973; Knowles, 1986).

특히 Bobbit(1974)과 Tyler(1952) 등은 공식교육에서의 평가를 다음과 같이 정의하고 있다(Bobbit, 1974). 평가과정은 본질적으로 교육목표가 커리큘럼과 교수에 의해 실질적으로 실천되었는가를 결정하는 과정이다.

그리고 사회교육평가에서의 양적 방법론의 증가와 측정 및 자료수집 기술의 확대는 최근 들어서는 컴퓨터의 발달과 밀접한 관련성이 있다고 할 수 있다. 교육목표가 성취되었는가를 측정하기 위해서 계량화(計量化)하는 것은 어쩔 수 없는 추세지만, 지나치게 수량화하고 계수에 집착할 경우 사회교육 프로그램에서 간과해서는 안 되는 성인학습의 인지적 측면과 동기 및 정서적 측면에 관련한 평가가 왜곡될 가능성을 배제할 수 없다. 특히 컴퓨터기법에 의존할 경우에는 객관도, 난이도, 신뢰도, 타당도 등이 통제될 수 있는 이점이 있기 때문에 평가를 위한 객관적인 자료를 습득할 수는 있지만, 측정자료가 어느 정도 전문가에 의해 제작되었는가에 따라 오류의 가능성도 검토해야 한다.

지금까지 몇 가지 관점에서 사회교육평가의 쟁점을 살펴보았다. 사회교육평가의 사회적 의미와 교육적 의미는 매우 크다 하겠으나 그것이 얼마만큼 '프로그램의 가치'를 측정하는가에 대해서는 또 다른 각도에서 임밀한 검토가 요구된다 하겠다(Knowles, 1986; Lee, 1987).

2) 사회교육평가의 실제

사회교육 프로그램 평가의 실제는 프로그램 특성에 따라 학습자 평가, 교수자 평가, 시기별 평가, 과정별 평가 등으로 비교적 다양하다. 특히 효율적인 평가(effective evaluation)를 위해서는 [그림 8-4]에 제시된 역동관계와 각 요인이 어떻게 인과되는가에 대해 종합적인 시각에서 검토되어야 한다. 특히 사회교육평가는 일반 학교교육평가처럼 어떤 수준의 성취나 진전에만 의의가 있는 것이 아니고 사회교육 프로그램과 연관된 각 요인 간의 개입과 전이가 교육에 의해서 어떻게 전달(delivery)되는가를 중요시한다.

이 점에서 사회교육평가는 각 수준 간 교육개입에서부터 실제 직업상황에의 활용에 이르기까지의 전달체계를 총체적 입장에서 평가할 때 효율적 평가가 이루어졌다고 볼 수 있다. 이러한 순환과정을 평가함에 있어 [그림 8-4]와 같이 ① 과정평가의 경우에는 사회교육 교수자가 얼마나 잘 사회교육 학습자를 교육할 수 있도록 촉진(facilitate)시켰는가를 점검해야 한다. ② 습득에 관련된 평가는 사회교육 학습자가 사회교육학습에서 담고 있는 내용을 습득하였는가의 유무를 평가해야 한다. ③ 적용과 관련된 평가에서는 사회교육 학습자가 배운 내용을 기술목표(skill objectives)에 적용시켰는가의 유무에 대한 평가를 한다. ④ 전환평가의 단계는 사회교육 학습자가 그들의 기술을 실제 상황에서의 업무나 과업에 전환시켰는가를 검증한다. ⑤ 생산평가의 수준에서는 사회교육 학습자의 과업수행이 증진되어 생산성

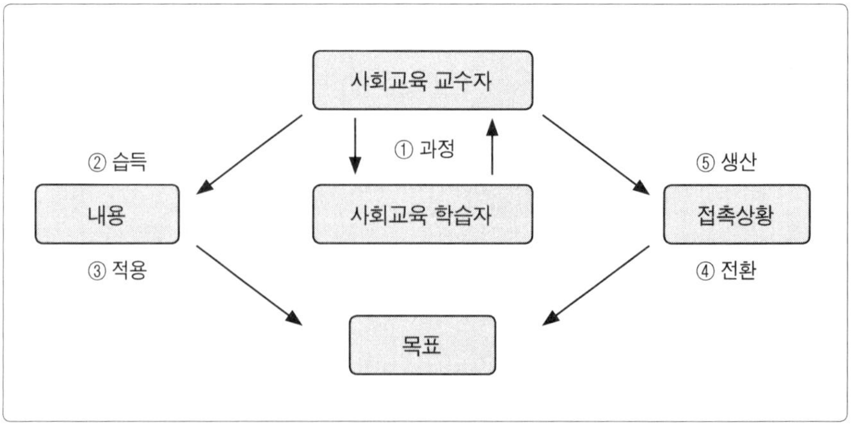

[그림 8-4] 효과적인 인간배출 수준과 평가

중내에 연계되었는가의 유무를 검토하는 단계다(Carkhuff, 1982, 1987). 효과적인 평가는 체계적인 절차에 준하여 각 하위단계별 평가가 이루어져야 하고, 이러한 평가에 의한 종합적 평가가 이루어져야 한다. 이때 중요시되는 요인들은 ① 사실(facts), ② 개념(concepts), ③ 원리(principles), ④ 기술목표(skill objectives), ⑤ 기술단계(skill steps) 등으로서 이러한 요인들이 우선 명확히 설정되어야 한다. 이러한 인간배출 수준과 효과적인 평가에 관한 실제를 예시해 보면 다음과 같다.

〈예시 1〉 기술내용 습득과 수준에 대한 평가

습득 수준	평 가
기술단계	① 신체적으로 직접 참석 여부 ② 관찰 ③ 청취 ④ 내용에의 반응도 ⑤ 감촉적 반응 ⑥ 의미에 대한 반응
기술목표	① 기술에 대한 반응 수준
원 리	① 학습자 상호 간의 상호작용
개 념	① 참석 여부 ② 관찰 ③ 청취 ④ 반응 ⑤ 내용 ⑥ 감촉 ⑦ 의미
사 실	① 두 사람 이상의 상호작용

〈예시 2〉 기술목표 적용 수준에 관한 평가

적용 수준	평 가
자발적 주도	업무수행 전반에 걸친 자발적 적용 여부
통 합	업무수행과정에 통합적으로 적용시키는지의 여부
과 정	업무수행과정에서 적절한 체제과정에의 활용 여부
기 능	업무수행과정에서 체제기능과 요소에의 활용 여부
요 소	적절한 체제요소에만 적용 여부

특히 〈예시 2〉에서의 기술목표 적용 수준에 관한 평가는 실제 업무수행 상황일지라도 개인적 차원에서 활용하는지 그렇지 않으면 소집단 혹은 대집단 상황에서 활용하는지에 따라 결정된다. 또한 기능적 차원에서도 부과된 업무(assigned task)에만 국한해 사용하는지 혹은 어떤 업무에서든 전반적으로 활용하고 있는지에 따라 자발적이고 주도적인 단계로부터 요소단계로 수준을 구분지어 평가하고 있다.

생산성과 관련된 평가를 하나 더 예시해 본다면 생산성 수준을 다섯 단계로 나누어 평정(平定)해 볼 수 있다. 실제 업무수행상에서 사회교육 효과가 생산성에 연결되어 있는가의 여부를 수준에 따라 평가하는 것으로서 평가의 결정 여부는 요인에 따라 수준이 달라질 수 있다.

〈예시 3〉 생산성 수준의 평가

수준	평 가
급격한 증가 (+ +)	조직체의 생산성 증가(+) 조직체의 투입자원 감소(+)
효과성 (○ +)	조직체의 생산성 불변(○) 혹은 조직체의 투입자원 감소(+)
효율성 (○ ○)	조직체에의 생산성 증대(+) 조직체의 투입자원 불변(○) 조직체의 생산성과 투입자원 불편 그러나 균형 유지(○)
현상유지 (○ −)	조직체 생산성 불변(○) 혹은 조직체 투입자원 증대(−) 생산성 감소(−)
감 소 (− −)	조직체 생산성 감소(−) 조직체 투입자원 감소(−)

〈예시 4〉 평가 매트릭스에 의한 사회교육평가의 실제

평가의 목표	평가 내용	측정 영역	자료원	대체자료 수집방법	평가 범주
1. 사회교육 학습자의 만족도, 부적합한 학습 내용	사회교육 학습자들의 학습과정에서의 반응 혹은 학습 후 반응	적정성 불안수준 학습용이도	참가자의 평가, 교수의평가, 질문지	관찰 인터뷰 질문지	
2. 사회교육 학습자료의 적절성, 잘못된 체제, 예시된 학습, 발표, 실습	워크숍 중의 학습자의 실행능력 혹은 학습 후의 실행능력	이해 수준 적용 이해 적용시설 요소들의 활용	학습시간 시범과정에서의 수행능력 발표, 프로젝트 계획, 도구 사용능력 발표	관찰 기록분석 인터뷰 질문지	
3. 설정된 개념의 적절성, 활용개념의 적절성, 개념의 복합성, 개념의 난이성	실행능력 증진, 과제 문제해결 기법, 경영방법 접근	분석 실행계획 결과 제안된 행동 실천에 관한 질문 언어분석 인간경영과정	토론 기록결과, 분석토론기록 결과, 토론 회합자료	관찰 인터뷰 기록분석 검토 질문지법 (비판적 시각)	
4. 개념이 적극적으로 실제 활용되는가 여부, 조직에 영향을 미치는가 여부	문제해결능력, 문제 예견 및 방지, 실행능력 측정	문제설정 분석 행동 결과 예견된 문제진단 분석 행동 산출 측정 임상적 측정	토론 자료 기록 결과, 토론자료 분석 실행자료	질문지 인터뷰 자료분석	

앞에서 몇 가지 예시한 것처럼 효과적인 사회교육평가는 단순히 투입-산출의 도식에 의한 평가를 의미하는 것이 아니라 실제 상황에서의 생산성과 업무수행과도 밀접한 관련성이 있다는 점을 유의할 필요가 있다.

3) 사회교육평가의 실제와 의의

사회교육평가는 개인적 차원에서는 성인학습자의 교육적 욕구(educational need)의 충족 여부를 점검하는 의의를 가질 뿐 아니라 총체적인 교육과정에 대한 확인의 의미를 지닌다. 또한 사회교육 담당자인 성인교육자에게는 교육경험의 조직과 계획에 대한 시사점을 제공해 주는 의의를 지닌다.

사회교육평가의 또 다른 측면은 사회적 의의를 지닌다는 것이다. 일반적으로 평가의 교육적 의미가 학업진행 과정의 진전 여부나 성취 수준을 확인하는 데 있는 것과는 달리, 사회교육평가는 현실 사회생활과 경제발전 및 국가발전과 밀접한 연관성을 보다 직접적으로 지닌다는 것이다. 그러므로 사회교육평가에서는 평가의 사회적 의미를 검증하는 데 소홀해서는 안 된다. 사회교육평가는 사회교육 대상자가 대개 현직에 종사하고 있는 성인들이라는 점에서 현장 직업 상황에서의 생산성 향상, 조직풍토의 개선, 직업적성의 신장 및 효율적인 의사소통에 이르기까지 직접적인 영향을 끼친다는 데 중요한 의의가 있다.

사회교육평가의 의의는 사회적 특성, 산업화 정도 그리고 교육문화와 관련되어 있으며, 그 기법이나 절차가 다양하다는 점에서 평가의 질 관리가 특별히 중요시된다.

사회교육평가에서 논의되고 평가의 의미에 대해서 검토되어야 할 점은 표준화된 측정방법에 의한 평가를 할 것인가 아니면 자작평가(learner-teacher made assessment)를 할 것인가를 결정해야 한다는 점이다. 이러한 결정은 대개 사회교육 대상자들이 어떤 교육적 특성을 지니고 있느냐에 의존하게 된다. 일반적으로 성인기초교육(ABE) 대상자들의 경우에는 사회교육 프로그램 실시 이후 표준화되고 범주에 기초한 평가가 유익하다. 또한 전문계속교육(professional continuing education) 대상자들의 경우에도 자격증 갱신과 서비스 질을 향상시키기 위한 교육목적 때문에 엄격한 평가가 요구된다. 이 점에서 저교육대상자(the undereducated)와 과교육대상자(the overeducated)가 사회교육 대상자인 프로그램의 평가는 규준이 있는 표준화, 공식평가가 바람직하다는 것이다. 그러나 자기주도적 학습에 의존하는 대부분의 성인학습에 있어서는 학습자의 교육적 욕구와 흥미에 따라 수시로 행해질 수 있는 자기주도적 평가가 바람직하다. 여기서 말하는 자기주도적 평가란 학습자의 욕구와 흥미에 따라 수시로 어디서든 행해질 수 있는 평가를 의미한다. 이때의 평가는 대개 자족적 평가(自足的 評價)를 의미하며 사회교육평가론에서는 이러한 추세를 주목할 필요가 있다.

참고문헌

이현청 (2011). 성취중심평가. 교육과학기술부 교육연수원 특강자료(미발간).

Alkin, M. (1972). *Adult education*. ILL: NIU Center.

Baird, L. S. (1983). *The training and development*. Amherst, Mass: HRD Press.

Bobbit, F. (1974). *How to make a curriculum*. Boston: Houghton Mifflin.

Boyle, A. (1970). *Evaluation of adult learning*. New York: Association press.

Brethower, K. S., & Rummler, G. A. (1976). Evaluating training. NSPI. *Improving Human Performance Quarterly*.

Carkhuff, R. R., & Friel, T. W. (1982). *Toward systematic human intervention*. Amherst, Mass: HRD Press.

Carkhuff, R. R. (1987). *Toward systematic human intervention and its implications*. Amberst, Mass: HRD Press.

Cronbach, L. J. et al. (1980). *Toward reform of program evaluation*. San Francisco: Jossey-Bass.

Donald, L. (1976). Evaluation of training. In L. C. Robert (Ed.), *Training and development handbook.* (pp. 18-27). New York: McGraw-Hill.

Dunn, L. (1981). *The learing design process.* Springfield: Learning concert.

Fisher, T. H. (1980). The Florida competency testing program. In R. M. Jaeger, C. K. Tittle (Ed.), *Minimum competency achievement testing: Motives, models, measures and consequences.* Berkeley: McGutchan.

Forest, L. B. (1973, Spring). Program evaluation: For reality. *Adult Education, XXVI, 3,* 167-177.

French, W. et al. (1967). *Behavioral goals of general education in high school.* New York: Russell Sage Foundation.

Hanpton, G. (1973). *Introduction to school evaluation.* S.F.: Jossey-Bass.

Houle, C. O. (1980). Learning design of continuing education, S.F.: Jossey Bass.

Kirkpatrick, D. L. (1976). Evaluation of training. In L. C. Robert (Ed.), *Training and development handbook.* New York: McGraw-Hill.

Knowles, M. S. (1983). *Modern practice of adult education.* New York: Cambridge.

Knowles, M, S. (1987). *Andragogy in action.* New York: Cambraidge.

Knox, A. B. (1977). *Adult development and learning.* S.F.: Jossey-Bass.

Kotter, L. & Faux, A. (1971). *Self-paced evaluation.* SIU Press.

Kotter, J. P., & Faux, V. A. (1978). *Self-assessment & career development.* New Jersey: Prentice-Hall.

Lee, H. C. & Winecoff, L. (1987). *Seven steps, problem-solving, and evaluation.* Columbia: University of South Carolina.

Lutz, J. (1983). Adult education program evaluation. Carbondale: SIU Adult education center report.

Mondale, A. (1972). *Community education program and practices.* Tampa: Florida University press.

Nevo, D. (1983). The conceptualization of educational evaluation: An analytical review of the literature. *Review of Educational Research, 53,* 117-128.

Rippey, R. M. (1973). *Studies in transactional evaluation.* Berkeley, Cal.: McCutchan.

Scriven, J. (1967). *Task-oriented evaluation model.* Northern Illinois University.

Stevenson, G. (1980). Evaluating training daily. *Training and Development Journal.* vol. 18, no. 10.

Tough, A. (1980). Major learning efforts: Recent resench and future directions. *Adult Education, 31*(4), 250-263.

Tyler, R. W. (1950). *Classroom evaluation.* New York: Macmillan.

제9장

전문계속교육론*

인류에게 지대한 영향을 끼친 중대한 변화들은 대개 우리의 사고와 행동 속에서 점진적으로 일어나고 있기 때문에 이러한 변화들이 중요했다는 사실은 단지 회고를 통해서만 밝혀지게 된다.

비록 이러한 과정에서 소용돌이와 변화 그 자체를 거역하려는 저항이 있기는 하나 개개인의 수많은 결정에 의해 우리의 생활방식 속에서 변화가 발생해 왔다. 예를 들면, 미국의 경우, 인구의 이동은 동부에서 서부로, 남부에서 북부로 혹은 농촌에서 도시로, 그다음에는 교외로 이동하는 등의 전혀 예견치 못한 변화를 가져왔다. 또한 농업 분야에서 공업 분야로, 그다음에는 서비스업으로, 고립주의에서 국제주의로, 시민국가에서 근대화된 국가로, 자유경제에서 통제경제로의 변화들이 이러한 예에 속한다.

더구나 이러한 변화들뿐만 아니라 또 하나의 중대한 변화가 발생해 왔다는 것을 이제야 깨닫기 시작하고 있다. 즉, 모든 아동과 청소년이 6세부터 자기 능력이나 재정적 상태에 따라 유치원 교육부터 단계적으로 교육을 받던 학교교육 중심사회(common school society)에서부터 일생 동안 교육을 계

---

* 이 장은 시카고 대학교의 Cyril O. Houle 교수의 「The nature of professional continuing education」을 의역하여 실었다.

획하고 학습할 수 있는 평생교육사회(learning society)로 변화하였다는 점이다. 이 장에서는 전문직업교육을 받은 후의 특정기간에 중점을 둘 것이지만 이 기간이 일생의 대부분을 차지하고 있다는 점을 인식해야 한다.

1950년대에는 성인교육을 필요로 했던 대상이 학교교육의 혜택을 받지 못한 사람들이었다. 따라서 성인교육의 커리큘럼은 6세와 10대 후반 혹은 20대 초반에서 필요로 하거나 성취할 수 있는 과업을 위주로 한 것들이었다. 미국의 경우, 몇몇 관심 있는 학자들과 더불어 대학에서 주로 이런 교육을 많이 했다. 이러한 교육들은 학습의 양은 많았으나 아직도 채 완성되지 않은 미숙한 결과를 초래하였다. 일단 학생이 지식으로 적당하게 채워졌다고 여겨지면 졸업식을 맞게 되며 그 졸업식에서 지금까지의 학습은 단지 시작에 불과하다고 말하는 연설자의 말을 듣게 된다. 그러나 그때에 젊은 졸업생들이나 교사들이나 심지어 연설자까지도 하나의 예식적인 것이라 간주된다. 그리고 학교교육의 어느 초기 단계에서 실패했기 때문에 야간학교나 방송통신교육과정의 공개강좌 혹은 이른 아침 TV 강좌 등에서 제2의 기회를 부여받게 될 불우한 사람들을 제외하고는 이러한 졸업식을 통해 공식적으로 교육은 끝났다는 생각을 가지게 된다.

1940년 후반 두 가지 근본적인 사실이 명백해졌다. 첫째는 계속교육에 참여하는 개인의 동기 중 사회경제적 요인이 가장 밀접한 관련이 있다는 점이다. 즉, 개인의 사회경제적 요인에 의해서 학생의 학교교육 수준이 결정되며, 또한 인간은 많이 배울수록 더욱더 배우기를 원한다는 학습욕구설의 입장이다. 둘째는 성공적이고 혁신적인 사람들은 다른 사람에 비해서 계속교육에 참여하려는 경향이 있다는 점이다. 이 점에서 성인교육은 과거의 학교교육에서의 부족한 면을 보충해 줄 뿐 아니라 개개인이 받아 왔던 학교교육을 질적 · 양적으로 보충하는 기능을 한다는 점이다.

1. 전문계속교육의 목표

전문계속교육(professional continuing education)의 목표는 무엇인가? 어떤 사람들은 전문계속교육의 목표를 '계속해서 새로운 발전을 꾀하는 것'이라는 슬로건 아래 아주 단순하게 여기는 사람도 있으나 대부분의 학자들은 몇 가지 목표가 동시에 추구되어야 하며, 이 목표를 추구하는 과정이 매우 힘이 든다는 것을 깨닫고 있다. 특히 어떤 문제는 연구하면 할수록 더욱 복잡해지는 경우가 있는데 전문계속교육의 목표도 이러한 경우에 해당된다.

전문계속교육의 목표는 일반적으로 여덟 가지로 정의할 수 있다.

첫째, 선택한 직업에서 과업을 책임 있게 수행하는 데 필요한 지식을 추구한다.

지난 10여 년 간 여러 직업에서 얼마나 많은 변화가 발생했는가를 한 번 생각해 보자. 초기에는 지구 주위의 궤도에 인간을 보내는 것을 배웠고 말엽에는 인간을 달에 보내게 되었다. 내과와 외과의사들은 과거의 전쟁터에 있었더라면 죽게 되었을 생명을 구하는 법을 배우게 되었다. 건축가들은 강철이나 유리상자에 몰두했던 것에서 탈피하여 이제는 새로운 소재들을 사용하거나 오래 견딜 수 있는 재료들을 이용하는 획기적인 방법을 찾고 있다. 관리자들도 자원할당의 방법을 새로운 원리에 의해 운영하게끔 변하고 있다. 일반 직업인들과는 달리 약제사들도 새로운 약품의 개발은 물론 치료법이나 치료의 범위가 계속해서 개발되거나 확대되고 있기 때문에 급변하는 상황에 뒤떨어지지 않아야만 했다.

둘째, 직업 자체에 대한 새로운 개념에 익숙하게 한다.

치과 의술에 관한 최근의 연구는 다음과 같은 새로운 사실을 보고하고 있다. 25년 내지 30년 전에는 치과의사가 하는 일은 통증을 감소시켜 주거나 치아의 장해나 입안의 잇몸과 다른 조직들을 치료하는 데에 한정되어 있었다. 그러나 오늘날의 치과적 치료는 구강이나 안면 혹은 언어의 결함에 대한 포괄적인 치료에 관심을 가지고 있으며 개개인의 전체적인 건강과 관련되는 구강 구조나 조직에 관심을 가지고 있다. 다른 직종에서도 이와 유사한 변화가 일어났으며 그런 사실을 이해하지 못하는 현대의 직업인들은 결국 시대에 뒤떨어지게 된다.

셋째, 관련되는 기초학문에서의 변화에 뒤떨어지지 않게 한다.

실질적인 직업은 이론적인 지식체계에 의존하고 있다. 예컨대, 약국을 포함해서 건강에 관계되는 직업들은 해부학, 생리학, 생화학, 병리학 등에 의존하고 있으며, 농업 계통은 토양화학, 기상학, 식물병리학에 근거를 두고 있다. 또 사회와 관련된 직업들은 사회학이나 정치학, 정신병리학에서 그 직업의 근원을 찾을 수 있다. 직업인들은 이러한 기초학문에 전문가가 될 필요는 없으나 그런 학문의 진보에 관해서 배울 필요가 있다.

넷째, 자기 직업 분야에서의 변화에 대비한다.

개개인은 비전문가에서 전문가로, 어떤 전문직에서 또 다른 전문직으로, 그리고 똑같거나 완전히 다른 새로운 직업으로 이동하게 된다. 또한 책임을 덜 지는 직업에서 책임을 더 많이 지는 직업으로 이동하게 된다.

다섯째, 일에 대한 새로운 견해를 유지한다.

직업에 종사하는 거의 모든 사람은 얼마 안 가서 직업에 대해 맥이 빠지는 경우가 있게 된다. 교육은 이러한 때에 새로운 견해를 유지시켜 주는 데 유익하다. 물론 교육만이 유일한 수단은 아니다. 그러나 이러한 때에 자기 직업에 대한 새로운 견해를 유지시켜 주기 위한 교육적인 수단과 도움을 필요로 하게 된다. 교육적 수단이란 감독자 훈련, 자기진단검사, 동료들의 관찰, 새로운 직종이나 연구생활에 전념하게 하는 것을 의미한다.

여섯째, 계속해서 원만한 사람으로 성장시킨다.

인간은 자신의 일이 아무리 고상하더라도 그 일을 수행하는 데에만 전적으로 몰두해서는 안 된다는 것을 알고 있다. 그 분야에서 잠시 벗어나 자기가 맡은 분야와는 다른 분야의 이론적인 것과 기술적인 면을 추구해 볼 필요가 있다. 그렇지 못하면 한 직업 분야에서 나타나게 되는 불완전한 사고범주에 얽매여 생활하게 되고, 한 전문 분야에서뿐 아니라 인생의 모든 분야에서 독단주의자가 될 수 있다. 따라서 계속교육을 통해 어떤 직업이 가장 큰 독단주의자로 유도시키는가를 깨달을 수 있는 것이다.

일곱째, 스스로 배울 수 있는 능력을 유지시킨다.

이 목표는 앞서 제시된 목표들과 중요한 관계를 맺고 있다. 지식을 획득하는 기술은 다른 기술과 마찬가지로 연습을 통해서 얻어지며 사용하지 않으면 퇴화되고 그 후에는 온갖 어려움을 겪고 난 뒤 다시 얻을 수 있게 된다. 그러므로 계속해서 노력하고 추구하는 능력을 갖추어야 한다. 그 예로 한 신사의 이야기를 제시해 보면 다음과 같다.

"나는 안경으로써 사물을 잘 볼 수 있고 보청기로써 잘 들을 수 있고 가발을 쓰거나 지팡이를 사용해서 잘 걸을 수 있지만 나의 마음만은 그렇게 되지 않는다."

여덟째, 직업에서 부여된 역할, 즉 한 직장의 구성원으로서 자기에게 부과된 사회적 역할을 효과적으로 수행하도록 한다.

직업인은 공동 책임을 지는 법, 어떤 문제에서 올바른 선택을 하는 법, 유사한 직업인들과 협력하는 법, 서비스 제공을 개선하고 확대하는 법, 동료 직원들의 행동을 보호하고 관리하는 법을 배워야 한다.

2. 전문계속교육의 정의와 현실적 차이점

앞에서 살펴본 바와 같이 전문계속교육의 다양한 목적을 볼 때 전문계속교육을 위한 완전한 프로그램을 개발한다는 것이 쉽지 않음을 알 수 있다. 어느 날 Yogi Berra 부인이 추첨에서 피아노 한 대를 타게 되었다. 그다음 날 그녀는 피아노에 재능이 뛰어난 유명한 무도회의 피아노 연주가를 찾아가 시간이 있으면 자기에게 피아노 연주법을 가르쳐 달라고 했다. 나는 혁신적이고 세부적이고 미세한 기술을 유지하는 데 필요한 확실한 방법이나 과정에 관한 이야기를 들을 때마다 Berra 부인의 이 이야기가 마음속에 떠오르곤 한다.

즉, 아무리 좋은 계획이라도 중요한 것은 그것을 행할 수 있는 사람의 능력이며, 그 능력을 지속적으로 개발하는 것이다. 그러나 대부분의 사람들이 계속교육을 주장할 때 실제로 간헐적인 교육을 의미한다. 사람들은 일상생활의 경험은 책이나 신문을 읽거나 어떤 과정을 이수하거나 회의나 강의에 참석함으써 풍부해지게 된다고 믿는다. 대부분의 교육자들도 이러한 기회가 많을수록 더욱 좋다는 신념에 전적으로 동의하면서 이러한 종류의 임시교육에 기꺼이 종사한다. 그러나 간헐적 교육(intermittent education)에는 계속교육(continuing education)의 충분한 의미가 결여되어 있다는 것에 주목해 볼 필요가 있다. 계속교육은 인간이 끊임없이 참여하게 되는 생활과의 접촉이나 상호작용을 뜻한다. 심지어 가장 흔한 일에서조차도 몇몇 사람은 관찰자로서 자유롭게 행동하고 있다. 우리도 실제로 우리 생활과정에서 만약 원한다면 업무에 관해서 심사숙고할 수도 있고 우리 행동의 효과에 관하여 판단할 수도 있으며 우리 능력의 개선방안에 깊이 몰두할 수도 있다. 또 이러한 직접적이고 내적인 경험에서 벗어나 동료들과 우리 일을 토의할 수 있고 그 일을 개선하기 위하여 공동으로 노력하며 독서, 연구, 탐구나 직업

개선을 위한 모든 조직적 경험에 참여할 수 있다.

낙후된 직업에 종사하고 있는 사람들은 실제로 계속교육의 기회를 얼마나 잘 부여받고 있는가? 이러한 계속교육에 대한 문제를 해결하려는 사람들은 마치 모든 전문 직업에 종사하는 학식 있는 사람들이 두 부류로 나누어지는 것처럼 말한다. 즉, 계속해서 노력하는 집단과 그렇지 않은 집단으로 나누는데 대부분이 후자에 속한다. 그러나 이러한 구분은 애매모호하다고 볼 수 있다. 어떤 직종에 종사하는 사람들이든 자신의 일에 끊임없이 노력을 기울이는 세련되고 고귀한 개념을 가지는 직장인에서부터 전체 시간을 틀에 박힌 일상의 일에 몰두하는 데만 만족하는 직장인에 이르기까지 다양하게 분포되어 있다.

직업인들의 기술에 대한 고도의 지식을 근거로 한 전문직업인의 가설적인 분포는 [그림 9-1]과 같다.

현대 심리학적인 조사는 새로운 기술을 혁신하거나 채택하려는 직업인들의 준비도의 견지에서 볼 때 일반적으로 직업인들은 정상적인 곡선에 분포되어 있다고 설명하고 있다. 정확히 구분할 수는 없지만 이 정상분포곡선상에 적어도 네 개의 다른 수준의 직업인을 구분지을 수 있다. 연속체의 상위 끝부분은 혁신자들(innovators)이며 그들은 매우 자유로운 방식으로 기술을 끊임없이 개선하려고 한다. 이들은 아직 검증되지 않은 생각이나 기술에 매혹되지만 그 자체는 큰 실현 전망이 있는 것이다. 혁신하려는 그들의 요구는 그들 직업의 기술적인 면과 관련되지만 때로 그들로 하여금 직업수행상의 미개척 분야로 나아가게 하거나 지식의 다른 영역과 유대관계를 맺게 한다. 보조조정자들(pace-setters)은 그들의 기술이 진보되기를 바라고 있으나 그들 스스로 새로운 분야를 시도할 최초의 사람이 되기를 바라지는 않는다. 이들 그룹은 어떤 기술이나 아이디어가 누군가에 의해서 시도될 때까지 기다리다가 그다음에야 그것을 채택한다. 그들의 이러한 판단적인 성격은 존경을 받게 되며 타인에 의해서 혁신의 적합자로 인정받게 된다. 대다수의

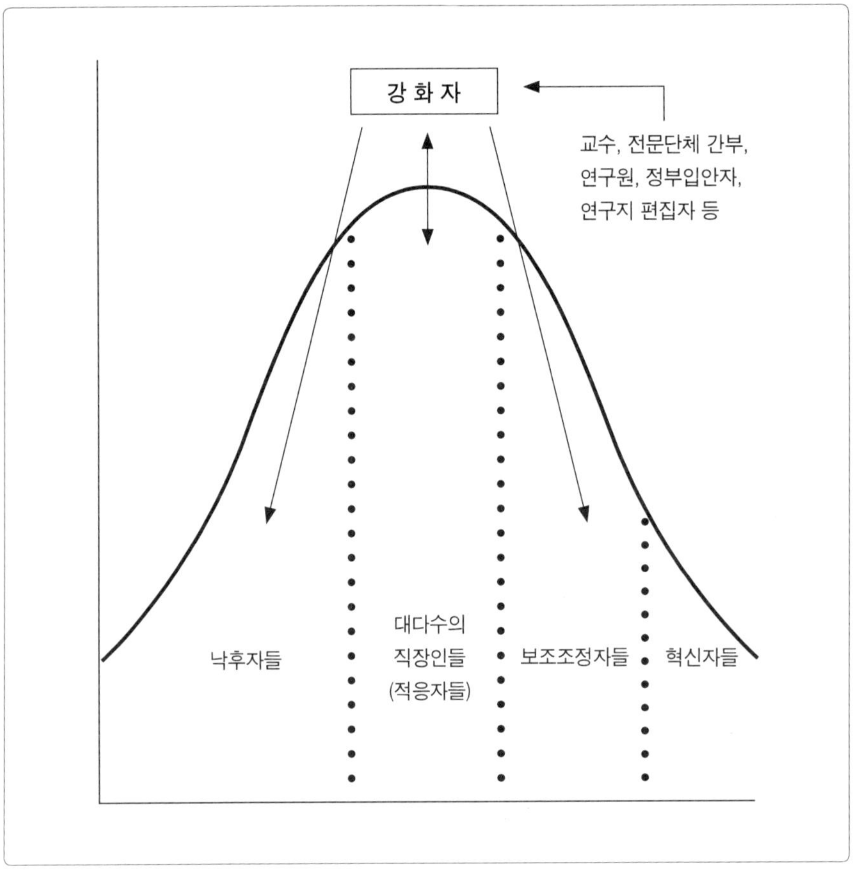

[그림 9-1] 전문직업 구성원의 분류

직장인들(majority adapters)은 실제로 일을 하는 사람들로 구성되어 있다. 이들 가운데 혁신기술이나 아이디어가 확산된다. 왜냐하면 보조조정자들이 혁신을 상당히 인정하고 있으므로 혁신이 어느 정도 지지를 받기 때문이다.

한편 낙후자들(the laggard)은 단지 자기들이 숙련하고자 할 때 자기들이 꼭 알아야 하는 것만을 배우려는 집단이다. 다른 표현을 하자면 '이들은 창문이 없는 집을 지어 놓고 어둠 속에서 살고 있는' 것과 같이 모든 주위환경으로부터 폐쇄된 상태에서 살아가고 있다.

혁신자들은 대개 전문계속교육에서 필요로 하는 지식 수준과 직접적으로 관련되어 있다고 볼 수 있다. 직장 내에서 혁신자들은 연구를 하고 독자적인 교육계획을 세우고 있으며 시간제 교수직위를 찾고 이러한 일을 소중히 여긴다. 또한 엄격한 멤버십을 가지고 있고 자기 동료들보다 기술 면에서 더욱 진보하는 것을 자랑으로 여기는 집단에 속하며 고도로 전문화된 간행물을 읽고 세미나에 참석하며 전체적인 연구에 참여하기도 한다. 혁신자들은 새로운 것은 추구하려는 열망이 강하기 때문에 피상적이거나 저속하게 보이는 것을 배우려는 열의가 떨어진다. 이런 경향은 종종 그들로 하여금 계속적인 학교교육을 중요하게 여기지 않게 하는 성향을 갖게 한다.

보조조정자들의 경우 두 성향으로 구분이 가능하다. 즉, 혁신자들에게 동조하는 집단과 대다수의 직장인(혹은 적응자)으로 향하는 부류로 나누어 생각할 수 있다. 이들은 새로운 아이디어나 기술에 접할 수 있는 기회를 소중히 여기지만 전위기술에 대해서는 보수적인 태도를 유지한다. 그러므로 비록 성의는 부족하다 하지만 혁신자들에 의해서 사용되는 방식으로 배우려 한다. 이들 보조조정자는 제한된 사회 구성원, 시간제 직업 그리고 다른 유사한 종류의 학습을 소중히 여긴다. 보조조정자들은 직업집단 그 자체에 관심을 갖고 있으며 그 집단의 구조와 핵심적인 기능을 조직하거나 수행하고 참여하려는 강한 욕망을 느낀다. 보조조정자들은 직업단체의 모임, 정기학술대회, 전람회, 단기코스, 연속적인 강의, 회의와 같은 활동과 학교복지기관, 병원 혹은 도서관과 같은 제도나 기관에서 배우려는 직장인 집단을 강력하게 지지 · 후원한다. 이들은 또한 필름이나 폐쇄회로 컬러TV, 비디오테이프, 연구결과의 요약물이나 기록물, 자아진단검사, 컴퓨터지원교육 혹은 사례연구 등의 새로운 학습기술의 후원자가 된다. 보조조정자집단은 종종 이런 활동에 참여하면서 후원한다.

대다수의 직장인집단에 속한 사람들은 직장인의 대다수를 차지하고 있기 때문에 혁신에 관심이 많다. 이 부류의 집단은 보조조정자 바로 아래에 있는 종사자들로부터 지체자들의 바로 위에 위치하고 있는 종사들까지 확산되어 있다. 때때로 전자를 향해 올라가거나 후자 쪽으로 낙후되는 사람도 있다. 대다수의 직장인들은 의무감 때문에, 그리고 보조조정자들을 본받기 때문에 잘 조직된 계속교육 프로그램에 참여한다. 아이디어나 기술은 외판원의 상업적인 호소에 의해서 널리 보급된다. 대다수 직장인 집단은 자기들 스스로 교육의 수용 자세나 실행에 있어 매우 다양하다. 이들은 어떤 아이디어에 대해서 형식적으로 지지하지만 실제로는 그것에 참여하지 않는다. 그들은 종종 자기 자신들을 혁신자들과 분리시키며 혁신자들을 지나치게 극단적이거나 실제 문제와는 거리감이 있는 세계에서 생활하는 집단이라고 여긴다. 따라서 때로 거부감이 나타나게 된다. J. C. Freyman은 이러한 분리주의의 한 예를 제시하고 있다.

> …… 대부분의 직업적인 개업의사들 가운데 베일에 싸인 반지성주의자, 경제적인 면에 지나치게 몰두하는 사람, 변화를 싫어하는 사람들을 발견할 수 있다. 대학사회에서도 지적인 면만을 숭배하는 사람, 개업의사의 자질에 전혀 무관심한 사람, 보수주의를 싫어하는 사람을 발견할 수 있다.

이러한 구분은 비단 의술(醫術)에서만 국한된 것이 아니다. 혁신자 집단과 대다수 직장인 간의 이러한 차이점은 계속교육계획에 있어서 보조조정자의 중요성을 더욱 높여 주고 있다.

낙후자 집단은 모든 사람에게 같은 관심을 불러일으킨다. 직장은 낙후자 집단을 선택하고 훈련시키며 그들이 일을 수행하도록 허락하고 수입을 보장할 수 있는 것이라야 한다. 만약 낙후자가 인정을 받는다면 사회는 그들의 능력에 관심을 가지게 된다. 그러나 낙후자 집단은 그들에게 부여된 직위나 업무에 적절하게 대응하지 않는다. 그들의 낙후된 기술은 부패하게 되는 반면 새로운 기술은 채택하지 않는다. 만약 낙후집단이 새로운 기술을 채텍한다년 마지못해 타의적으로 채택하는 경우이며 교육이란 시간과 돈이 많이 드는 것이라고 말한다. 이들 낙후집단은 무지(無知)란 교육보다 훨씬 더 비싸게 값을 치러야 된다는 것을 깨닫지 못한다. 어떤 사람들은 낙후된 사람들에게 자신의 문제를 해결하는 방법을 말해 주기도 하지만 모든 문제해결에 대해서 어려움을 가지고 있다.

강화자들은 전문자격증을 보유하고 있으나 직접적으로 일을 하지 않는다. 이들은 교수, 연구원, 정부관리자, 조력자, 편집인 등의 직위에 속해 있는 사람들로서 평생 동안 계속교육에 종사하고 있기 때문에 계속교육의 주요한 행정적인 짐을 견뎌 낸다. 이들 강화자들은 종종 학습자들과 직접 함께 일하며 강의를 하거나 신문이나 사설에 기고를 한다. 이들은 혁신자들과 보조조정자들이 주요한 교육적인 책임을 수행할 수 있는 계획을 수립하고 있다. 모든 강화의 대상자들은 자기 스스로를 혁신자나 혹은 보조조정자라고 여긴다. 그러나 [그림 9-1]에 나타난 것처럼 그들은 실제로 낙후집단을 위시해 모든 부류의 수준에서 나타난다. 만약에 강화자가 낙후자를 파악하고자 한다면 낙후자를 자세히 관찰하고 직접 조사할 필요가 있다. 개인으로서의 강화자는 그가 속한 집단 내의 특성과 결부되는 경향이 있다. 만약 과거부터 지금까지 혁신자들이었다면 이들의 관심이 직업 그 자체의 내용보다도 스스로 발견하게 되는 어떤 다른 분야로 집중된다 할지라도 이들은 혁신자로 존재하게 될 것이다.

보조조정자와 대다수 직장인(적응자)들은 자신들에게 익숙한 방법으로 처신하며 낙후자들은 현재의 상태로는 불가능한 직위, 즉 대학교수나 신문사의 고위직, 정부기관의 행정직과 같은 직위에서 요구되는 지식을 습득하기를 거부할 수도 있다. 강화자들의 이러한 혼합된 상태는 결국 계속교육의 양이나 질을 결정하는 데 관련이 있다. 예컨대, 대부분의 강화자가 [그림 9-1]에서 오른쪽으로 치우치게 되면 그들이 제시하는 프로그램은 활력 있고 고상하며 다양한 것으로 특징지을 수 있다. 만약 그렇게 된다면 분포상에서 중간 아래에 속하는 구성원들은 그 프로그램이 너무 비실용적이며 추상적이고 비용이 많이 드는 것으로 비판하게 된다. 반면 만약 강화자의 혼합이 중앙에 분포되어 있다면 계속교육활동은 안일무사한 형태가 될 것이다. 이 경우 보조조정자들은 만족하게 되지만 혁신자들은 그들의 지적 열망을 만족시킬 타 집단을 형성하게 될 것이다.

계속교육의 대상이 이처럼 다양하기 때문에 너무 혁신적인 프로그램이어서도 안 되며 지나치게 현실적인 무사안일한 형태여서도 안 된다.

3. 현재의 정책과 신념에 대한 논의

만약 앞서 지적한 배열이 계속교육과 관련한 현실의 한 면을 나타내는 것이라면 우리가 취하고 있는 현재의 정책과 신념에 대해서 고찰해 볼 필요가 있다.

우리는 자신이 현재 알고 있는 것보다 더욱 많은 것을 배워야 한다는 보편화된 생각을 하고 있다. 바로 이러한 생각으로 인해 배우는 내용이 많을수록 좋다는 정책을 촉발시키게 된다. 즉, 더 많은 모임, 더 많은 과정 이수, 더 많은 강의, 더 많은 책과 잡지 등이 바람직하다고 생각하게 된다. 계속교육의 목적과 일치되는 프로그램을 보편화시키려 한다. 그러나 다양한 직업집단의 욕구나 특별한 분야의 내용에 관하여 생각하면서 다양한 접근을 시도해야 한다. 먼저 각 하위집단의 뚜렷한 교육적 필수조건을 고려해 볼 필요가 있다.

혁신자들은 다양한 의사전달의 수단을 통해서 여러 직업에 필요한 새로운 아이디어나 지식을 창조하면서 직업에 필요한 새로운 분야를 개척해 나가는 방법을 개발할 필요가 있다. 보조조정자들의 경우 교육 형태를 설정하기 위하여 자신들의 특수한 리더십의 임무를 시행해 보는 방법을 배울 필요가 있다.

강화집단에 대한 책임을 누가 지든 간에, 즉 대학의 학장이나 정부기관의 행정관 혹은 직장단체의 장이 지든 간에 자신의 직장인을 위해 보조조정자는 혁신자들의 용기를 북돋아 주려고 노력할 필요가 있으며 그들에게 효율적으로 일하고 배울 수 있는 자유를 부여할 필요가 있다.

그러나 모든 직업에서의 조직화된 계속교육의 두 가지 주된 관심은 대다수 직장인들의 학습을 어떻게 촉진시킬 것인가 하는 문제와 낙후집단을 어떻게 계속교육 프로그램에 능동적으로 참여시킬 것인가 하는 문제다. 이러한 계속교육의 문제들을 다루는 데 있어 대개 강제교육이 바람직한지 혹은 설득적인 방법이 바람직한지에 대한 논의가 활발하다. 강제적인 계속교육의 경우, 정부 차원의 규제가 필요하며 강제적 교육과 정규적으로 갱신해야 하는 면허제도를 필요로 한다. 그러나 자발적인 참여제도이든 강제적 계속교육이든 근본적으로 전문직장인들의 마음자세를 고치는 일이 중요하다. 이 점에서 간헐적 교육이 합당한 것처럼 생각하기 쉽지만 만약 전문직업인들의 마음을 근본적으로 개혁시킬 수 있다면 계속교육이 바람직하다. 그리고 자발적 계속교육정책을 통해 학습할 수 있는 기회를 확대시키고 계속교육 프로그램에 참여할 수 있도록 동기를 부여함으로써 성공을 거둘 수 있다. 그러나 이렇게 계속교육에 대해 관심을 갖는 밑바닥에는 계속교육의 심오한 주제가 깔려 있다. 즉, 개개인의 직업인에게 계속교육은 생활의 일부분이 되어야 한다는 신념을 어떻게 확고하게 심어 줄 것이며 그런 신념을 어떻게 실천에 옮기게 할 것인가하는 문제라든지, 개인의 성취는 전적으로 선천적인가 혹은 후천적인가 하는 문제들과 관련되어 있다. 이외에도 만약에 조직화된 직업집단이 그러한 영향을 받을 수 있다면 그 영향력은 어떻게 작용하는가? 강화자, 혁신자, 보조조정자, 대다수의 직업인집단 그리고 낙후자들의 학습에 대한 욕구를 강화하기 위해 '간헐적 교육'의 양과 질을 증가시키는 것은 충분한 것인가? 이런 질문에 대한 해답을 찾는다는 것은 가장 어려운 도전이다.

작품의 세계는 그 작품이 고귀한 면을 포함하고 있지 않다고 주장하는 사람들에 의해서 비판을 받기 마련이다. 그럼에도 불구하고 Gautier가 말한 것처럼 "모든 것은 사라지고 예술만 남는다."는 것을 유념할 필요가 있다. 그는 단순히 미술에 관해 말한 것이지만 예술을 경험이나 연구물까지의 의미로 본다면 계속교육의 본질을 설명하는 데 유익한 표현이라 할 수 있다. 오늘날 우리가 하고 있는 일의 근본적인 본질은 수세기에 걸쳐 그대로 전해 내려 온 것이다. 이러한 기간 동안 문명이 발생하여 소멸되고 새로운 문명으로 대체되었다. 따라서 전문기술의 탁월성을 추구하는 일은 계속적인 노력에 의해서만 가능하다.

Joseph Conrad의 말은 이런 기술적 개발을 계속해야 하는 목표를 잘 설명해 주고 있다.

> 어떤 기술 면에서 능숙하게 되는 것, 자기의 기술을 신중하게 가장 탁월한 경지로 추진해 나가는 것은 실제로 중요한 문제다. 완전무결한 종류의 능률은 생계를 위한 노력에서 자연적으로 달성될 것이다. 그러나 거기에는 생계를 위한 투쟁 그 이상의 것이 존재한다. 즉, 더욱 높은 경지, 단순한 기술을 능가하는 미묘하고도 명백한 자기확신과 사랑의 조화가 있다. 즉, 모든 직업을 수행하는 과정에서 나타나는 영감, 이것이 예술로 승화되어야 한다는 것이다.

제10장

노년계속교육론*

1. 노년인구의 증가와 성인학습

최근 노스캐롤라이나 예산운영국은 노인인구의 증가수치를 보여 주는 통계자료를 발표한 바 있다. 그 자료에 의하면 그 주에서 60세 이상의 인구는 2000년까지 25% 증가할 것으로 예측되며, 그럴 경우 현재 99만 2,809명에서 122만 4,642명이 될 것이다. 80세 이상의 인구는 거의 71%나 증가할 것으로 예측되며, 올해 14만 4,677명이었던 것이 2000년에는 24만 7,235명이 될 것이라는 것이다. 이러한 60세 이상의 노년집단은 노스캐롤라이나 인구변화 중 가장 급속한 증가를 보여 주는 연령층이 될 것이다. 이러한 추세는 비단 노스캐롤라이나 주에만 해당되는 경향이 아니라 미국 전체 인구의 고령화 추세가 계속 유지됨을 보여 주는 단적 근거라 할 수 있다. 1900년도에는 미국 인구의 3%에 불과한 400만 명이 60세 이상이었으나 1977년까지 이 수치는 7배나 증가하여 3,300만 명이 되었다. 1977년에서 2035년 사이 65세 이상의 인구는 그 규모에 있어서 2배나 증가하여 전체 인구의 약 1/4인

---

* 이 장은 사우스캐롤라이나 대학교 대학원에서 필자의 EDCO 806 강의 내용 중 'Continuing education for the aged'를 요약한 내용이다.

7,100만 명이 될 것이다(Fowles, 1978). 오늘날, 미국 전체 인구의 11%가 65세 이상이며, 인구증가율이 계속 제로(zero)가 된다면 30년 후에는 전 인구의 반 이상이 50세 이상이 될 것이다(Roberson, 1978).

일부 전문가들은 오늘날 어린이들은 아마 120~130세까지 살 수 있을지 모른다고 예측하고 있다. 인간의 수명뿐 아니라 인간 삶의 양식에 있어서도 큰 변화가 일어나고 있다. 1890년대 초 60세 이상 미국 남자의 약 85%가 노동을 하고 있었는 데 반해, 오늘날 동년배의 미국 남자의 25% 이하만이 노동을 하고 있다. 1900년에는 남녀의 비율이 대략 비슷하였으나 오늘날 노인인구의 60%가 여성이며 그들의 55%가 미망인이다. 1975년에는 노인인구의 35%만이 고등학교 졸업자였으나 1990년까지는 노인 인구의 50%가 고등학교를 졸업할 것으로 예측된다. 이런 추세에 따르면, 금세기 동안 노인인구는 계속 증가할 것이며, 이런 모든 사실이 성인교육자들에게는 무엇을 의미하겠는가?

오늘날 성인교육자들의 어휘 속에서 '평생학습(lifelong learning)'이란 용어를 찾아볼 수 있다. Malcolm Knowles(1986)는 자신의 저서 『성인학습자(*The adult learner*)』에서 노인층과 일생을 통하여 새로운 정보를 학습할 수 있는 사람들을 필요로 하는 사회를 위해 계속교육과정으로서의 교육의 중요성에 대해 설명하고 있다. 평생학습의 특징은, 교육이란 정규학교교육에서 끝나는 것이 아니라 일생 동안의 배움이라는 점이다. 평생교육이란 한 개인의 전 일생을 포함하는 것이라야 한다. 미국의 경우처럼 현 인구통계 추세의 경향을 염두에 둔다면, 계속교육은 노년층을 위한 실질적 활동에 기여하게 될 것이다.

이제까지의 미국 교육제도는 청년 위주로 이루어졌다. 역사적으로 볼 때 1971년 고령화에 따른 '백악관 회의'가 있기 전까지는 노년층을 위한 관심이나 활동이 거의 없었다. 그때의 기조연설은 다음과 같다.

> 교육은 연령의 구분 없이 모든 인간을 위한 기본권리다. 교육은 노년층으로 하여금 충만하고 의미 있는 삶을 누리게 하는 길이며, 또한 사회개선의 재원으로서 그들의 잠재력을 발전시킬 수 있도록 돕는 길이다.

고등교육학회들은 전통적으로 노인학습자에게는 관심을 기울이지 않았다. 대학생 연령의 인구(18~22세) 감소로 각 대학들은 경제적 어려움과 등록학생 감소라는 현실에 직면하게 되었다. 그리하여 각 대학들은 전통적 혹은 비전통적 교육과정과 프로그램에 노인들을 참여시킴으로써 그들의 잠재적 공헌도를 인지하기 시작했다. 이러한 입학생 결손은 노년층으로 메울 수 있었다.

노인인구는 유망한 재원이 될 잠재력 있는 학생들이었다. 노년층이 학습자로서 커다란 잠재력을 갖게 된 이유가 몇 가지 있다. 첫째, 늘어나는 수명의 연장으로 노인인구의 수가 점점 증가하고 있다. 둘째, 빠른 퇴직으로 인해 여가시간이 증가한다. 셋째, 노인들의 평균 교육수준이 점점 높아지고 있다. 넷째, 과학적 연구로 인생 후반기에는 학습능력이 떨어진다는 관념이 없어지고 있다. 다섯째, 정치적으로나 사회적으로 볼 때 노년층에 속하는 많은 사람이 미국에서 가장 활동적인 시민들에 포함되어 있다.

51세에서 64세 연령층의 사람들이 다른 연령층에 비해 투표나 정치적 캠페인, 지역사회 문제에 있어 가장 높은 참여도를 보여 주고 있다. 이러한 노인인구를 개발하고자 한다면, 성인교육자들은 노년층에 대한 교육적 필요성과 무엇이 그들로 하여금 계속교육을 받도록 동기를 부여할 수 있는지를 연구해야만 할 것이다. 이제까지 연구자들과 교육자들은 고등교육 프로그램에 참여하고 있는 노인들의 참여 동기를 철저하게 조사하지 않았다. 이러한 사실은 캠퍼스에서 노인학생의 수가 줄어드는 부분적 이유가 될 수 있다.

여론조사에 따르면, 초로기의 노년층이 다른 어떤 연령층보다도 교육에 대한 관심이 적은 것으로 보고되고 있다. 그 결과에 따르면 그들 스스로가

'배우기엔 너무 늙었다'고 생각하고 있음을 알 수 있다. 그리고 그들은 여행과 비용문제가 교육에 참여하지 못하게 하는 주된 장애물이라 여기고 있으며 대학교수들이 강연하는 학술적 강의에도 특별한 관심이 없다고 지적하고 있다.

1975년 뉴햄프셔에서 시작되어 가장 성공적인 성인 프로그램의 하나가 된 'Elderhostel'은 이러한 여론조사의 결과를 논박하고 있다. Elderhostel 프로그램은 여행과 대학교수들의 학술적 강의를 그들의 교과과정으로 넣고 있었는데 그 여론조사에서는 이 두 가지를 큰 '장애물'로 지적하고 있기 때문이다.

이러한 결과들을 볼 때 노년층과 고등교육의 관련성에 대한 이론적 · 경험적 지원이 부족한 것 같으며, 성인으로 하여금 교육을 받도록 자극하는 동기유발 요인에 관한 연구나 고찰이 거의 50년 동안 이루어졌었지만 노인학습자에 대해서는 별 관심을 기울이지 않은 것 같다. 이 점에 있어서는 저술가와 연구자들의 견해가 거의 일치하고 있다. 성인교육의 동기유발요인 가운데 우위를 차지하는 것은 다음과 같다.

- 새로운 지식 획득
- 직업상 승진을 위한 일
- 일상생활로부터 벗어나는 자극이나 변화 추구
- 사교적 기회 열망
- 사회에 기여할 기회 전개

2. 성인학습자로서의 노년

노년층에 관한 교육자들의 최근의 저서나 조사를 살펴보면 노인들의 참여동기를 더 면밀하게 규명하는 데 도움이 된다.

R. J. Havighurst(1976, 1983)는 노인들의 동기유발요인에 대한 이론을 발표하였는데 그들의 교육활동 참여에 필수적인 요구는 도구적이고 표현적인 학습활동이었다. 도구적 학습활동이란 건강, 소득, 법률문제, 스트레스 등 노인들의 필요성과 문제점을 충족시키도록 활동 자체에 여러 가지 목표를 포함하고 있는데, 그 목표란 공예기술, 취미생활, 미술감상이나 올바른 역사인식, 여행과 같은 활동 등이다.

미시간 대학교 노인학센터의 Howard McClusky(1985) 박사가 쓴 노인교육에 관한 저서들은 노인학 분야에 있어서 유명한 이정표다. 그는 노인들의 교육에 참여하려는 필요욕구들 간에 유사한 관련성이 있음을 암시하고 있다. McClusky 박사는 다섯 가지의 필요욕구 유형을 제시했는데, 대응욕구(coping), 표현욕구(expression), 공헌도(contribution), 영향력(influence), 초월성(transcendence)이다. 그는 또한 노인들의 교육욕구를 크게 대응능력 증가, 개인적 위업달성의 두 영역으로 구분하였다. 대응욕구란 읽고 쓰고 계산할 수 있는 능력을 포함하는데, 이 모든 능력이 점점 박식해지고 기술이 발전하는 사회에서는 필수적인 기술이다. 노인들이 다른 연령층에 비해 정규교육을 적게 받았음을 보여 주는 여러 연구를 볼 때 기초교육에 대한 욕구는 더 명확해진다. 이러한 교육 분야에는 건강관리 및 유지, 소비자 경제학 같은 것이 포함된다. 대부분의 지역사회 서비스 단체들이 노인들의 대응욕구를 충족시키기 위해 노인교육에 참여하고 있다.

McClsuky(1985)에 따르면, 개인적 성취욕구는 4개 부분으로 나뉜다. 즉, 표현적 욕구, 기여욕구, 영향을 주려는 욕구, 초월성 욕구다. 공예, 그림, 회화, 창작활동, 음악 등이 표현적 욕구를 충족시킬 수 있는 적절한 활동이다. 이러한 활동들은 목표달성보다는 자신을 위해 더 많은 재능과 능력을 사용하게 한다. 기여활동(contributive activities)은 타인에게 필요한 존재, 그리고 도움이 되고자 하는 욕구를 채워 준다. 이 분야에 있어서의 교수활동은 개인교수, 상담, 가르치기, 사회, 참모역할 등이다. 노인들은 인생 후반기에 자신이 쇠약해져 가는 것을 경험하기 때문에 스스로를 무력한 존재로 보는 경향이 있다. 이러한 경향은 퇴직 후에 특히 더 그러하다. 이러한 영향력 욕구를 채워 주기 위한 교육은 노인들의 사회적 · 정치적 활동을 위한 대변자로서의 역할을 강조함으로써 충족될 수 있다. 이러한 행동은 대개 지역사회는 물론 노인 자신의 환경에도 영향을 주는 것이다. 많은 나라의 경우, 특히 미국은 51세에서 64세 사이의 사람들이 가장 활동적이다. 따라서 65세 이상의 사람들을 사회적으로 적응시키려는 시도는 사려 깊은 일이다. 교육자들이 말하는 개인적 성취욕구의 마지막은 초월성이다. 초월성이란 정신적으로나 육체적으로 나이의 한계를 넘어서는 것을 의미한다. 대부분의 노인들은 즐거움, 안락함, 육체적 평안 때문에 자연적인 육체의 노쇠현상을 극복할 수 없으며, 죽음이란 상념에 사로잡힐 수밖에 없다. 모든 교육적 필요욕구를 망라하는 학습활동은 노인들이 갖기 쉬운 육체적 · 정신적 힘의 상실에 대한 몰입을 일깨우는 데 도움이 되며, 자기만족과 개인적 성취를 이루는 데도 도움을 줄 수 있다.

Robinson(1988)은 초월성을 옛날보다 나아지려는 욕구로 기술하고 있다. 노년기에 해야 할 주요과업은 사회가 주는 외적 보상에 의존하기보다는 내적 충실을 기해야 하는 것이다. 60세 이후에도 계속적인 발전을 하려면 삶의 의미와 가치를 발견하는 일이 필수적이다. Erikson은 이런 궁극의 자아상태를 '절망 대 고결함'이라 부르고 있다. 교육활동은 내적 충실을 기해야 하고, 인생 후반기에 있어서의 숭고한 의미를 깨닫는 데 도움이 될 수 있어야 하며, 늙음에서 오는 스트레스를 극복할 수 있도록 해야 한다.

1976년 D. E. Daniel은 교육동기에 관한 조사를 실시하였다. 그는 1만 3,000명 이상의 학생으로 구성된 노스캐롤라이나 대학 전 지역사회를 대상으로 실시한 조사의 결과에 따르면, 교육을 받는 데는 다음과 같은 네 가지 이유가 있었다. 첫째, 진보학문상의 이유로, 교육을 받고 흥미 있는 것을 배운다. 둘째, 사회 · 문화적 이유로, 사람들을 만나고 사회에 공헌한다. 셋째, 직업 · 금전상의 이유로, 더 좋은 직업을 얻고 더 많은 돈을 번다. 넷째, 외부의 기대로, 자신이 대학에 가기를 배우자가 원한다. 수료는 하되 학점은 공인되지 않는 교육과정에 등록하고 있는 20세에서 59세까지의 청 · 장년층에게는 직업 · 금전상의 이유가 으뜸가는 교육동기였으며, 60세 이상의 노인들에게는 진보 · 학문상의 이유와 사회 · 문화적 이유가 중요한 동기였다.

학생들은 학교위치, 교과과정, 재정적 지원, 교수의 질과 같은 것으로 학교의 등급을 매겼는데, 두 연령층 모두에게 '위치'가 가장 우위를 차지하였고, 그다음으로 교수의 질, 제공되는 프로그램, 비용문제를 들었다.

3. Elderhostel 프로그램

1976년 여름, 노인들을 위한 프로그램인 'Elderhostel'의 창시자 Martin P. Knowlton은 교육에 참여하고 있는 사람을 대상으로 Elderhostel 프로그램 참여 이유를 조사하였다. 그 결과 다음과 같은 여섯 가지의 참여 이유를 들었다. 첫째, 어딘가에 가거나 어떤 다른 일을 할 수 있는 기회나 가능성, 둘째, 배움을 위한 1주일이라는 최소한의 시간, 셋째, 적은 비용, 넷째, 적절한 강좌 내용, 다섯째, 시험이나 과제 없음, 여섯째, 새로운 흥미 전개 및 옛것에 대한 재탐구와 같은 학습의 기회를 들고 있다.

Elderhostel은 미국에서 노인들을 위한 고등교육 프로그램 가운데 가장 급성장을 하고 있는 프로그램 중의 하나다. 이 프로그램은 노스캐롤라이나 주에 있는 다른 4개 대학과 연합하여 뉴햄프셔 대학에서 시작되었다. 이들 5개 대학은 뉴잉글랜드 전 지역에서 온 220명 참가자에게 3주간의 여름 교양강좌를 제공하였다. 어떤 강좌는 캠퍼스 근처에 있는 역사적 유적지를 돌아보는 미국 초기 지방역사였다. 구두로 하는 역사 세미나가 있었는데 이 세미나에는 제2차 세계대전 이전의 사람들이 참여하였으며, 글쓰기, 항해, White Mountain 지질학, Robert Frost의 시, 소비자 정치학 등에서 하나를 고르는 선택강좌가 있었다. 저녁 프로그램도 있었는데, 이들 프로그램은 손님으로 모신 연사, 자연산책, 여러 사람을 알게 해 주는 포도주와 치즈파티, 연주공연, 닭 바비큐 등으로 이루어진다. 모든 학생은 방세와 식비로 일주일에 60달러를 지불하고 대학 기숙사에서 생활하였다. 수업료는 주정부와 연방정부 기금으로 충당하였다. 이들 노인은 24개 주에서 왔으며 평균 연령이 64세였다.

1981년에는 50개 주에서 3만 명 이상이 이 프로그램에 참가하였다. 이 프로그램은 독특하고 혁신적이었다. 노인들을 위한 이 프로그램의 성공은 교육자들에게 Elderhostel을 연구할 가치가 있음을 보여 준다. Elderhostel이 설립된 이후로 계속 증가 추세에 있는 이 나라의 노인들에게 이 프로그램은 학습의 기회를 제공해 주고 있다. 1981년 여름, 버지니아에서 행해진 한 연구보고는 처음으로 Elderhostel 참가에 대해 비판적인 견해를 보였다. 아울러 학교로 되돌아가고자 하는 학생들의 동기에 변화가 있었는지, 아니면 여전히 똑같은지를 조사하였다. 이 연구결과는 노인 참가자들에 관한 몇몇 초기 연구와 비교되었는데, 이 연구의 대상은 Elderhostel 프로그램에 참여하는 14개 대학과 버지니아에 있는 여러 대학에서 선정되었다. 이 조사는 498명의 학생을 대상으로 하여 82%가 응답했다. 그들의 평균 연령은 66.8세였으며, 68%가 기혼자들이고, 15.7년간의 정규교육을 받은 노년학습자들이었다. 그리고 그들의 64%가 여성이었으며, 58%가 인구 2만 5,000명 이하의 도회지가 아닌 지역 출신이었다.

조사는 네 부분으로 이루어졌다. ① 그 프로그램에 참석하겠다는 결정에 관련된 요소들, ② Elderhostel 조직에 대한 평가, ③ 참석하는 교과과정에 대한 평가, ④ 참가자에 관한 배경지식에 관한 평가 등으로 이루어졌다.

참가동기에 관한 자료를 수집하여 14항목으로 표를 만들었다. 각 항목은 중요성에 따라 세 단계로 나누어 평가되었다(전혀 중요하지 않음, 다소 중요함, 아주 중요함). 덧붙여 참가자들에게 프로그램에 참여하게 된 가장 중요한 이유를 확인하였다.

대학 조정자들이 수업 마지막 날 설문지를 배부하였다. 학생들이 지시받은 사항은 모든 정보가 기밀에 속하고 그 정보는 프로그램에 중요한 피드백으로 사용될 것이며 또한 프로그램에 참석하는 피험자들을 이해하는 데 도움자료로 이용될 것이라는 사실이었다.

〈표 10-1〉은 Elderhostel에 참석하게 된 14가지 요인의 중요성에 대한

표 10-1 Elderhostel 참가 결정에 영향을 미치는 동기적 요인

변수	평균치	표준편차	가장 중요한 이유의 순위
새로운 것을 배움	2.74	.57	4
새로운 것을 시도함	2.61	.69	3
교육과정 설명 카탈로그	2.53	.66	1
새로운 장소를 방문함	2.43	.76	2
새 사람들을 만남	2.33	.70	10.5
연중시기	2.23	.78	6
특별한 학교 특징	2.07	.74	7
비용	2.06	.80	12
대학 평판	1.62	.82	10.5
연륜이 오래되고 유명한 장소 방문	1.58	.78	8
평판	1.55	.81	9
가까운 친구나 친척	1.41	.73	5
친구의 조언이나 후원	1.38	.67	13
친척의 조언이나 후원	1.20	.52	14

* 인원: 496명. 항목은 1 = 전혀 중요하지 않음, 2 = 다소 중요함, 3 = 아주 중요함의 크기에 근거하여 계산하였다. 순위는 각각의 범주 내에서 절대적 빈도에 기초를 두었다.

평가와 중요성에 따른 참여동기의 등급을 보여 준다. Elderhostel에 참여하게 된 가장 중요한 요인은 새로운 것을 배우고 새로운 경험을 체험하며 새로운 곳을 방문하는 것이었다. 중간 정도의 중요 요인은 연중시기, 학교 특색, 비용 그리고 평판 같은 상황적 요소였다. 가장 낮은 참여 동기는 친구나 친척의 조언이었다. 참가자들이 프로그램에 참여하기로 결정한 첫 번째 이유는 대학 카탈로그에 안내된 교육과정 설명이다. 그러나 이 항목은 평균 순위(mean rating)에서 세 번째 빈도를 보여 준다. 가까운 친구나 친척이 될 기회가 평균 순위에서는 거의 최하이지만 그 중요성을 나타내는 난에서는 상당히 높게 평가되어 있다.

평균 순위와 등급(ranking) 순위 간의 세 번째 중요한 차이점은 새로운 요인에서는 높은 순위를 차지하지 못했다는 점이다. 그 외 평균 순위와 등급 간에 차이가 있더라도 그것은 별로 중요하지 않다.

이런 결과들은 Daniel Knowlton의 보고결과와 같다. Knowlton은 그의 연구에서 새로운 것을 배울 기회를 가장 높은 동기로 보고하였고, 그것을 새로운 것을 배우려는 시도와 변화라고 보고하였다.

한편, 한 개인이 Elderhostel에 참가하여 확실하게 경험을 평가한 후에야 다른 동기들이 수반되는 것처럼 보인다. 새로운 것을 시도하려는 경험은 더 이상 당면문제에 관련되어 있지 않다. 그러나 더 중요한 것은 새로운 것을 배우고 새로운 장소를 여행하는 프로그램 자체의 특징이다.

이런 결과들이 고등교육기관에게는 무엇을 의미하는가?

첫째, 그 프로그램의 성공을 통해서 볼 때 많은 노인이 프로그램에 참여할 능력이 있고 기꺼이 참여하며 또한 그런 프로그램이 노인을 매료시킬 만큼 훌륭히 고안될 수 있다는 것을 알 수 있다. 미국에서 65세 이상의 노인 인구는 2500만 명 이상으로, 이 노인학습자들이 교육활동 면에서 커다란 잠재적 고객임을 의미한다.

둘째, Elderhostel 프로그램이 노인학습자를 끌기 위한 전략적 주춧돌로서 간주될 수 있다는 점이다. Elderhostel이 '나이 든' 학생에게 수반되는 몇 가지 우려와 공포를 제거시킴으로써 성공적인 Elderhostel을 경험한 사람은 다른 교육 프로그램과 활동에 좀 더 호의적일 가능성이 높다. 교육적 경험의 주요한 흐름 속에 노인학습자를 개입시킴으로써 점진적인 진보를 이루고 있는 몇몇 기존 교육 프로그램의 수정이 필요하게 될 것이다. 한 연구기관은 연중 내내 정규 교육과정 속에 참여하도록 하기 위해 좀 더 짧은 기간의 여름 교육과정을 제안할 수 있을 것이다.

Elderhostel의 결과를 통해 몇 가지 모집전략을 지적할 수 있다. 대부분의 참가자들이 고졸 이상의 공식교육을 받았고 새로운 것을 시도하는 데 관심이 크므로, 남자 졸업생들은 학교에 돌아오라는 모집에 응할 가능성이 있다. 몇몇 단과대학과 종합대학이 이미 이것을 시행하고 있다. Elderhostel이 없는 다른 학교도 노인들을 학교로 돌아오게 하는 성공적인 접근법이란 것을 알게 될 것이다.

Graney와 Hays에 따르면, 여러 해 전에 교육을 받기 시작한 사람, 그리고 전쟁, 가족에 대한 책임감, 비용 등과 같은 이유로 대학을 마칠 수 없었던 사람에게서 대학으로 되돌아오려는 동기가 강하게 나타남을 보여 주고 있다. 이 보고가 유용하다면, 이런 사실이 의미하는 것은 현재 은퇴하여 중단된 교육활동을 재개할 시간이 있는 사람들의 집단에 교육기회를 제공하려는 노력을 기울여야 했다는 점이다.

또 다른 접근방법은 젊은 대학 세대들이 그들의 부모님과 조부모님께 학교에 가도록 장려하는 것이다. 배우고 여행하고 새로운 사람을 만나는 기회에 초점을 맞춘 새로운 시장기술이 효과적일 수 있다. 워싱턴 D.C.와 윌리엄즈버그와 같은 역사적 · 문화적 중심지 근처에 있는 학교들은 그들의 시장전략에 이런 장점을 포함하고 있다.

Elderhostel 프로그램이 참가자나 프로그램을 제공한 교육기관에게 어떤 충격을 주고 있는가를 이해하기 위해 이 프로그램에 대한 연구가 좀 더 필요하다.

정확하게 어떤 교육적 요구가 가까운 시일 내에 연구기관에게 주어질지 예측하기 어렵다. 그러나 전체 인구 중 일부였던 노년층이 증대되고 다수이던 젊은층이 감소된다는 것은 의심할 여지가 없다.

브루클린 대학은 30년 이상의 인생경험에 대해 이수단위를 부여해 오고 있다. 이제는 100개 이상의 교육기관에서 같은 유형의 이수학점을 제공하고 있다.

성인학습계획(The Adult's Learning Projects)에서 Alan Tough는 나이 든 사람은 내향적 학습자라는 것을 입증하였다. 전통적 교육에서 학습활동은 교사와 교육기관에 의해 조직화된다. 그러나 나이 든 학습자들에겐 이것이 바뀌어 가르침을 받는 대신에 자신의 창의성으로 학습이 이루어져야 한다.

Kasworm(1978)에 따르면, 의학기술의 발달과 출산율 감소 때문에 북미와 유럽은 노인사회로 변형되고 학자들은 교육, 일, 여가의 관계가 한데 어우러지는 새로운 방법을 제시해야 한다고 주장한다. 교육지도자들은 평생교육과 순환교육의 개념을 연구해야 한다. 주요 목표는 현 젊은 세대에 방향을 맞춘 교육사회를 해체하고 모든 연령층을 학습시키는 평생교육 개념이 도입된 교육체계를 창조해야 한다.

Earl Kauffman(1977)은 1971년 5월 6일, 노스캐롤라이나 주 그린즈버러에서 가진 예비은퇴 회담에서 '학교종은 할아버지, 할머니를 위해서 울리고 있습니다'라는 제목을 붙인 논문을 제출했다. 그 논문에서 강조한 것은 개인과 사회환경에 의미 있는 지적 · 사회적 · 신체적 경험과 관련하여 은퇴 시 의욕을 가진다는 것이다.

이와는 반대로 G. B. March(1977)는 62세 이상의 99명을 상대로 왜 자유로운 대학강의에 참여하지 않는가를 물어보았다. 그 결과는 68%가 관심이 없다는 것이다. '배우기엔 너무 늙어서' 또는 '늙은 개에게는 새로운 방식을 가르칠 수 없다'와 같은 부정적인 말들은 노인학습자에 관한 많은 부정적인 말 중에서 겨우 두 개에 불과한 것이다. 은퇴, 독신생활, 젊은이 위주의 사회로부터의 소외와 같은 환경이 삶의 주류에서 노인들을 소외시키는 것이다. 이러한 이유 때문에 공식적인 교육체계에 참여하기로 결정한 노인 학습자들이 매우 두드러져 보이는 것이다. 그리고 그들이 처음으로 교실에 되돌아왔을 때 어울리지 않는 자리라고 느끼는 것이다.

사회논리학적 장애물을 제거하려면 노인들과 그들의 고령화에 대한 비관주의(negatism)를 불식해야 한다. 또한 노인들의 사회적 고립감이 고령화에 대한 잘못된 인식을 증가시킬 수 있다. 그 이유는 사람들이 노인들과 나이가 듦으로써 생긴 경험과의 적극적이고도 직접적인 상호작용을 하지 않기 때문이다. 따라서 고등교육에 노인학습자가 참여하는 일이 특출난 것이 아니라 좀 더 평범한 일이 되도록 기회를 만들어야 한다. 그러한 도전은 현존하는 성공적 모델을 확장시키고 또 증가하는 노인들에게 봉사할 새로운 방법을 교육자들이 모색하는 데 있다. 결국, 앞의 연구결과는 노인, 교육기관, 사회 모두에게 긍정적인 충격을 준 것으로 드러났다.

노인들이 무엇을 선택했든지 간에 그들이 학습에 관심이 있다는 사실은 그들을 좀 더 높은 교육체계 속으로 포함시켜야 할 충분한 이유가 된다. 왜냐하면 그렇게 하는 것이 보다 큰 사회에 기여하는 일이기 때문이다.

참고문헌

Covey, H. C. (1980). An exploratory study of the acquisition of a college student role by older people. *The Gerontologist,* Vol. 20, No. 2.

Cross, K. P. (1981). *Adults as learners.* San Francisco: Jossey-Bass, Inc.

Daniel, D. E., Templin, R. G., & Shearon, R. W. (1977). The value orientations of older adults toward education. *Educational Gerontology.*

Flowlers, G. (1978). Adult education for the aged. community education reuch group report. (unpublished concept paper series).

Fowles, D. G. (1978). Some prospects for the future elderly population. *Statistical report on older American,* No. 3. Washington, D.C.: U.S. Educational Resources Center.

Graney, M. J., & Hays, W. C. (1976). Senior students: Higher education after age 62. *Educational Gerontology.*

Havighurst, R. J. (1976). Education through the adult life span. *Educational Gerontology.*

Hirst, H. Y. (1978, May). The educated senior citizen: Continuing education after retirement. *Liberal education.*

Kasworm, C. E. (1978, October, 22). A Society of elders: Education for the old? Paper Presented to the educational section of the world future society. Clear Lake City, Texas.

Kauffman, E. (1971, May, 6). School bells are ringing for grandparents. Paper presented at the pre-retirement conference. Greensboro, N.C.

Kauffman, E. (1977). Endless efforts for self enhancing journey. paper presented at the tri-state conference. Columbiam, S. C.

Kay, E., Jensen-Osinski, B., & Beidler, G. (1983). The graying of the college classroom. *The Gerontologist, Vol. 23*, No. 3.

Knowles, M. S. (1973). *The adult learner.* Houston, Texas: Gulf Publishing company.

Knowlton, M. P. (1977). Liberal arts: The Elderhostel plan for survival. *Education Gerontology.*

McClusky, H. (1985). *Adult education for the aged.* Ann Arbor: University of Michigan Press.

Robinson, R. D. (1988). *An introduction to helping adults learn and change.* Milwaukee: Omnibook co.

제3부

학습사회론

제11장

성인기초교육론*

몇 년 전 브리티시컬럼비아 대학에서 있었던 독특한 경험에 대해 회고하고자 한다. 그때 나는 제3차 캐나다 교육 커뮤니케이션 학술대회의 한 주최자였는데, 선정된 초청강연자의 마지막 강연 예정이 되어 있던 오후에 나는 그 지방에 사는 한 주최자로서 손님을 접대하도록 요청을 받았다. 우리의 초청인사는 Buckminster Fuller 박사였는데 그는 세 시간 반이라는 긴 시간 동안 청중을 매료시켰다. 《밴쿠버 선(Vancouvor Sun)》 지는 그의 이러한 성공을 가리켜 Fuller 박사와 같은 한 사내가 참석자들의 주의집중을 잃지 않고 강연을 경청하도록 매료시킨 '23실린더 엔진과 같은 장거'라고 기사화했다. 강연 후 그가 휴식을 취할 수 있도록 교수 클럽으로 안내했다. 그러나 휴식 대신 우리는 2시간 이상을 몇몇 주제를 놓고 토론을 벌일 기회를 가졌다.

나는 성인기초교육과 성인교육을 위한 매스미디어의 활용에 관한 두 영역에 관심을 갖고 있었는데, 이 두 영역에 대한 Fuller 박사의 사고에 흥미가 생겼다. Fuller 박사는 Freire의 문맹퇴치교육이나 문맹퇴치를 위한 다른 학자들의 접근에 관해 그 연구자들 이상으로 학습에 관심이 있었다. 여기서

* 이 장은 성인기초교육(Adult Basic Education)위원회의 연차대회(1976, 미국 워싱턴 D.C.)에서 행한 H. Miller 교수의 연설을 발췌하여 재정리한 것이다.

그는 문자해득과 '우주선 지구(spaceship earth)'에 관한 그의 생각과의 관련성에 대해 의견을 제시했다. 후에 나는 Fuller의 저서 『우주선 지구를 위한 작동 매뉴얼(*Operation manual for spaceship earth*)』 한 권을 얻게 되었고, 그 책을 통해 성인기초교육 프로그램의 운영과 조정에 대해 보다 광범위한 그의 견해와 개념을 이해하게 되었다. 우주선 지구에 대한 논의에서 Fuller 박사는 다음과 같이 말하고 있다.

> ……우주선 지구와 관련한 괄목할 만큼 중요한 사실이 있는데 그것은 그것과 관련된 교수지침서가 없다는 것이다. 교수지침서가 없는 까닭에 우리는 우리 스스로 최고 교수라 할 수 있는 자신들의 지적 능력을 활용하도록 강요당하고 있다. ……그리하여 교수지침서를 잃어버린 까닭에 우리는 신체적으로나 형이상학적인 면에서 만족하게 생존하고 성장하는 데 필요한 수많은 대체방법을 찾으려 한다. 그리고 이러한 선택에 대한 결과들을 안전하게 예측하는 법을 배우고 있다(Fuller, 1969: 53).

나는 문화적으로 다른 집단들을 위한 성인교육의 거대한 영역에 있어서도 교수지침서가 부족하다는 점을 제시하고자 한다. 또한 엄청나게 다양하고 다른 욕구가 주어진 집단, 즉 인종, 국적, 교육, 직업, 수입, 건강 등의 요인과 관련한 이유 때문에 지배적인 중류계층 주도의 사회(middle-class Society)로부터 소외된 인구집단에 관해 기술하는 일은 쉬운 작업이 아니다. 분명히, 여러 상황에 어떻게 부합하는가에 대해 설명할 수 있는 단일한 지침서를 쓰는 것은 불가능할지 모르지만 어느 정도 지적으로 우리의 문제에 대해 접근할 수 있도록 도움을 줄 수 있는 관심과 경향은 설정할 수 있다고 생각한다. 의견을 개진할 수 있는 이 시간을 빌려, 나는 다음의 주제들에 관하여 주안점만을 다루고자 한다.

- 학생
- 프로그램 계획과정
- 요원화 및 훈련
- 연구

우리가 다루고 있는 학생들에 관해 이해해야 할 첫 번째 중요한 관점은, 성인기초교육의 대상자들이 많은 교사와 ABE(성인기초교육) 프로그램의 행정가가 속해 있는 지배적인 중류계층의 사회와는 전혀 다르다는 점이다. 즉, 그들은 종종 중류계층사회와 갈등을 불러일으킬 수도 있는 가치체계와 태도를 소지하고 있다는 점이다. 후에 이러한 차이점에 대해 기술하겠지만 성인기초교육 프로그램을 설정하는 데 중요한 시사점을 주고 있다.

소위 '문화적으로 다른 성인들'이라고 지칭되는 다양한 집단을 일반화시키기는 어렵다 하더라도 1970년에 행해진 Anderson과 Niemi의 많은 연구는 어떤 한정된 패턴을 식별해 주고 있다. 그 지적의 하나는 문화적으로 차이가 있는 성인집단들이 현재와 판이한 차이를 가진 미래를 볼 수 있는 안목이 없는 까닭에 매우 실용주의적이고 현재중심적(present-orientation)이며 하루살이철학(live-for-today philosophy)을 가지고 단기적 목적과 직접적 보상만을 강조한다는 점이다. 반면, 지배적인 중류계층 사회의 성원들은 미래지향적이고 장기목적을 가지며 보상을 기꺼이 기다리는 의지를 보인다고 볼 수 있다. 실제로 지배적인 중류계층 사회로부터 차별대우를 받고 있다는 상대적 박탈감 때문에 문화적으로 차이가 나는 이들 집단은 '조그마한 개인적 혈족관계, 지방 성향 혹은 친구집단'에 호의를 가지고 학교나 대학과 같은 제도적 구조에 대해 거부반응을 지니고 있는 게 사실이다 (Anderson & Niemi, 1970: 29-33).

이 시점에서 이 요인과 관련하여 제기할 수 있는 좋은 질문은 성인기초교육 프로그램에서 가장 심각한 문제 중의 하나인 높은 중퇴율 및 결석률과 관련된 것이다. 그들이 의식적으로 또는 무의식적으로 거부해 온 제도적 교육기관에 오랫동안 참여하도록 요구함으로써 학생들이 겁에 질려 이 프로그램을 포기하도록 하는 데 어느 정도 기여하는가 하는 질문이다. 따라서 기억해야 할 점은 문화적으로 다른 집단의 많은 이들이, 특히 그들의 삶에 적합한 교육을 받으려 해 본 적이 없다는 점이다.

문화적으로 다른 집단의 성·연령 및 사회경제적 특성과 밀접한 관련성이 있다고 지적한 가치체계는 교육, 수입, 고용, 결혼 여부, 가족규모, 거주지 및 건강이라 할 수 있다. 우리 학생집단의 욕구를 이해하기 위해서 그리고 이들을 위한 계획을 수립하기 위해서 성인학습집단의 특성이 주는 시사점을 이해할 필요가 있다. Anderson과 Niemi는 그들의 많은 연구에서 교육 수준은 직업 및 수입과 관련지어 볼 때 항상 의미 있는 변인이라는 점을 지적하고 있다. 즉, 교육을 제대로 받지 못한 사람들은 일반적으로 수입이 낮은 미숙련 또는 반숙련직을 갖고 있다는 것이다. 유사하게도 수입 및 교육이 거주지, 건강, 가족규모 및 범죄와 밀접한 연관성을 지니고 있다는 점도 밝히고 있다(Anderson & Niemi, 1970: 6-20).

보다 최근의 Mezirow, Darkenwald와 Knox(1975)의 연구보고서는 미국의 6개 대도시 지방의 59개 성인기초교육에 참여하고 있는 학생들의 특성을 기술하고 있다. 이들 연구는 60세 이상의 노년층 2% 이하를 비롯하여 청소년 중퇴자로부터 은퇴 성인층까지로 구분하고 있다. 성별과 관련하여 성인기초교육의 총 등록 수 중 57%가 여성임을 보고하고 있다. 직업과 관련해서는 등록자의 반 이상이 연 4,000달러 미만의 수입자들이었으며 14% 정도는 실업자였다. 요약하면, 도시의 성인기초교육에 참여하는 성인교육자의 특성은 다음과 같이 기술할 수 있다.

……중년까지의 젊은 층, 빈곤층 그리고 미숙련 및 반숙련공 혹은 서비스 노동자, 영어가 모국어가 아닌 자들, 극소수의 예외를 제외하고는 흑인, 더구

> 나 흑인 여성과 노년층에 가까운 흑인…… 50%에서 25%는 사회보장의 혜택을 받고 있는 자들, 기능적으로 문맹자이지만 대다수는 중졸 혹은 그 이상의 정규학교교육을 받은 사람들……(Mezirow, Darkenwald, & Knox, 1975: 39).

도시성인들에 관한 연구를 다시 살펴보면 도시 혹은 중도시의 성인의 특성은 확연한 차이를 보인다.

도시 성인학습자의 사회심리적 특성에 대한 간략한 지식 없이 문화적으로 다른 집단의 특성을 개괄할 수는 없다. 거듭 말하거니와 이러한 특성을 일반화시키는 데 있어서는 주의를 요한다. 이러한 특성은 낮은 자존심, 이와 수반되는 자신감의 결여, 타인에 대한 높은 수준의 의존성, 그리고 그들만이 사용하는 그들 집단의 공용어 또는 사투리 때문에 지배사회와의 대화상의 곤란점 등을 들 수 있다.

따라서 커뮤니케이션은 이들 성인학습집단을 이해하는 데 또 다른 중요한 요인이 된다. 이들 집단이 가지고 있는 이질적 특성과 차이가 나는 가치체계 때문에 중류계층의 사람이 보는 것과는 아주 다른 시각에서 세상을 인식하는 경우가 많다. 그리하여 문화적으로 다른 집단이 가지고 있는 커뮤니케이션상의 문제는 많은 다른 문제를 야기하기도 한다. 한 예로서, 소위 불이익 집단(the disadvantaged)은 종종 지배적 사회에서 높이 인정받고 있는 언어적 기법이 매우 부족할 경우가 허다한데, 이러한 기법은 전통적으로 교육받은 자들의 경우에는 충분히 습득된 것이다. 우리가 지금 논의하고 있는 불이익 집단의 언어적 기법이 메시지 전달의 차원에서 극히 제한된 수준이기 때문에 신체언어(body language)라 지칭되는 제스처, 신체운동, 안면표현, 시선의 접촉과 포스터 등의 비언어적 단서에 심히 의존하는 경우가 많다. 심지어 침묵도 중요한 의미전달자의 역할을 한다. 아주 불편할 정도의 침묵은 우리가 의도하지 않은 의미를 왜곡 전달해 줌으로써 많은 사람이 고통을 겪기도 한다. 따라서 교육자로서 우리는 학생들과 대화할 때 그들이 우리의 언어보다는 우리의 행동이나 신체적 언어에 대해 보다 관심을 쏟는다는 사실을 기억하는 것이 중요하다. 비언어적 단서에 의존해야 한다는 인식 없이는 우리의 대화상의 진지한 노력은 실패하기 십상이다.

그러므로 언어와 비언어적 전달 간의 일관성의 문제가 있다. 때론 비언어적 혹은 신체적 언어의 은밀한 메시지가 언어적 표현과 갈등을 일으킬 때가 있다. 예컨대, 한 교사가 기능적으로 문맹자인 학생에게 그들의 욕구와 흥미를 알아보기 위해 동정적으로 물었지만, 학생은 교사가 자신에 대해 더 이상 참고 지도할 수 없거나 자신을 경멸하는 것으로 교사의 비언어적 행동이 비쳐질 수 있다. 과연 그러한 상황에서 학생과 교사 간에 얼마만큼 성공의 가능성이 있겠는가?

앞에 언급한 것처럼 성인교육자는 그와 학습하는 학생들의 감정, 사고 그리고 동기 등에 대해 밀접한 이해를 나타내는 감정이입(empathy)이 필요하다는 것, 즉 연장대화(furthering communication)가 갖는 활성적 요인을 강조하고 싶다. 이러한 인간적 태도를 나타낼 수 있는 한 방법은 학생들에게(to) 또는 학생을 보고(at) 대화하는 것이 아니라 학생들과 함께(with) 대화하는 것이다. 여기서 우리가 깨달아야 할 점은 우리가 받은 훈련이나 우리 자신의 배경이 성인학습자가 지각하고 있는 것과는 다르게 세계를 지각할 수 있도록 교육받았을 가능성이 높다는 것이다. 우리 자신이 주의를 기울이지 않을 경우 성인학습자가 처한 상황을 무의식적으로 우리들 자신의 중류문화적 편견을 가지고 이해하게 되고 성인학습자들의 욕구와 기대를 잘못 판단하게 된다. 여기서 강조하고 있는 감정이입이란 성인학습자들의 언어 패턴에 대한 존중을 포함한 개별적으로, 그리고 선택적으로 교사와 학생 간에 창조해 낸 '풍토'와 밀접한 연관성이 있다. 그러한 형태는 아마도 중류계층의 학습상황에서는 잘 적용될 수 없을지 모르지만 기초교육을 받는 성인학습자들의 경우에는 괄목할 만하게 활용되고, 활력소로 작용할 수 있다. 만약 성인교육자가 이들 성인기초학습자들의 교육수준이 낮다는 이유로 이들이 사용하는 언어를 단순히, 그리고 쉽게 숙달한다고 생각하거나 조잡하고 하위의 언어로 간주해 버릴 때는 실수를 범하게 된다. 사실 지각력이 투철한 교사라면 그들 언어의 강점을 찾아낼 것이고, 이들 학생이 사용하는 이디엄이나 은유를 사용함으로써 중요한 아이디어를 설명하는 것을 알게 되며, 이러한 아이디어를 보다 명료하게, 그리고 학습자의 경험에 보다 적절하게 만들 수 있다.

물론 성인교육자는 이들 학습자들이 구사할 수 있는 단 한 가지 언어만의 결함을 극복하도록 도와 더 높은 단계의 교육을 시킬 필요가 있다. 그들의 한 가지 언어에 얽매여 쇼(Show)의 연극에서의 엘리자 돌리틀(Doolittle)처럼 자신의 제한된 삶에 구속받게 된다. 다른 말로 표현하면, 사적 대화를 겨냥한 일상회화나 속어로부터 쉽게 종종 요구되는 직업면접이나 항의서한 같은 보다 공식적 언어까지 다양하게 구사할 수 있는 보다 잘 교육받은 사람들이 갖고 있는 선택의 자유를 갖지 못하고 있는 것이다. 그러므로 성인교육자의 업무는 지배적인 중류문화적 사회에서 성인기초학습자들의 커뮤니케이션 능력을 증진시키기 위해 적절한 언어의 활용과 지각에 대한 선택의 폭을 넓혀 주는 것이다. 실질적 의미에서, 이러한 교육은 성인기초 학습자들에게 직업을 구하도록 할 뿐 아니라 소비자 교육, 건강교육 그리고 정부에 관한 지식과 지역사회 자원 등에 대한 보다 복합적인 일상생활에 잘 적응하도록 지도하는 일이기도 하다.

1. 프로그램 계획과정

미국 국가자문위원회(National Advisory Council)의 1974년 보고서에서는 성인기초교육(ABE) 프로그램을 지원하는 주요 이유 중의 하나를 다음과 같이 요약해 놓았다.

> 표준교육(norm education) 이하의 교육경험밖에 없는 사람은 한 시민으로서의 역할수행을 위한 능력에 있어서, 한 개인으로서 완전한 자아실현의 능력에 있어서, 그리고 여가선용의 혜택을 누릴 능력에 있어서 심히 제한성을 갖고 있음을 경험하게 된다. 그들은 또한 직장에서 경제적으로 활동적인 직업인으로서 봉사할 능력에 있어서도 커다란 제약을 받고 있음을 경험하게 된다(National Advisory Council on Adult Education, 1974: 11).

각 교육청이나 전문대학, 그리고 대학들이 이들 개인에게 접근하고자 하는 모든 의미가 이 보고서에 함의되어 있다. 앞서 언급한 바대로, 성인학습자들의 욕구를 결정하는 일이 프로그램의 계획상 가장 중요한 일이다. 유일한 방법은 그룹 간에, 그리고 도시와 농촌 간에 커다란 차이를 갖고 있는 성인학습자들의 특성에 기초한 계획의 수립이라 할 수 있다. 성인학습자의 특성이라는 것은 연령, 성, 교육, 수입, 거주지역 등의 사회경제적 요인과 연관되어 있으며 낮은 자존심, 자신감의 결여 그리고 의사소통상의 문제 등의 사회심리적 요인과 관련되어 있다. 그러한 자료는 이들 성인학습자에 관한 통계적 정보뿐 아니라 성인학습자의 흥미와 그들이 갖고 있는 강점에 대한 가치 있는 통찰의 자료다. 또 다른 통찰이라면 프로그램 계획상, 그리고 교실에서의 성인그룹을 잘못 이해하게 하거나 참여하지 못하도록 하는 요인을 알게 해 준다는 데 있다. 따라서 계속 강조하고자 하는 것은 성인기초교육을 받고자 하는 사람들에게 그들 자신의 욕구 수준에 적절한 프로그램이라고 느낄 수 있도록 계획과정에 그들을 개입시키는 것이 필요하다는 것이다.

여기서 한 가지 질문이 제기되는데, 그 질문은 우리의 성인학습자들을 참여시키는 방법으로서 자문집단이나 대표자를 통한 방법 이외의 다른 방법은 없는가 하는 것이다. 캐나다에서 실험적으로 활용된 재미있는 전략의 하나는 지역사회 내에서 대화를 촉진시키기 위해 필름이나 VTR 등의 매체를 사용한 것이다. 이 전략은 사람들로 하여금 보다 창조적 해결방안을 택하도록 돕는 데 그 목적이 있다. 한 좋은 예로, 1968년 몬트리올의 St. Jacques 시민협의회에 의해 시작된 프로젝트를 들 수 있는데, 이 프로젝트가 어떻게 효과적이었는지는 다음에 기술하였다.

그들은 사람들로 하여금 어떻게 사업을 수행할 수 있을까에 대해 사고하게 하고, 또한 이웃들을 보다 잘 이해하기 위해 거리에 나서서 사람들이 갖고 있는 문제에 관하여 면담을 하였다. 그러고 나서 일련의 공개회의의 서두에 토론을 촉진시키기 위해 편집된 30분 분량의 테이프를 사용하였다. 이러한 절차는 매우 효과적이었다. 사람들은 자신의 의견을 표현하는 데 두려움을 갖는 대신 토론에 아주 열성적으로 참여하였다. 시민들 역시 회의 중에 또는 토론과정에 실제적으로 자신의 견해를 피력함으로써 그들 자신에 관해 많은 것을 배우게 되었다(Henaut, 1971: 114-115).

이 방법은 Freire에 의해 주창된 개념과도 유사한 접근인데, 그는 '의식화(conscientization)'의 개념을 다음과 같이 기술하였다.

> ……단순히 받는 입장으로서가 아니라 자각하는 개체(knowing subjects)로서 행동하는 과정, 즉 인간이 그가 속한 실재를 개혁하기 위한 능력을 깨우치고 그들의 삶을 형성하는 사회문화적 실체를 보다 깊이 자각하려는 목적을 달성하여 앎의 개체로서 행동하는 과정이다(Freire, 1970: 452).

무엇보다도 중요한 참여자를 개입시키고자 하는 이러한 욕구는 일리노이에 있는 우주성인교육센터와 연방 ABE 시설에 관한 평가팀의 한 요원으로서 겪은 경험을 통해 더욱 분명해졌다. 우리는 이러한 사실을 두 지역사회에서 발견하였는데(하나는 주요한 대도시 지역이었다), 교육을 받지 못한 수많은 흑인 중에서 극히 제한된 소수만이 성인학습에 참여하고 있었으며 그 이유는 그들이 사회활동을 하는 데 도움이 될 수 있는 기술을 습득하려는 욕구와 성인반의 학습과는 별 관계가 없다는 점 때문이었다. 이러한 이해 부족은 우리가 모두 잘 알고 있듯이 성인직업 수행능력(APL)에 치중하여 일상 생계를 유지할 수 있는 기술을 다룰 필요가 있다. 물론 배우지 못한 성인들에게는 위대한 약속이 될 수 있으나 APL을 이용함에 있어서 우리가 깨달아야 될 위험 또한 있다. 단순히 성인학습자들의 어떤 기술습득의 수준만을 강조하는 데 정열을 쏟게 되면 아마 성인학습자들의 특수한 집단이 갖고 있는 생존의 욕구가 실제적으로 달성되었는지 아닌지를 망각하게 될지도 모른다. Kreitlow(1976)는 다음과 같이 간결하게 상황을 기술하고 있다.

> APL 프로그램은 초중등학교에서의 행동목표 사용 시에 갖고 있는 동일한 형태의 위험성을 내포하고 있다. 사회생활을 하기 위해 보다 의미 있는 거대한 결함을 발견하는 것보다는 50%, 40% 혹은 30%의 결함만을 갖고 있는 아주 적은 별개의 사항을 발견하는 것이 보다 쉬운 법이다. 그러나 성인의 실행수준 개념(Adult Performance Level Concept)의 커리큘럼 자료가 개발되었을 때, 그리고 저수준의 문자해득자들을 위한 프로그램을 위한 보조자료로 쓰일 경우에는 APL 개념을 활용한다. APL 프로그램은 낮은 수준의 교육을 받은 성인들이 생계를 위해 필요한 그 이상으로 여겨질지 모른다. 나 자신도 APL 프로그램에 대해서는 긍정적이나 너무 지나치게 확대되지 않기를 경고하고 싶다(Kreitlow, 1976: 13).

2. 성인기초교육 요원의 훈련

성인기초교육의 요원에 대해 적절한 훈련이 필요하다는 것은 요원 개발(staff development)을 위한 주된 논제 중의 하나다. 요원 개발은 분과의 주된 논제 중의 하나이며, 요원 개발을 위한 분과의 주제가 상위 우선순위에 속한 것이다. 훌륭한 ABE 교사는 천부적으로 태어나는 것이 아니므로 훈련을 통해 양성되어야만 한다. 우리가 이미 아는 바와 같이 요원 양성의 과제는 매우 특수하고 세심한 과제다. 이 과업은 경험이 없는 사람이나, 중류계층에 속한 성인이나, 학생들만을 다룬 초등학교 또는 고등학교의 경험만 가진 교사들에 의해서는 잘 성취될 수 없는 것이다. 성인기초교육의 과정과 이론에 의해 철저히 훈련된 교사가 아니고서는 매우 주의 깊게 설정되고 재정적 지원을 받는 프로그램이 성공을 거둘 기회는 거의 없다고 본다. 그리고 이러한 성인기초교육 교사들의 훈련에 있어서 현직훈련의 측면을 강조하고 싶다. 왜냐하면 성인기초교육 교사들은 지속적으로 일어나고 있는 새로운 발달, 즉 개별교수(individualized instruction), 미디어의 활용, 카운슬링에 있어서의 교사의 역할 등과 관련한 변화에 뒤지지 않을 필요가 있기 때문이다. 그러한 훈련 중에는 대학에 설강된 학점이수나 특별과정을 통해 또는 학술발표회 등을 통해 훈련을 받을 수 있다. 또 다른 방법은 교사교육 시리즈, 예컨대 '메릴랜드 주 교육국에서 개발한 기본 교육: 성인교수(Basic education: Teaching the adult)'와 같은 교수체제로서의 텔레비전을 활용하는 방법이다.

직전훈련(pre-service training)과 현직훈련(in-service training)의 설계를 위한 방향 설정을 위해 시도된 연구로서 Mocker의 성인기초교육에 적합한 이해력의 등위, 분류, 선정에 관한 연구를 들 수 있다. 234명의 성인기초교육 교사와 행정가들에 의해 설정된 291개 종목의 이해력의 요목들은 최고 또는 최저의 우선순위로 분류되었다. 즉, 지식, 행동과 태도의 세 분류로 정리되었고 성인교육의 목적과 범위, 커리큘럼, ABE 학습자 그리고 교육과정(instructional process)에 따라 분류하였다(Mocker, 1974).

이러한 주도적 노력은 지속적으로 다듬어져 왔다. 이러한 과정의 하나로 볼 수 있는 것으로 듀크 대학의 계속교육대학(College of Continuing Education)에서 진행 중인 프로그램을 들 수 있다.

요원 양성의 책임을 지고 있는 사람들에게 권할 수 있는 가장 훌륭한 자료는 Grabowski의 「Training Teachers of Adults: Models and Innovative Program」이다. 이 자료에는 성인교육 교사들이 그들의 역할수행상 필요한 이해능력을 기술한 일련의 모델을 제시하고 있다. 이에 더하여, 어떤 성인기초교육 프로그램의 본보기도 제시하고 있다. 이 자료는 국가공공계속성인교육협의회(the National Association of Public Continuing Adult Education), ERIC 클리어링하우스의 직업적성교육부 및 시라쿠스 대학의 계속교육부서가 공동으로 출간한 논문이다.

마지막으로 성인기초교육 교사들의 훈련을 위해 앞서 언급된 이외의 부분을 개선시키고, 또한 Mezirow, Darkenwald와 Knox가 공저한 『교육에 대한 마지막 도박(*Last gamble on education*)』이란 책에서 분명하게 제시된 바 있는 암시를 활용하기 위해서는 이들 학자가 다음과 같이 제안하고 있는 점을 유의할 필요가 있다.

> 교사의 실행능력은 이 연구에서 제시된 바대로 특수한 기술영역에 있어서의 실습, 피드백을 위한 충분한 기회의 제공, 그리고 실제 학습장면에 대한 분석을 기초로 한 훈련에 의해서만 가장 훌륭하게 개발할 수 있다. ABE 교사들이 학생들의 참여를 유발시키기 위해서는 학습집단을 활용한다거나 토론을 실시하며, 성인교육방법 이외의 방법을 활용함에 있어서도 개개인의 성격에 따라 정선된 아이디어에 따라 지도된 실습이 필요하다. 첫 회합에서 어떻게 참여를 시키고 동기유발을 할 것인가 또는 질문을 한다거나 학습에 포함된 내용을 위시하여 '대응, 기술을 가르칠 것이냐' 하는 문제, 그리고 교수자료의 준비 및 다양한 교수방법을 개발할 것인가라는 문제 등은 훈련에서 다루어야 할 우선적인 목적이다(Mezirow, Darkenwald, & Knox, 1975: 155).

3. 연 구

성인기초교육연구를 고려해 볼 때 Kreitlow의 다음과 같은 견해에 동감한다.

> 소외된 그룹을 위한 효과적인 프로그램을 개발하려는 관심이 더욱 높아 가고 있다. 이는 1960년대 중반의 주된 경향이었다. 이러한 추세는 이미 끝났지만 아마 케네디 행정부 이전에 존재했던 극단적인 소외상태로는 되돌아가지 않을 것이다(Kreitlow, 1976: 5).

이후 극단적 소외그룹을 위한 프로그램에 대한 예산지원은 괄목할 만큼 감축되었고 책무성이 주로 지원을 위한 중요한 구실이 되었다. 연구결과들은 다양한 학생모집 방법, 개인차를 다루는 학습설계 전략, 학생들의 동기유발을 위한 기법, 그리고 광역목표(broad-based objectives)에 대한 평가방법 등이 새로운 요구에 부응하도록 도움을 준다. 부수적으로 309개의 연구지원을 직접 주정부로 이관한 정책결정은 지역단위의 성인기초교육연구를 보다 원활하게 할 수 있게 되었다. 그러나 대학의 성인기초교육 담당자들과 연구소 및 다른 지역 조직체의 사람들이 제기한 주된 우려는, 이러한 예산지원은 비전문가들로 하여금 이미 이루어진 연구를 반복하거나 그들의 정력을 동일한 과제에 쏟도록 만드는 등의 오류를 범하게 된다는 것이다. 대단위 예산지원에 의해 이루어진 연구, 예컨대 국가적 연구인 Mezirow, Darkenwald와 Knox 등의 연구와 같은 대규모 연구의 기여도를 인정한다. 그러나 문화적으로 아주 판이한 배경을 갖고 있는 성인기초교육 대상자들을 고려할 때 주정부 단위의 연구의 필요성이 고조되고 있다. 그리고 만약 주단위의 연구지원이 실제에 가치 있는 기여를 할 경우, 충분한 검토 끝에

선정되어 이미 이루어진 연구주제에 대해서 재검토를 하기 위한 개별적 연구설계가 절대적으로 필요하다. 여기서 ERIC으로 알려진 교육자료정보센터(the Educational Resources Information Center)가 중요한 자료를 제공해 준다고 하겠다. 25만 건에 달하는 자료에 기초하여 누구나 원하기만 하면 쉽게 책, 전문잡지, 커리큘럼 가이드, 연구보고서 등에 관한 최신정보를 얻을 수 있다. 이러한 다양한 자료에 따라 우리 앞에 놓인 과제에 대한 성격을 되는 대로 결정하기보다는 이러한 기관에서 얻어진 정보의 습득을 통해 309개의 연구신청에 대한 논거를 합리적으로 설정할 수 있다.

성인기초교육의 연구영역에 무엇이 필요한가? 과거 3년 동안 ERIC에 비치된 모든 최신자료를 검토한 결과 지속적인 관심사가 될 수 있는 점은 다음과 같이 나열할 수 있다.

① ABE 교사들에 적합한 문화 간 교육(cross-cultural education)에 관한 사항
② 핵심적인 소외계층 성인에까지 미칠 수 있는 위성중개센터의 가치와 활용에 대한 사항
③ ABE 교사와 관련된 카운슬러와 전문인력 이외의 역할에 대한 사항
④ 교육기관의 ABE 교사에 대한 다음과 같은 내용의 정부예산지원 효과에 대한 사항
- 봉급인상
- 부가급부
- 종신제(tenure)
- 관련 전문영업이나 성인교육에 관한 부수적 연구에 대한 인정

마지막으로 예외적 방법이긴 하나 고려해야 할 몇 가지 주요 질문을 제시함으로써 요약하고자 한다. 물론 이러한 질문은 연구를 위한 한 지적에

불과하나.

성인학습자에 대하여:

① 과연 우리는 성인기초교육 대상자들의 특성에 관하여 세밀히 연구해 보았으며 또 그들의 가치체계를 이해하려고 노력해 보았는가?

② 커뮤니케이션에 도움이 되거나 장애가 되는 요인에 대해 주의를 기울였는가?

③ 우리는 언어적 · 비언어적 행동과 관련된 원칙을 이해하고 실천했는가?

성인기초교육 교사 훈련에 관하여:

① 과연 ABE 교사들은 그들의 학생들과 보다 효율적 학습을 유도할 수 있도록 직전 혹은 현직 훈련을 받아야 되며 받고 있는가?

② 우리는 교수과정에 영향을 줄 수 있는 새로운 아이디어에 뒤지지 않고 있는가?

프로그램 계획에 관하여:

① 우리가 프로그램을 설정함에 있어서 진정으로 학생들의 욕구에 근거하여 디자인을 하면 그들이 이러한 욕구를 지각 습득하는가?

② 매 단계에 따라 프로그램 계획과정에서 학생들이 능동적으로 참여하는가?

③ VTR이라든지 필름, 컴퓨터 등과 같은 새로운 매체를 활용하여 실험에 참여할 의사가 있는가?

연구에 관하여:

① 주정부에 의해 운영되고 있는 309개의 연구기금을 수혜받을 수 있는 기회를 충분히 활용하고 있는가? 즉, 기존 연구를 기초로 하여 성인

기초교육 학습자들의 욕구를 강조하는 논거에 의한 연구계획서를 개발하고 있는가?

② 성인교육의 분야에 보다 큰 영향을 미칠 수 있도록 이미 진행 중인 연구에 대해 의견을 제시 · 교환할 수 있도록 최선을 다하고 있는가?

참고문헌

Anderson, D., John, A., & Niemi, J. A. (1970). *Adult education and the disadvantaged adult.* (pp. 29-33) Syracuse, New York: Syracuse University Publications in Continuing Education and the ERIC Clearinghouse in Adult Education.

Freire, P. (1970, August). Cultural action and conscientization. *Harvard Educational Review, 40*(3), 452.

Fuller, R. B. (1969). *Operating manual for spaceship earth.* (p. 53). New York: Simon and Schuster.

Grabowski, S. M. (1983). *Training teachers of adults: Models and innovative programs.* Monograph to be published shortly by the National Assocication of Public Continuing Adult Education, the ERIC Clearing house in Career Education, and Syracuse in Career Education, and Syracuse University Publications in Continuing Education.

Henaut, D. T. (1971). The media: Powerful catalyst for community change. In John A. Niemi (Ed.), *Mass media and adult education.* Englewood Cliffs, New Jersey: Educational Technology Publications.

Mocker, D. H. (1974). *A Report on the identification, classification, and ranking of competencies appropriate for adult basic education teachers.* Kansas City, Missouri: University of Missouri-Kansas City.

Kreitlow, B. W. (1976). *Trends in adult education with implications for vocational education*. Columbus, Ohio: The Center for Vocational Education, Ohio State University.

Mezirow, J., Darkenwald, G. G., & Knox, A. B. (1975). *Last gamble on education*. (p. 39). Washington, Adult Education Association of the U.S.A.

National Advisory Council on Adult Education (1974). *A target population in adult education*. Washington, D.C.: U.S. Government Printing office.

제12장

성인공민교육론

성인교육의 주요한 기능 중의 하나는 민주사회에서 바람직한 시민을 양성하는 일이다. 특히 경제사회적 변화와 사회변동, 그리고 인구 및 직업과 관련된 경향은 학교교육을 통한 공민교육(civic education)뿐 아니라 국가사업과 공공사업에 관여하고 있는 성인들에 대한 공민교육(adult civic education)의 필요성을 점증시켜 주고 있다. 일반적으로 직업향상이나 개인의 신장, 그리고 문해교육 등도 민주적인 시민성을 그 근간으로 하고 있기 때문에 한 사회의 모든 성인교육의 핵심적 목표 중의 하나는 한 사회에서 올바른 시민성을 확립하는 데 있다(Boggs, 1991: 4–8).

이 점에서 성인공민교육은 한 사회에서 시민의 권리와 의무를 재확인시키는 목적을 두고 있으며 한 시민으로서 효율적으로 기능할 수 있는 기술과 성향(disposition)을 체계적이고 의도적으로 가르치는 노력이라 할 수 있다. 따라서 공적 쟁점을 이해하고 판단하여 대화와 공개적 협의를 통해 결정할 수 있는 훈련과 참여 등이 주요한 교육내용이라 할 수 있다.

1. 성인공민교육의 목표

성인공민교육의 주요 목표는 권리와 의무를 균형 있게 발전시키는 일로서 보통의 성인으로 하여금 공공의 이익을 위해 공적 의사결정은 물론 시민적 행위 또한 효율적으로 수행할 수 있는 능력을 기르는 데 있다(Boyte, 1989; Woyach, 1989).

특히 사회변동과 관련지어 볼 때 공민적 신장보다 지식과 문화의 전파를 위한 성인공민교육을 주장하는 입장(Rochal, 1989)과 교양교육의 일환으로 이해하려는 입장(Hutchins, Adle, Powell), 그리고 민주주의와 교육 및 사회적 목적이 상호 연관된 입장이라고 보는 견해(Brookfield, 1984; Hart, 1937; Linderman, 1961) 등으로 대별되고 있으나, 사회변동을 위한 성인교육과 공민적 자질을 배양하는 성인교육 간의 확연한 구분이 어려운 실정이다. 그러나 성인공민교육의 주요 목표는 성인교육은 민주주의의 의미를 배우는 수단이며 보다 나은 사회를 구축하기 위한 도구라는 입장에 서고 있다. 특히 Rachal(1989)과 Cunningham(1988) 등은 성인교육을 통해 습득된 지식은 사회적 동조현상과 현상유지를 위해 필요한 힘이 된다고 설명하면서 민주사회의 지식은 국가 및 지역사회와 관련된 관심을 증진시켜 준다고 설명한다(Cunningham, 1988).

한편 사회변동을 위한 성인교육과 공민성 함양을 위한 성인교육을 구분하려는 입장의 학자들은(Apps, 1979; Brookfield, 1986; Darkenwald & Merriam, 1982; Sheet, Jayne, & Spence 1953) 성인교육은 시민들이 사회적 목표달성을 하기 위해 필요한 정보를 제공하는 데 기여하며, 이것은 곧 정치적 활동과 관련된다고 설명한다. 따라서 성인공민교육은 결국 유권자로서의 시민들에게 공민적 권리, 정부에 관한 내용 그리고 개인적 책무 등에 관한 교육과 관련된다고 본다. 이 점에서 공민적 지식을 습득하기 위한 동기는 ① 특수한 공적 생섬에 관한 행위나 판단에 관련되어 있으며, ② 공민적 이해는 지역사회 삶의 한 부분이라는 점, ③ 학습자는 자기들이 직면하고 있는 특수한 쟁점을 결정하기 위해 필요한 지식을 습득하려 한다는 점, ④ 성인교육기관은 공공문제를 이해해야 하고 또 훈련해야 한다는 점에 있다고 본다.

결국 성인공민교육의 목표는 다음과 같이 몇 가지 관점으로 요약할 수 있다.

- 자기통제적 지역사회의 창조를 위한 교육
- 공공문제에 관한 지식습득을 위한 교육
- 자율성과 자기주도성 함양을 위한 교육
- 국민성의 함양과 협동정신의 함양을 위한 교육
- 정치체제와 과정에 대한 인식을 위한 교육

따라서 성인공민교육은 민주주의 사회가 직면하고 있는 복합적 문제를 건설적으로 해결하기 위한 이해와 참여가 목표라 할 수 있다.

2. 성인공민교육의 내용과 활용방안

1) 성인공민교육의 내용

성인공민교육을 위해서는 공민교육을 위한 커리큘럼이 필요하며 공민교육커리큘럼(citizenship curriculum)은 대개 주요영역이 되고 있다. 성인교육기관들은 성인공민교육의 내용을 설정함에 있어 대개 몇 가지 방안을 활용하고 있는데(Phyllis, 1988: 10–11), 이들 방안은 다음과 같다.

- 기존의 학습내용을 활용하여 재활용하는 방안
- 공민교육을 위한 지원과 자문을 제공하는 방안
- 특정한 쟁점에 대한 세미나를 통해 커리큘럼을 운영하는 방안

이와 같은 성인공민교육 커리큘럼의 개념적 틀은 학습이론, 인간발달, 경영학 그리고 사회정치학 등의 다양한 내용을 중심으로 하고 있으며, 지역사회 목표와 국가적 목표와 관련된 내용을 담고 있다.

예컨대, 비록 학교교육에서 공민성 신장을 위한 교육내용을 담고 있다 하더라도 성인공민교육이 필요하다는 것은 몇몇 학자의 연구결과에서도 잘 나타나 있다. Boyte(1989)는 학교 커리큘럼만으로는 사회쟁점인 정치적 결정을 하는 데 불충분하다고 지적하면서 올바른 공적 의사결정을 하기 위해서는 지리적, 역사적 그리고 정치구조적 지식이 풍부해야 한다고 지적한다(Boyte, 1989: 2-3). 또한 Morris Janowitz(1983)도 1979년에 공민으로서의 아홉 가지 권리와 의무에 대해 대학생들을 대상으로 실시한 조사결과를 토대로 의무보다는 권리를 더 중요시하고 있으며, 권리도 의사표현의 권리, 종교의 권리, 투표의 권리, 법에 의해서만 처벌받을 수 있는 권리 등에 비해 다른 권리에 대한 이해의 폭이 상대적으로 매우 낮았다고 보고한다(Janowitz, 1983).

Peter Hart(1989) 또한 청소년들에 대해 "'좋은 시민성(good citizenship)'의 개념이 무엇인가?"라는 설문에 43%의 청소년들이 남을 보살펴 주고 관대한 사람이라고 대답하여 12%의 정치적 관여라든가 1/3 정도의 법률 준수와 관련된 대답보다 월등하게 높다고 설명한다. 이러한 결과는 청소년들의 의식이 공민보다 개인주의적 개념으로 받아들이고 있음을 말해 주고 있다(Washington Post, 11/29/89. p. 27A).

이 점에서 성인공민교육의 내용은 지역사회와 국가의 활동에 참여함으로써 자기충족을 할 수 있도록 하는 요인을 담고 있어야 하며, 정부의 구조와

기능, 정치적 지식과 태도형성, 그리고 정치적 참여 등을 주요 내용으로 다루어야 한다. 특히 우리나라의 경우처럼 정치적 행위나 성향에서 지역성을 탈피하지 못하거나 감성적 정치성향(emotion-related disposition)을 면하지 못한 점을 감안한다면 성인공민교육의 내용에서 정치적 지식과 정치적 태도 형성에 대한 내용이 중요시되어야 한다.

또한 산업화 사회가 되면 될수록 시민들의 공적 문제에 대한 무관심이 증가한다는 Times Mirror Center의 보고서에 의하면 산업화된 사회일수록 보다 적은 정치적 관심과 상관하지 않은 태도, 그리고 지도자에 대해 비판하는 정도가 낮다고 지적한다. 그리고 투표율 또한 낮아지게 된다는 점을 설명하고 있다(Kellermann, Kohut, & Bowman, 1990).

- 공적 의사결정의 필요성과 절차
- 능동적 정치 참여
- 정부의 구조와 기능
- 정치적 지식 획득
- 정치적 태도 형성
- 지도자의 자질
- 시민의 의무와 권리
- 지역사회와 공민성
- 자녀의 공민성 교육기법
- 건전한 정치풍토
- 환경과 시민성
- 소비자로서의 시민성

특히 성인교육기관은 성인들로 하여금 공민으로서의 역할을 효율적으로 수행할 수 있는 태도 형성과 정치적 조건(political condition) 형성에 개입하는 프로그램의 설정이 요청된다. 미국의 경우, 성인공민교육을 주제별로 요약해 보면 다음과 같다(뉴욕 주 교육부, 1987).

〈가족과 관련된 내용〉

- 가족건강보험
- 아동의 권리
- 노인과 아동의 학대
- 노인의 부양
- 탁아소의 활용
- 양로원의 선택
- 부모나 대리양육인의 선택

〈지역사회와 관련된 내용〉

- 구호대상자에 대한 보호
- 지역사회 안전 규정
- 상업개발과 지역 설정
- 유적지의 보존
- 청소년 비행에 대한 부모의 책임
- 오물처리 문제
- 약물과 마약에 관한 문제
- 조경과 지역설정
- 총포 관련

〈지방정부와 관련된 내용〉

- 정치적 캠페인에 대한 공공재정 문제
- 정신건강 관리

- 교도소 관련 문제
- 사형에 관한 문제
- 대중교통에 관한 문제
- 양로원 규정
- 노년보호정책
- 낙태에 관한 문제
- 조세정책에 대한 문제
- 고등교육기회와 관련된 문제

〈국가와 관련된 내용〉

- 군비축소와 관련된 정책
- 최호혜무역대상국에 관한 문제
- 예산결손에 관한 사항
- 이민
- 사회문제에 대한 논의
- 국방예산에 관한 사항
- 수입쿼터에 관한 문제
- 인권에 관한 문제
- 우주개발과 관한 사항
- 헌법개정과 관한 사항

물론 미국의 경우에 해당되기 때문에 우리의 실정과는 차이가 많을 수 있지만, 어떤 내용이 성인공민교육에서 다루어져야 할 것인지를 시사한다.

〈삶의 질과 인권 관련 내용〉(이현청, 2012: 1-18).

- 교권과 학교문화에 관련된 내용

- 학습권과 관련된 내용
- 개인 사생활 보호와 관련된 내용
- 소비자 보호와 관련된 내용
- 환경 정화와 관련된 내용
- 양극화와 관련된 내용
- 저출산 고령화 사회와 관련된 내용
- 인권교육과 관련된 내용
- 다양성과 관련된 내용
- 다문화와 관련된 내용

2) 성인공민교육의 방법과 활용

(1) 성인공민교육의 활용

성인공민교육은 주로 시민적 자질과 시민적 이해를 증진시키는 데 목표가 있으며, 시민적 이해(civic competence)는 대개 다음 세 가지를 포함하고 있다(Morse, 1989: 4-5).

- 정부와 시민 간의 적절한 상호작용을 유지하기 위해 필요한 기본적 과정에 대한 이해
- 공통된 관심사나 사회적 쟁점에 대한 대화와 판단 및 행동을 하기 위한 집단과 개인의 능력
- 모든 관점에서 문제나 상황을 가정하여 다양한 영역에 적용시킬 수 있는 능력

성인공민교육의 결과를 활용하는 방안은 시민적 이해를 증진시킴으로써 실제 공민으로서의 의사결정을 합리적으로 수행할 수 있도록 도울 수 있다

는 데 있다. 특히 성인공민교육은 의사결정에 필요한 정보를 수집하여 실제 의사결정에 활용하는 기법을 가르치는 것이 중요시되기 때문에 그것이 비록 반대되는 견해라 할지라도 정보에 의거하여 올바른 판단을 할 수 있도록 하는 데 기여할 수 있다.

(2) 성인공민교육의 방법

성인공민교육의 방법은 크게 직접적 방법, 간접적 방법 그리고 개입적 방법 등으로 구분할 수 있다. 이러한 방법적 분류는 ① 얻어지는 학습내용이 한 학문 영역에 기초하고 있는지의 여부, ② 공공이익에 영향을 주는 특수한 문제나 특수한 쟁점을 대변하고 있는 교육 프로그램인지의 여부, ③ 가치, 공적 신뢰성과 체면이 주요 관심사인지의 여부, ④ 공적 행위의 관여 여부나 참여가 기대되는지의 여부에 따라 구분된다.

① 직접적 성인공민교육

성인교육기관은 성인학습자들로 하여금 해결 제시보다는 지역사회의 유익과 관련된 프로그램에 참여토록 하며 쟁점이 되고 있는 문제에 대해 집중적으로 학습시키는 방안이다. 따라서 직접적 방안은 공공문제를 내용으로 하는 공민교육 프로그램을 개발하여 몇 가지 범주에 따라 학습하는 방법이다. 이때 공공문제와 관련된 쟁점만 제시하고 해결방안은 제시하지 않으며 해결방안을 모색할 수 있는 대안들에 관한 많은 자료를 제시해 준다. 특히 이때 사용되는 범주들은 다음과 같다.

- 주민들이 지역사회에서 개발을 추진할 때 이 개발에 영향을 주려는 의도가 있는가?
- 공공 쟁점이 지역사회뿐 아니라 국가적 · 세계적 현상의 한 부분인가?
- 이 공공 쟁점이 정도나 범위에 있어 어느 정도인가?

- 이 지역 주민들이 보다 합리적이고 신뢰할 만한 정보를 더 요구하고 있는가?
- 성인교육기관이 이 문제에 대해 무관심할 때 지역사회가 부정적 영향을 받는가?

직접적 성인공민교육을 위해 성인교육기관은 다음과 같은 역할을 한다.

- 기술적 지원: 자원인사의 선정과 자료 제공 및 교육 프로그램 설정
- 집단과정 및 관리: 장소의 제공 및 교육기관과 문제의 선정, 집단구성의 지원 및 관리
- 지역사회교육: 전 지역사회교육으로서의 확대 및 각종 협의 주선

② 간접적 공민교육

간접적 공민교육은 Butts(1988)가 제안한 방법으로서 전통적 방법과는 달리 특별한 시민의 권리와 특별한 시민의 의무를 함께 짝지어 판례(judicial history)를 중심으로 공민교육에 활용하는 방법이다(Butts, 1988: 136-138).

이 방법은 ① 전통적 방법이 개별적 교과내용에 따라 공민교육의 내용을 조직하는 데 반해 복합적인 공공문제를 전통적 교과훈련에 따라 분류하지 않는 특성을 지닌다. 예컨대, 공중보건문제는 복합적 사회문제로서 여러 교과에서 다루어져야 한다. 간접적 공민교육은 이러한 복합적인 공공문제를 다루는 특징이 있다. ② 전통적 방법이 지식의 습득에 있는 데 반해, 이 방법은 실제 삶 속에서 문제를 해결하려는 대안이나 문제해결 방안을 찾는다. ③ 이 방법은 정치와 관련된 정부, 선거 등에 관한 비교적 제한된 주제를 다루면서 선거행위, 준법정신 그리고 법 집행과 관련된 공민적 책임을 다룬다. 미국의 경우, 이러한 방법의 대표적인 하나는 '국가쟁점에 관한 포럼(National Isssues Forums)'으로서 다양한 교수방법과 교수매체를 활용하

여 특별한 주제나 문제를 다룬다. 예컨대, 국방, 마약, 성문제, 아동교육, 환경 등의 주제를 다룬다.

③ 개입적 성인공민교육

이 방법은 인문사회 영역과 시민들 자신의 문제를 연계시키는 방안으로서 성인학습자들로 하여금 현재의 공공 쟁점을 학습하는 데 인문사회과학의 지식을 바탕으로 현명한 해결방법을 제시하도록 하는 방법이다(Chenye, 1988: 2-3). 예컨대, 사회학자, 정치학자 그리고 사회생활교육자들의 견해는 어떤 면에서는 중복되는 점이 많으며, 이러한 중복된 견해는 좋은 문제해결 방향을 제시해 준다. 이 방법은 이러한 점에서 인문사회과학을 공민생활에 적용하여 문제를 해결하려는 방법으로서 비교적 전문적 자질이 있는 성인을 대상으로 할 때 효과적이라 볼 수 있다.

참고문헌

이현청(2012). 사회통합의 과제. 서울: 국민통합. (미발간자료).

Apps, J. W. (1979). *Problems in continuing education*. New York: McGraw-Hill Book Company.

Boggs, D. L. (1991). *Adult civic education*. Springfield, Il: Charles C Thomas Publisher.

Boyte, H. C. (1989). *Common wealth*. New York: The Free Press.

Brookfield, A. (1984). *Adult civic education: The practices and implications*. N.J.: Learing Concept Seires.

Brookfield, S. (1986). *Understanding and facilitating adult learning*. San Francisco: Jossey-Bass, Inc.

Butts, R. F. (1988). *The morality of democratic citizenship.* Calabasas, CA: Center for Civic Education.

Chenye, L. (1988). *Humanities in America.* Washington, D.C.: National Endowment for the Humanities.

Cunningham, J. (1988). The adult educator and social responsibility. In R. G. Brockett (Ed.), *Ethnical issues in adult education.* New York: Teachers college Press.

Darkenwald, G. G., & Merriam, S. B. (1982). *Adult education: Foundations of practice.* New York: Harper & Row.

Hart, P. (1989). *Good citizenship and civic education.* N.C.: UNC community Education Center.

Janowitz, M. (1983). *The reconstruction of patriotism.* Chicago: University of Chicago Press.

Kellermann, D. S., Kohut, A., & Bowman, C. (1990). *The age of indifference.* Washington D.C.: Times Mirrow Center for the People and the Press.

Morse, S. (Ed.) (1989). *Public leadership education.* (pp.4-5). Dayton, Kettering Foundation.

Phyllis, J. (1988). *Adult civic education.* N.J.: Prentice-Hall.

Rachal, L. (1989). Adult and community participations. S.C.: Columbia Community Education Board report 4.

Sheet, J., & Spence, G. (1958). *Community development and civic education.* Columbia, S.C.: USC Community Center.

Woyach, R. (1989). *Strengthening citizenship: The civic arts review.* Delarware: Ohio Wesleyan University, Z, Summer.

제13장 성인직업교육론*

'성인직업교육(adult career education)'이란 용어는 1971년 미국교육위원이던 Sidney P. Maryland Jr.에 의해 처음 소개되었다. 일반적으로 성인직업교육이란 개념은 미성년의 직업교육보다는 더욱 광범위하고 복잡한 문제를 안고 있으며, 단순히 초·중등학교 학생들의 직업교육을 향상시키거나 확장하는 의미만은 아니다. 성인들이 안고 있는 문제는 클 뿐 아니라 교육욕구도 다양하고 종류도 다양하다. 더욱이 초·중등학교 학생들의 직업교육에 도입할 수 있는 자원들과 비교해 볼 때 성인직업교육에 적용될 수 있는 것은 그 종류나 자원의 소재가 엄격히 대조된다.

특히 직업교육이 필요한 집단의 연령층에 따른 상대적 규모 면에서도 생각해 볼 필요가 있다. 미국 인구통계국이 2000년대의 세 가지 인구계획을 내놓았을 때 극단적인 경우 아동인구의 총 규모는 5000만 명으로 감소되는 반면, 성인인구는 1억 9500만 명까지 증가한다고 계획되어 있다. 이러한 가정하에서 볼 때 성인직업교육의 잠재적 수는 이 세기말에 이르러서는 아동의 인구보다 약 4배가 된다는 사실에 주의해야 한다. 이러한 총인구 수치

---

* John R. Valley는 University of Washington(Seattle)의 성인교육센터 소장이며, 이 장은 Change 보고서(1979)의 내용 중 '성인직업 및 적성교육'을 발췌하여 번역한 것이다.

는 성인직업교육의 필요성을 시사한다. 최근에 「무한한 자원(The Boundless resource)」이라는 종합보고서에서 미국국립인력연구소(National Manpower Institute)의 Willard Wirtz는 지역사회 차원에서의 자원의 확충과 조정이 필요하다는 점을 지적하고 있다.

성인직업교육은 현재 효율적으로 조정·통합되어 있지 않기 때문에 사회 각 관련 기관들이 재조종되어야 한다는 것이다. 성인직업교육은 학교기관은 물론 비교육적인 기능을 담당하는 회사, 공장, 정부, 일반 지역사회, 군대, 교도기관 등의 자원에도 의거한다. 더욱이 성인직업교육은 의무적이고 강제적인 교육적 상황에서 일어나는 데 반해, 전문 직업인들의 재면허와 자격증 갱신을 위한 계속교육의 필요와 같은 강제적인 요소가 없진 않지만 주로 자발적인 참여에 의해 이루어진다.

성인직업교육의 욕구, 프로그램, 자원에 관한 정보는 다소 비조직적이기 때문에 한마디로 요약하거나 해석하기는 어려울 것이다. 따라서 무엇이 언제 어떠한 예상결과를 갖고 행해져야 하는가를 결정하기란 쉽지 않기 때문에 성인직업교육에 관한 정책을 결정하고 프로그램을 설정하는 일은 결코 쉬운 작업이라 할 수 없다.

1. 성인직업교육 개념과 구조

성인직업교육은 네 가지 특정 문제와 결부된다.

첫째, 직업교육이란 무엇인가라는 질문과 관련되어 있다. 둘째, 성인의 정의가 무엇인가와 관련되어 있다. 셋째, 성인직업교육과 명확히 관련된 자료나 연구물 등의 체계적인 수집이 상대적으로 어렵다는 점과 관련된다. 넷째, 성인직업교육과 타 영역 간의 확연한 구분이 전제되어야 한다는 점과 결부되어 있다.

우선 식업교육의 개념 정의와 관련된 토론을 살펴볼 필요가 있다. 1974년까지도 직업교육은 명확한 개념 정의 없이 사용되어 왔으나 미국 국립직업교육자문위원회(National Council for Career Education)에 의해 개념화되었다. 특히 미연방 정부교육부 직업국장인 Kenneth Hoyt의 노력에 의해 직업교육의 개념이 정립되었다. 1974년 미 의회는 직업교육을 다음과 같은 계획된 교육적 과정으로 정의하고 있다.

- 전반적으로 학교와 사회 간의 관계 증진과 관련되어 있다.
- 사회에서 부여된 역할을 제대로 수행하기 위해 학교교육과정을 개인의 욕구에 관련시키는 일과 관련되어 있다.
- 상담, 지도 그리고 전 아동을 위한 직업개발 기회 제공과 관련된다.
- 교육과정의 개념을 학교 이외의 직장과 지역사회로 확장시키는 의미를 지닌다.
- 변화를 촉진하고 퇴화를 방지하기 위한 태도, 기술 및 지역의 유관성을 기르는 일과 관련되어 있다.
- 직업을 갖기 위한 교육과 일반지식 교육 간의 구분을 해소하기 위한 일이다.

한편 국립직업교육자문위원회는 "직업교육은 인간의 생활방식의 일부인 일에 관해 배우고 일에 종사하도록 준비시키는 경험의 총체다."라고 정의하고 있다. 그러나 직업교육이란 용어는 적절히 정의할 수 있는 개념이 아니며, 특히 성인직업교육이란 용어는 더욱 그러하다. 성인직업교육이라고 할 때에는 '직업교육'의 개념과 '성인'이라는 특수한 정의를 내릴 필요가 있다.

직업교육의 개념은 앞서 살펴본 대로 조작적 정의가 가능하므로 성인직업교육의 중요한 정의 중 하나라고 할 수 있는 '성인'에 관한 용어를 살펴

볼 필요가 있다.

'성인'이란 용어는 다양한 목적에 따라 다양한 정의로 사용되어 왔다. 만일 성인과 비성인 간의 분계점으로 특정한 연령을 정할 수 있다면 큰 도움이 될 것이다. 그러나 한 가지 분명한 사실은 성인기를 일정한 나이로 설정하기보다는 성인기의 연령대가 저하하는 경향이다. 뿐만 아니라 연대기적인 함축을 띤 성인기는 직업세계와 교육에 커다란 영향을 받는 개념이다. 그러나 Paul Barton이 지적하듯이 미국의 경우, 16세를 성인기의 최저연령으로 받아들이는 데는 세심한 주의가 필요하며, 이는 대개 21세가 되기 전까지는 정규적인 성인직업에 고용되지 않기 때문이다.

Parelius는 14~18세의 연령을 성인생활의 주류로부터 분리시켜 이들을 동년배 문화와 동년배 집단사회화를 시켜야 하는 연령계층(age stratum)으로 구분하였다. 그리고 이러한 점에서 16세를 성인의 하한(下限)으로 받아들이는 데는 조심해야 한다. 특히 어떤 학자들의 경우 성인의 개념에서 제외시키고 있는 대학생들도 주업이 학업인 성인이기 때문에 성인의 개념에 포함시켜야 한다고 보았다. 여기서는 성인의 정의를 초·중등 의무교육제도의 관할에서 벗어난 16세 이상인 사람으로 설정한다.

그러나 성인의 개념과 직업교육의 정의를 내렸다고 해도 아직 두 가지의 문제가 남아 있다. 첫째는 성인직업교육 영역에 있어 명확한 자료나 연구의 체계적 축적이 없다는 점이고, 둘째는 성인직업교육에 관한 정보지식은 다른 표제나 제목하에서 분류되어 버릴 수도 있다는 것이다. 그러므로 성인직업교육의 현실을 알아보기 위해서는 성인교육, 실업교육, 협동교육, 계속교육, 인력개발교육 그리고 평생학습 같은 표제에 관심을 돌릴 필요가 있다. 여기에 제시된 범주들이 모두 직업개발교육(career education)이라고는 말할 수 없지만 이러한 제목하에서 직업교육의 추진과 중요한 관점을 발견할 수 있다.

성인직업교육 영역 설정과 더불어 염두에 두어야 할 주요한 관점의 하나는 구조의 문제다. 성인직업교육의 주요 범주도 초·중등학교 전달체계와 같이 생각하면 도움이 된다. 따라서 성인직업교육은 예비직업교육, 초등직업교육 그리고 적응직업교육의 세 가지 범주로 나누어 생각하는 것이 좋다고 본다.

예비직업교육(preparatory career education)은 성인으로 하여금 직업세계에서 최소한의 기능을 수행할 수 있게끔 훈련하는 교육으로서 구제적 특성을 지닌다. 예비직업교육에서 추구하는 최상의 목표는 고도의 전문화된 학교교육과 같은 내용의 습득에 있는 것이 아니라 보통 초·중등학교 직업교육 프로그램을 잘 습득한 수준까지 끌어올리는 데 있다.

성인예비직업교육의 전달체제는 전일제 혹은 시간제의 성인학교이며, 이차적인 전달체제는 인력개발계획이나 고용계획, 그리고 각종 지역사회의 기관을 통해 제공되는 훈련 프로그램 등이다. 지원체제의 일부는 고용서비스상담과 고객유치와 관련된 다양한 노력도 포함된다. 성인예비직업교육은 성인기초교육, 이중언어교육, 장애자 프로그램, 범죄자 교도교육, GED(general educational development), 즉 고등학교 학력 인정 프로그램 등을 포함한다.

초등성인직업교육은 직업을 갖기 위해 자격을 얻으려는 직업개발 노력뿐만 아니라 직업에 만족을 얻을 수 있도록 도와주는 교육이다. 초등성인직업교육은 공사립실업학교, 단기대학, 종합대학과 같은 전달체제가 활용된다. 또한 초등성인교육은 도제(견습공)제도, 작업-연구 프로그램, 그리고 군대나 정부, 사회사업기관, 기타 대규모 회사에서 볼 수 있는 내부훈련 등과 같은 다양한 전달체제를 이용한다.

적응성인직업교육은 개인으로 하여금 만족스러운 작업관계를 지속하게 하고 직장에서 퇴직한 후를 준비하게 하거나 개인으로 하여금 취미나 가족생활 등 작업 외의 만족을 얻도록 하는 교육이다. 따라서 계속교육 프로그램을 통해 직업변경에 대비하는 성격이 짙다. 그러나 전달체제는 공식교육체제의 이용보다는 자기주도적 학습이 활용된다.

성인직업교육은 직업준비를 위한 예비직업교육과 직업능력 향상을 위한 초등직업교육, 그리고 개인으로 하여금 작업관계를 만족하게 하는 적응직업교육의 영역으로 구분되어 각기 다른 전달체제를 활용한다. Davis와 Lewis는 특히 성인직업교육에 관한 연구 업적을 남겼다. 그리고 Writz는 약 130만 명의 사람이 재훈련이나 재교육이 필요하다고 설명하고 있는데, 전직(轉職)은 100명 중 4명만이 55세부터 64세 사이에 직업을 바꾸는 데 불과하다고 지적하였다.

또 하나 언급할 필요가 있는 것은 성인직업교육의 자발주의(volunteerism)에 관한 측면이다. 자원봉사는 복잡하고 광범위하므로 하나의 논문 주제가 되어야겠지만, 자원봉사자들을 위한 교육도 매우 중요하다. Wolozin은 1966년 미국에서 자원활동의 추정 경제가치는 150억 달러이고 1974년에는 250억 달러가 넘는다고 지적하였다. 따라서 자원봉사활동은 계속 증가하고 있으므로 성인직업교육에서 이에 관한 고려가 있어야 한다는 것이다. 미국에서 자원봉사자가 기여한 연간시간이나 노동력 규모에 관한 체계적 연구는 없었으나, 1974년의 경우 자원봉사자의 노력은 전시간(全時間) 작업하는 350만 인구와 맞먹었다. 이러한 사실은 자원봉사와 유급고용은 동등하게 고려해야 함을 시사한다.

2. 성인의 직업교육에의 참여

얼마나 많은 성인이 예비직업교육에 참여하고 있는가? 어떤 것이 주요 전달체제로 사용되고 있으며 어떠한 것이 이차적 전달체제로 이용되고 있는가? 그리고 이차적 전달체제는 얼마만큼 확대되어 있는가? 이러한 전달체제를 지원해 주는 지원체제는 무엇인가? 이와 같은 성인의 참여에 관한 자료를 활용할 수 있다면 이상적이겠다. 성인직업교육에의 참여와 관련해서 세 가지 주요 범주를 비교할 수 있을 것이다. 세 가지 범주는 욕구영역 확인, 욕구순서 분류, 더 나은 시민봉사행위 권장이다. 비록 개념적으로 성인직업교육의 주요 범주를 상호 관련시킬 수 있다고 믿고 있지만 저자에 의해 개발된 분석구조와는 부합되지 않는다.

성인참여와 관련해서 가장 중요한 문제는 미국보건성의 책자 서문에 쓰인 구절에 잘 나타나 있다. 우리는 "이 프로그램에 참여하고 있는 많은 사람이 직업교육과 별로 친숙하지 않고 직업교육 프로그램에 참여하면서도 잠재 가능한 자원을 잘 이용하려고 하지 않을지 모른다."라고 지적하고 있는 사실에 주목할 필요가 있다.

직업교육은 수업, 학생관리, 상담지도, 직업정보 및 직무배치와 같은 영역을 포함하고 있기 때문에 가령 어떤 학자가 계속교육 프로그램에서 성인참여에 관한 자료를 분석한다 해도 수업요소의 표면상 지수만 알 수 있을 뿐 직업교육과정의 다른 제 요소는 고려하지 않았을 것이다.

성인 참여자에 관한 연구는 다음과 같은 몇 가지 관점에 유의해야 한다.

먼저, 학습자는 물론 잠재학습자(potential learner)에 관심을 두어야 한다. 일반 성인들의 성인교육에 참여하려는 동기는 성인학습 참여자들과의 접촉을 통해서 증대되기 때문이다.

두 번째 접근방식은 교육기회를 제공하는 다양한 기관, 조직, 기구들의 조사형태를 취해야 한다. 한 예로서 '공립학교제도에서의 성인교육'이라는 제목의 국립통계국이나 보건성 등의 자료가 좋은 분석자료가 된다.

이러한 두 가지 접근방식에 의해 분석된 자료에 의하면 성인교육 참가자 수는 점증하고 있으며, 1975년을 기점으로 할 때 지난 6년간 성인교육 참여는 약 31% 증가하였고 전일제 학생으로 참여하는 것은 약 4% 증가, 그리고 전체 성인인구는 약 13% 증가한 것을 알 수 있다. 이러한 예로 볼 때 성인집단의 직업교육의 참여 규모도 증대한다는 것을 알 수 있다.

성인집단의 교육활동의 직업 관련도에 관한 지적을 보면 55%가 세 가지의 주요 연구범주로 구성된 직업훈련을 추구하고 있는데, 실업/기술적, 경영관리적, 기업가적/전문가적 훈련을 추구하고 있다. 이것은 예비성인직업교육의 하나의 지표가 될 수 있을 것이다. 24%는 고등학교학력인정시험, GED, 혹은 대학과목을 추구한다. 또한 44%는 자격면허, 학위취득 등의 이유에서 참여하고 있으며, 56%는 직업의 향상발전과 새로운 직업을 얻기 위해 참여한다. 이러한 특성 등을 감안해 볼 때 성인직업교육의 방향과 프로그램의 특성이 결정되어야 하리라 본다.

성인학습자들이 직업교육에 참여하는 이유를 정리해 보면 다음과 같다.

- 기초교육(1~8학년 수준)
- 고등학교 자격 및 GED(9~12학년 수준)
- 직업훈련
- 일반 대학과목
- 기타

이와 같은 이유 이외에도 성인으로 하여금 창조적 직업을 위한 훈련을 위해 성인직업교육 프로그램의 역할이 설정되는 경우도 있다.

3. 성인직업교육의 기관 및 프로그램

성인직업교육과 관련된 기관으로는 공립학교, 지역사회기구, 고등교육기관 등을 들 수 있다.

- 공립학교: 공립학교는 예비성인직업교육과 초등성인직업교육을 수행

하는 기관이며 전일제 수업뿐 아니라 시간제 수업도 제공한다.

- 지역사회기구: 지역사회기구에는 종교단체, YMCA나 YWCA, 적십자, 민간기구 및 사회봉사 목적의 문화기구 등이 속한다. 미국의 경우 5,000개의 기관이 1만 7,500개의 과정을 제공하고 있는데, 성인 참여자 수는 약 2,100만 명으로 대부분 직업훈련을 받고 있다. 이들 중 2/3가 17세에서 54세이고, 1/3은 150 시간 이상을 수강한다.
- 실업교육: 실업교육은 1971년 이래로 노던애리조나 대학에 설치된 Baseline Project로 알려진 특별연구에 의해 중요성을 인식하게 되었다. 실업교육법에 의하면 개인으로 하여금 대학학위를 필요로 하지는 않는 기존-현존직업에서 반숙련 혹은 숙련작업자, 기술자, 준전문가로서 보다 나은 고용관계를 준비시키기 위한 실업기술훈련 및 재훈련을 그 목적으로 하고 있다. 실업교육은 개인 차원이라기보다는 인력훈련 및 재훈련 프로그램이 주축을 이룬다.
- 고등교육 직업교육: 고등교육기관에서는 예비직업교육과 적응직업교육 프로그램과 관련된다. 고등교육의 직업교육 프로그램에 참여하는 성인들의 경우는 실업-기술직, 경영관리직, 전문직 그리고 기타 직업 등이었으며 참여자 수는 1969년 이래 지속적으로 증가 추세에 있다. 그리고 4년제 대학의 경우는 성인 참여자의 증가나 감소의 폭이 일정치 않으나 전일제(full time) 학생 수보다는 부분시간제(part time) 성인의 수가 많다. 또한 2년제 대학의 경우도 비슷한 경향이지만 감소 폭이 훨씬 적다고 보고되고 있다.
- 적응직업교육: 적응직업교육은 주로 의사, 변호사, 보건전문직 등을 대상으로 직업수행과정에서 필요한 계속교육을 실시하는 유형이다. 특히 개업 전문직들을 대상으로 업무수행상의 질적 측면을 향상시키기 위해 계속교육 프로그램을 설정하고 있는데 주로 전문직의 직능단체, 예컨대 변호사협회, 의사협회 등이 관련되어 있다.

- 노년직업교육: 노인직업교육 프로그램은 최근 들어 성인교육의 중요한 영역으로 인식되고 있다. 캘리포니아의 경우, 60세 이상의 성인을 대상으로 아기돌보기, 가정관리, 기타 노년층에 적절한 직업을 개발하여 훈련시키기 위한 재정지원을 확대하고 있다. 미국국립교육연구소의 연구보고서에 의하면 155개 대학 중 100개 대학은 60세 이상의 성인을 위한 몇 가지 프로그램이 있다고 보고하고 있다. 그러나 어느 대학도 노인들이 제2의 직업을 가지는 것을 옹호하거나 재훈련시키려는 노력은 보이지 않고 있다고 지적한다. 뉴저지 Bergen Community College만이 노인들을 공공기관에 배치시키기 위해 종합고용과 훈련 관리의 노력을 해 왔으며, 부동산이나 기타 분야의 직업훈련을 해 온 것으로 보고하고 있다. 또 Louisville State Employment Service는 1966년 이래로 퇴직근로자 직업서비스센터를 운영하여 4,000명 이상을 고용시켜 왔다. 특히 이 센터는 60세 이상의 성인만을 대상으로 자원봉사자에 의해 운영된다.
- 소외성인직업교육*: 소외성인직업교육은 소외된 성인집단을 대상으로 하는 교육 프로그램으로서, 다문화 교육프로그램, 갱생프로그램, 여성재교육프로그램 등이 이에 속한다. 예로, Westling, Reichard, Cobb 그리고 Drew 등이 쓴 조금 지체된 성인(mildly retarded adults)을 위한 후기중등계속교육에 관한 흥미로운 논문을 참고하기 바란다.
- 인력고용훈련 프로그램: 1973년 종합고용훈련법(CETA)에 의해 시행되고 있는 인력고용훈련 프로그램은 다양한 서비스 프로그램을 포함하고 있는데 적응직업교육보다는 초등 및 예비직업교육에 더 관심을 두고 있다. Title Ⅰ과 Ⅲ으로 구분되어 있으며, Title Ⅰ은 주로 훈련, 고

* 소외성인직업교육 부분은 저자가 삽입한 부분으로서, 소외성인은 여성, 소수민족집단, 이주 다문화 가족, 범법자, 지체성인 등을 지칭한다.

용, 상담, 시험배치 등을 포함한 인력서비스의 계획 및 운영을 위한 프로그램이며, Ⅲ은 직업을 구하는 데 있어 불이익을 당하고 있는 특수 집단인 청소년, 계절농장 노동자, 범죄자, 이주자, 인디언 등의 추가 고용이나 훈련서비스를 주 내용으로 하고 있다. 예컨대, 1975년의 경우 Title Ⅰ에 등록한 사람은 57만 명이며, 교실훈련이 31%, 직업훈련(OJT)이 8%, 공공봉사기관의 고용이 7%, 실험실습이 43%로 프로그램이 운영되고 있다. 연령 분포를 보면 60%가 22세 이하이고 그중 3분의 1은 22세에서 44세의 연령집단이었으며, 이 프로그램에 참여하는 성인들은 60%가 고졸 이하의 학력집단이었다. CETA프로그램 중에서도 특이한 것은 직업군단(Job Corps) 프로그램으로, 이는 청소년 집단을 대상으로 거주지 센터(residential center)를 활용한 일종의 교육 및 직업기술훈련 프로그램이다.

- 직업교육 후원서비스: 직업교육 후원서비스는 초·중등 직업교육 전달체제를 후원하는 서비스로, Harrison과 Entine(1975)이 미국조사연구소(AIR)에서 행한 연구를 보면 752개 프로그램이 있는데, 후원서비스 기관은 다음과 같다.
  - 단과대학 및 종합대학(34%)
  - 지역사회 전문대학(20%)
  - 사조직 및 기관(18%)
  - 정부기관(16%)
  - 공공성인학교(12%)

  이 서비스의 이용고객은 32%가 여성으로 가장 높은 비율을 차지하고 있으며, 전문보조원을 두고 후원서비스를 제공하는 것으로 나타났다. 후원서비스는 교실수업이 가장 인기 있으며 워크숍, 세미나, 소집단 회의가 자주 활용된다. 가정, 사업, 공장, 이동차량(mobile vans) 그리고 입주센터(live-in centers)가 후원 서비스 활용장소가 된다.

4. 성인직업교육 관련 프로그램

성인직업교육에 관한 정보는 부정기 간행물인 직업교육목록(career education catalog)과 국립교육연구소(NIE)의 보고서 등이 있으며, 연방정부의 연방직업교육서비스기관의 출간물을 들 수 있다. 이 출간물에 의하면 연방정부의 직업 관련 프로그램 38개 중에서 성인에게 적용할 수 있는 프로그램은 16개로, 〈표 13-1〉과 같이 정리할 수 있다.

표 13-1 성인직업교육 프로그램

프로그램	직업교육과의 관계
전국학생자원봉사자 프로그램	고등학교 및 대학 직업탐사 교육
교육 및 작업 프로그램	모든 연령 수준의 직업교육자료 및 모델에 관한 교육
직업교육 프로그램	중등 이후 직업교육에 관한 지원
지역사회교육 프로그램	지역사회 중심의 직업교육
소비자 교육 프로그램	경제교육, 고용 가능성, 생존기술 등의 직업교육 분야에 관한 교육
실업교육 연구 프로그램	직업교육에 있어 교육과정 모델 및 전시 프로젝트
여성교육평등 프로그램	교육과정 선택에 있어 성적 편견을 제거하는 직업교육 프로그램
종합교육훈련법	시험, 상담, 기술훈련, 기초교육에 관련한 법제적 내용
고용서비스	배치, 작업정보 및 시험
인력개발 프로젝트	직업교육 프로젝트의 자금(지원)
직업정보보조금 프로그램	직업정보체제 개발을 위해 8개 주에 보조금 지급
여성특별고용지원	상담, 계속교육, 탁아소 관련 프로그램
국립시청각센터	직업교육에 적용 가능한 매체프로그램
지체 부자유자 고용	지체 부자유자의 고용기회, 상담
대통령자문위원회	정보자료
퇴직행정관료의 서비스단/현직 행정관료군단	직업탈사와 관련된 정책제안 및 계획에의 참여

5. 성인직업교육과 인력개발

성인직업교육은 인력개발과 고용계획, 그리고 인구계획과 관련되어 있다. Davis와 Lewis의 '교육과 고용' 보고서에서는 대다수의 남녀 노동자들에게 가능한 교육 및 훈련과 관련된 가장 효과적인 비용이 제공되어야 한다고 주장하면서 '미래의 작업과 교육준비'를 위한 27가지 제안을 하고 있다. 그 주요한 내용만을 발췌 · 요약하면 다음과 같다.

- 직업개발 및 확충은 직무창출만큼이나 중요하다.
- 자기 고용기회를 위해서는 적정한 교육과 훈련을 적절한 정도로 확대시켜야 한다.
- 사회문제는 청소년 교육과 성인훈련 및 재훈련을 통해 해결해야 한다.
- 계속교육(continuing education)의 요구가 증대할 것이다.
- 직업교육의 기회는 중등학교 분야에서 중등학교 이후의 분야로 상승될 것이다.
- 개인기업은 교육체제와 협력할 필요가 있다.
- 소도시 및 농촌지역의 작업과 교육문제에 관심이 증대될 것이다.
- 전문직업 훈련가와 직업훈련 조정자의 수요가 증대될 것이다.

이러한 추세와 제안을 분석해 보면, ① 청소년 노동자의 수가 감소될 것이고, ② 25~44세 연령집단의 노동자가 증대하며, ③ 입문 수준의 훈련 프로그램보다는 기존의 노동자들의 욕구를 충족시키는 프로그램이 증대할 것이다. 그리고 ④ 예비직업교육에서 적응직업교육으로 전환된다라는 결론을 내릴 수 있다.

6. 고등교육과 성인직업교육

고등교육과 성인직업교육의 관계는 오랜 연조가 있으며 최근 들어서는 지원 서비스 프로그램과 새로운 대학 프로그램 개발이 특징적이다. 특히 지원 서비스의 예를 들어 보면 대학 수준 시험 프로그램이라든지 지역학습 서비스 프로그램을 들 수 있다. 고등교육의 성인직업교육과 관련 프로그램을 열거하면 다음과 같다.

1) 학위 프로그램

주로 외부학위(external degree) 프로그램이 성인직업교육과 관련이 있으며, 시간, 장소, 교수과정 및 학습양식 등이 다양하고 유연성이 있다. 성인직업교육과 관련 학위프로그램의 예로서는 주말대학(weekend college), 캠퍼스외 학위프로그램(off-campus program), 공장 및 직장교실 프로그램(factory or industry classroom), 자기주도적 프로그램(self-paced individual program) 등을 들 수 있다. 고등교육에서의 이러한 프로그램의 특성은 탈(脫)캠퍼스, 탈(脫)주중, 탈(脫)전통 등의 특성을 지닌다.

2) 대학확충 서비스

대학확충 서비스는 수업 전달에 있어서 다양한 기술을 활용한다. TV나 전화, 컴퓨터, 라디오 등이 많이 활용되며 학습방법에 있어서도 선택의 폭이 넓다. 예를 들어, Kuskokwin 지역사회대학은 알래스카에 6만 평방마일에 걸쳐 흩어져 있는 50개 마을에 교육서비스를 제공하고 있다. Southern California 대학의 경영학부도 'Flex Ed Program(유연교육 프로그램)'을 설치 · 운영하고 있는데, 직접 독자적으로 공부를 할 수 있도록 일정한 주기로 녹음되는 교육자료를 활용하는 과정이다. Pittsburgh 대학도 'External Studies Program(외부학위 프로그램)'을 설치하여 패키지 코스를 운영하고 있다. Black Hawk College도 '무제한 연구 프로그램(The study unlimited)'을 설정하여 비디오 카세트 과정을 운영하고 있다. 이외에도 유선 TV(cable TV) 프로그램이 확대되어 가고 있는 실정이다(1990년 이후에는 컴퓨터를 활용한 온라인 프로그램이 크게 확대되고 있다.).

캘리포니아 대학체제는 실제적으로 외부학위를 위한 행정관리적 촉진모델을 이용함으로써 성인직업 교육기회를 증진시켜 왔다. 이러한 체제를 소위 '천마일 캠퍼스(1000mile campus)'라고 지칭하고 있는데 통상적으로 세 가지 유형이 있다. 첫째 유형은 1971년에 설치 · 운영된 대학원 프로그램으로서 외부학위 프로그램 위원회에서 운영된다. 이 유형은 재단이나 전문직능협회에서 제공되는 경우가 많다. 둘째 유형은 행정관리직을 대상으로 하는 직능협회와 대학의 공동프로그램으로서 7개 프로그램이 있다. 세 번째 유형은 19개 대학의 협력하에 운영되는 캠퍼스 프로그램과 off-campus 프로그램을 활용하는 방안이다. 천마일 캠퍼스는 학외장소가 활용되는데 학생들이 수업을 받는 데 용이하도록 학외장소로 수업을 이동시킨다. 수강시간도 늦은 오후나 주말이 활용되며 방법 면에서도 독자적인 방법이 사용된다.

7. 고등교육과 기업체 협력 성인직업교육

특별 성인학위 프로그램은 기업체와 대학이 협력하여 성인직업교육을 위해 설정한 프로그램이다. 이 프로그램은 주로 소규모 인문계 단과대학이나 실업 · 기술 계통의 전문대학에서 제공하고 있다. 이러한 프로그램은 주목적이 강한 직업동기를 유발하는 데 있으며, 대학 수준의 시험 프로그램, 경험학습협동평가(CAEL) 프로그램, 대학 이외의 후원학습 프로그램 등이 주요내용이다. 특별한 성인학위 프로그램을 운영하고 있는 대표적인 대학은 Roosevelt 대학, Oklahoma 대학, Syracuse 대학, South Florida 대학 등을 들 수 있으며, 전통적인 학위 프로그램과는 달리 전적으로 특별 프로그램을 위주로 하는 대학은 Empire State College, college for human services, Greenville Technical College 등을 들 수 있다. 특히 Thomas Edison College, The New York Regents Degree, the Connecticut Board for Academic Awards 등은 캠퍼스 없는 대학으로서 종합직업 및 교육상담 서비스를 포함하는 외부학위 프로그램을 제공하고 있다. 그러나 캠퍼스 없는 이들 대학의 제3의 외부학위모델은 학생 스스로의 학습결과만을 평가하는 데 치중하기 때문에 비판의 소지도 있다.*

성인직업교육과 관련된 연구의 한 결과를 보면 비전통적 프로그램의 개발에 더 많은 주의가 요구된다.

표 13-2 대학 최고관리자의 견해

	증가	감소	모르겠다
경험학습 프로그램 (작업연구, 임상훈련, 인턴제)	72%	27%	1%
비전통 독자연구 (시험인정, 경험학습, 대학확충학위)	49%	50%	1%

* 최근 들어 컴퓨터 네트워크와 가상현실의 급격한 확산에 의해서 외부학위 프로그램이 보편화되고 있다. Phonix 대학이 대표적인 온라인중심 가상대학이며, 필자는 이를 '제3의 대학(the third university)' 혹은 '성인중심대학(andraversity)'이라는 용어로 표현하고 있다.

표 13-3 대학 학생인사 담당자의 견해

		증가	불변	감소	모르겠다
직업상담-전 기관 포함	유용성	74%	25%	1%	-
	이용빈도	75%	20%	4%	-
	서비스의 질	75%	24%	1%	-
직업배치-전 기관 포함	유용성	55%	44%	1%	-
	이용빈도	68%	44%	4%	3%
	서비스의 질	63%	35%	1%	1%

표 13-4 직업상담 및 배치의 증가

박사학위 수여기관 중심		
	증가	불변
직업상담	45%	57%
직업배치	29%	71%

앞의 표에서 알 수 있듯이 고등교육기관에서의 성인직업교육은 증가 추세에 있다. 이 결과들을 1973년 1,500개 이상의 대학에 보낸 설문지 중 756개교의 회신을 중심으로 분석한 결과로, 대학들이 학문적 프로그램의 일부로서 직업개발과정을 제공하고 있으며 각 캠퍼스는 종합직업개발 프로그램을 개발해야 한다는 견해다.*

---

* 2011년 현재 미국의 4,800여 개의 고등교육기관 중 직업상담과 성인직업교육을 담당하는 고등교육기관은 4,300여 개에 이르고 있다.

8. 성인직업교육과 후원 서비스

대학성인교육의 후원 서비스는 교육중개업(educational brokering), 사전학습평가 및 자격부여(credentialing), 그리고 경험학습 기회의 확충 등을 들 수 있다.

- 교육중개업: 교육중개업은 1970년대 초기에 후기중등교육과 관련하여 나타난 용어다. 이는 성인학습자들에게 교육자원을 제공하고 상담, 평가 및 고객옹호를 위한 봉사를 하는 일을 말한다. 교육중개업에서 중요시되는 두 가지 기능은 성인학습자들을 대신하여 중재(intercession)하는 일과 성인학습을 방해하는 기관의 정책변경에 노력하는 일이다. 교육중개업은 1976년 전국 규모인 국립교육중개센터(National Center For Education Brokering)를 창설하게 하였으며 Hefferman, Macy, Vickers 등은 교육중개의 가능성을 지닌 지역사회기관으로서 공공도서관을 지적하고 있다. 특히 도서관 독학 및 안내 프로젝트과로 하여금 교육중개모델을 개발하도록 공공도서관과 혁신재단 등의 협조를 얻어 항구적 기반을 마련하려고 노력하고 있다.
- 사전학습평가 및 자격부여: 사전학습평가 및 자격부여에 관한 기술과 실제는 성인직업교육에 적극적으로 기여하면서 미국 교육평의회의 봉사경험 자격인정위원회(Commission on Accreditation of Service Experience: CASE)에서 관여하게 되었다. 즉, 각 주의 교육당국과 협력하에 사업, 공장, 정부의 훈련 및 교육 프로그램을 통해 가능한 공식적 교수를 권장하고 이와 병행하여 시험에 의해 자격을 인정하는 서비스다.
- 경험적 학습: 경험적 학습은 대학의 후원하에 이루어지는 후원학습(sponsored learning)과 후원경험적 학습을 나타내는 활동인턴제(activi-

ties internship)로 대별되는 방법으로서 현장경험을 통해 학점을 취득하고 실제학습을 하는 방법이다. 대학의 후원학습은 대학에서 현장의 기업체나 산업체에 위탁을 받아 학습하는 것이며 후원경험적 학습은 현장에 재학생을 파견하여 실제 경험을 습득하게 하는 인턴제도다.

지금까지 성인직업교육의 일반에 대해 살펴보았듯이, 성인직업교육은 상담, 직업개발, 직무배치 그리고 직무 이후의 재교육에 이르기까지 다양한 영역과 관련되어 있기 때문에 성인의 삶이 곧 성인직업교육과 관련된다 해도 과언이 아니다. 성인직업교육이 이렇듯 삶 그 자체와 관련되어 있기 때문에 초·중등교육에서부터 고등교육에 이르기까지 관련될 뿐 아니라 보다 체계적이고 실질적인 연구가 요청되는 영역이기도 하다.

제14장

청소년의 여가선용 교육*

1. 청소년 평생교육의 의의

오늘날 세계 여러 나라는 청소년 문제를 안고 있다. 특히 산업화과정에 있는 국가일수록 청소년문제가 심각하다. 이러한 추세는 흔히 청년문화(youth culture)가 부도덕 문화(black culture) 혹은 감각 문화(skin culture)라는 용어로 쓰일 정도로 청소년의 문화나 성장발달 문제가 사회문제의 하나로 대두되고 있다.

청소년 집단은 장차 한 사회나 국가의 문제를 담당할 중요한 세대이며, 그 발달특성으로 보아서도 성인기와 유아 기간의 심리적 이유기에 속하기 때문에 한 국가의 장래는 청소년 집단의 건전한 육성 여부에 달려 있다고 할 수 있다.

또한 청소년은 한 사회를 반영하는 거울이라 할 수 있다. 특히 한국의 청소년들은 다른 나라의 청소년과 달리 급격한 사회와 가치의 변화를 경험하면서도 이러한 변화에 적응할 능력을 준비하지 못했으며 교육적 측면에서

* 이 장은 필자가 버클리 대학교 객원교수 재직 시 쓴 것이다.

볼 때에도 학교에서 주어진 내용만을 습득할 수밖에 없는 제도적 사회화(institutionalize socialization)에만 의존하고 있는 실정이다. 일반적으로 청소년의 신체적 발육은 이전보다 더 빨라지고 있으면서도 사회적 역할부여의 기회나 시기는 늦어지고 있기 때문에 청소년기의 사회심리적 문제는 더욱 복잡하고 심각한 사회문제로 등장하고 있다.

더구나 우리나라의 청소년 인구의 비율은 점증하고 있으며 이들에 대한 올바른 교육과 직업 문제 및 삶과 관련된 문제에 대한 지도는 국가의 장래를 결정하는 중요한 문제가 되고 있다. 특히 오늘날과 같이 '세속적 핵가족'이 확산되는 탈가치화사회에서는 가정이나 학교교육의 기능이 약화됨으로써 청소년교육의 장이 상실된 실정이라 할 수 있다. '세속적 핵가족'이라는 용어는 필자가 만든 용어로, 전통적 가족 유대와 부모-자녀 간의 혈연적 연대가 상실된 개별화 내지 원자화된 개인주의 중심의 핵가족을 의미한다. 이러한 '세속적 핵가족'의 확산은 부모의 역할 붕괴, 이혼율 증가 그리고 조기제도적 사회화가 확대되는 현상을 초래한다. 그러므로 학교교육과 가정교육뿐 아니라 건전한 사회교육을 통한 청소년의 올바른 육성책이 요구됨은 물론 특히 여가선용을 통한 청소년 교육의 중요성을 인식할 필요가 있다.

건전한 사회의 육성을 위해서는 청소년문화의 올바른 정립이 이루어져야 하며, 제도적 교육이나 가정 등의 사회체제에 의존하는 제도적 사회화뿐 아니라 사회 전체가 청소년 교육의 장이 되는 비제도적 사회화도 매우 중요하다는 사실을 인식할 필요가 있다. 우리나라처럼 학력주의사회로 치닫는 사회는 대부분의 자녀들에게 학교수업이나 학력 상승을 위한 도구적 교육에만 열중하게 함으로써 진정한 의미에서의 교육이나 인생의 경험을 할 수 없도록 만든다.

더구나 한국 사회는 청소년 인구의 도시집중화 현상과 함께 대중매체의 광범위한 보급에 따른 대중문화(mass culture)적 특성을 지님으로써, 청소년들이 이러한 문화를 쉽게 접하게 만들어 '세속화된 청소년문화'와 대중화된 청소년의 특성을 점증시켜 오고 있는 실정이다. 그럼에도 불구하고 기성세대들은 아직도 틀에 박힌 엘리트주의적 청소년관을 고집함으로써 전인적 인간의 양성보다는 학업성적을 성공의 지표로 삼는 경향을 면치 못하고 있다. 이러한 현상은 학교, 사회, 가정의 환경 모두가 청소년들에게 일류학교 진학의 무거운 부담을 안겨 줌으로써 저항과 도전을 특성으로 하는 청소년기의 독특한 발달적 특성과 더불어 심리적 일탈의 가능성을 증가시키고 있다. 한국의 청소년들은 이러한 점에서 사회나 가정은 물론 생의 발달과정에서 필수적으로 경험되어야 할 삶의 의미를 박탈당하고 있는 사회적 박탈(social deprivation)의 독특한 특성을 지니고 있다.

특히 여가선용과 관련지어 생각해 볼 때 청소년기는 사념적 특성과 함께 경험적 학습을 필수적으로 요구하는 시기이기 때문에 청소년의 여가선용이 교육에 미치는 효과는 크다 하겠다.

2. 한국교육문화와 청소년

현재 우리나라는 98% 이상의 청소년인 중학생과 90% 이상의 청소년인 고등학생을 자녀로 두고 있는 모든 부모들은 자녀가 학교에서 뛰어난 성적을 올리고 반드시 좋은 대학에 입학해야 하며 사회적으로 높이 평가받는 직업을 가져야 한다는 자녀에 대한 '소원의식(wish-consciousness)'을 가지고 있는 실정이다. 이러한 특이한 한국의 교육문화는 학부모 입장에서 본다면 '한풀이교육'의 기현상을 야기하고 있으며, 사회적 측면에서는 국가나 사회 전체가 '교육에 취한 국민(educoholic people)'처럼 도구적 교육에 열중하고 있는 실정이다. 특히 청소년들의 특성을 볼 때에도 지나친 교육에 의한 속죄양이 되어 주로 '학업문화'나 '시험문화' 혹은 '경쟁문화'적 성향을 배제하지 못함으로써 목적과 과정이 전도되기 일쑤다(이현청, 1992, 1994,

2000, 2012).

흔히 이러한 도구적 교육문화적 특성은 온 가족과 전체 사회에 전이되어 '몇 등인가?' '어떤 대학에 진학했는가?' 혹은 '어떤 직장에 취업되었는가?' 등의 상대적 평가에 의존하게 되는 전이문화(轉移文化)를 형성하게 된다.

청소년들 또한 대부분의 시간을 학교에서 보내야 하고 정해진 일정과 정해진 내용에 따라 청소년기를 보내야 하기 때문에 가정교육보다는 학교환경이나 동료집단의 획일적인 문화에 의존해야 하는 실정에 있다. 더구나 우등생이 되지 못하는 청소년의 경우에는 가정에서나 사회, 학교에서 인정받지 못하는 대신 우등생인 경우에는 과잉인식을 받게 됨으로써 어떤 경우에든 성장기에서부터 자아의식의 올바른 정립이 어려운 실정이다.

흔히 필자는 한국의 교육문화를 3과현상으로 지칭하고 있는데, 3과현상이란 과잉교육, 과열교육, 과잉보호교육을 의미한다. 우리나라의 청소년은 청소년기에 필수적으로 경험해야 할 실질적인 삶의 경험보다는 암기 위주의 입시준비교육에 몰두해야 하기 때문에 현실과 실제와 괴리된 '쓸모없는 지식(useless knowledge)'을 과잉 습득하게 됨으로써 발달특징 면에서 볼 때 단편적 지식의 재생자적인 면모를 발견하게 된다. 더구나 과열교육에 의한 고학력 지향적 성향은 기회의 평등이란 면에서는 긍정적인 측면도 없지 않으나 한국의 사회경제적 구조의 제한성 때문에 과잉경쟁교육의 부정적인 측면에서 탈피하지 못하고 있다.

우리나라 청소년의 대부분을 차지하고 있는 학업성적이 중간 이하의 수준에 있는 중학생과 고등학생들은 꼭 대학에 진학해야 한다는 부모의 기대가 주는 압박감 속에서 심리적 불안감과 중압감에 시달릴 수밖에 없는 실정이다. 그러므로 대학진학을 생각할 때도 인류대학 진학의 가능성을 놓고 항상 좌절감과 열등의식을 지녀야 하고 이에 따라 청소년들이 건전하게 성장하기 어려울 것이라는 것은 자명하다. 한국의 청소년들처럼 '시험에 취한 학생(testholic student)'의 특성을 배제하지 못한 청소년들은 대체적으로 창의성과 자발성이 결핍되어 있고 피동적이며 폐쇄적 성격을 지닌 반면, 지나치게 과잉 경쟁적이어서 소위 후기산업사회와 지식정보화 사회에서 바람직한 특성으로 인식되고 있는 창의성, 협동심, 나눔과 배려 등 합리적 이기주의적 특성이 결핍된다 하겠다(이현청, 1992).

더구나 왕따, 학교폭력 등 청소년의 비행과 범죄가 급격히 증가하고 있는 것도 한국의 교육문화와 무관하다 할 수 없다. 이러한 점은 세속화된 산업사회와 정보화 사회의 황금만능주의와 한탕주의, 그리고 세속화된 합리성 등의 사회병리적 사고와 함께 퇴폐적이고 대중문화적 청소년 문화가 확산된 데에서도 원인을 찾을 수도 있으나, 성적 위주로 학업을 지나치게 강조해 온 학교와 가정에서의 청소년 소외도 문제가 될 수 있는 것이다. 환언하면, 일류병의 교육병리현상과 엘리트주의적인 청소년관이 일탈적(逸脫的) 청소년을 양산하고 있다고 하겠다.

그러므로 입시 위주의 교육에서 탈피해야 함은 물론이려니와 우등생이 아닌 청소년들도 자아존중의식을 가지고 청소년기를 영위할 수 있는 학교환경과 가정환경을 만들어 줄 필요가 있다. 이 점에서 청소년평생교육이 필요한 것이다.

교육은 엄격한 의미에서 '인간됨'을 그 궁극의 목적으로 삼고 있으며, 학교교육은 청소년들로 하여금 미래를 준비토록 하는 사회적응과 인간의 삶을 위한 준비교육이라 할 수 있다. 이런 의미에서 본다면 입시위주교육과 고학력 지향적 사고, 그리고 일류지배문화가 올바른 교육의 저해요소라는 것은 말할 나위도 없는 것이다.

그러므로 우리의 교육문화를 고려해 보고 재정립하기 위해서는 청소년들이 자기의 잠재 가능성을 개발하고 건전한 시민적 인간으로 성장할 수 있도록 '인간화 교육'을 시행해야 한다. 오늘 우리가 논하고자 하는 여가선용의 문제가 바로 병리적 교육문화에서 탈피할 수 있는 일례라 볼 수 있다. 청소년들이 재학하고 있는 중고등학교는 다양한 과외활동 프로그램(extracurricula activities)을 통해 모든 평범한 학생들이 운동이나 예능, 그 밖의 다양한 단체활동에 참여하여 그곳에서 보람 있는 청소년 생활의 터전을 발견하게 하고 자신의 잠재된 능력을 계발시키며 주체성 있는 인생관을 형성하도록 할 수 있는 기관으로 전환되어야 한다.

한국의 교육문화는 어떤 측면에서는 학교중심 교육문화라고 해도 과언이 아니며 부모, 특히 어머니 지배문화라 해도 과언이 아니다. 그러므로 부모의 사고 변혁 → 학교중심 교육문화로의 변모 → 학교 교육문화의 변화 → 학교교육의 정상화의 인과관계가 성립될 수 있다.

한국의 교육문화는 제도의 문제도 문제이지만 학부모의 올바른 교육관이 정립되지 않으면 올바른 문화로 정립될 수 없다. 특히 청소년을 둔 학부모의 역할은 더욱 중요하며 인식의 변화를 통한 교육혁신이 이루어질 때 건전한 청소년의 교육이 가능하다 하겠다.

3. 청소년과 여가선용

여가라는 개념은 고대 그리스의 귀족자제들이 한가로이 시간을 보내는 곳이라 생각되어 온 학교라는 뜻의 어원 '*Skole*'에서 비롯되었다. 독일의 사회학자 Schelsky는 '일'과 '여가'의 개념을 구분하면서 여가란 자율적으로 조정, 계획할 수 있는 시간을 의미한다고 하였다. 그러므로 여가는 인간 삶에 있어서 중요한 의미를 지닌다.

최근 들어 삶의 형태도 종래의 '수직적 삶(linea life)'의 형태에서 '융합적 삶(bended life)'의 형태로 전환하고 있는 실정이다. 수직적 삶이란 인간의 삶을 3등분하여 학업, 일 그리고 휴식의 세 부분으로 확연히 구분지을 수 있다는 견해인 데 반해, '융합적 삶'의 개념은 삶은 3등분할 수 있는 것이 아니라 일과 학업과 휴식(여가선용)이 삶의 어떤 과정에서도 동시적 의미를 지닌다는 개념이다. 또한 인간의 인생주기를 유아기, 아동기, 성인기, 노인기로 구분했을 때에도 매 인생주기마다 여가는 중요한 의미를 지닌다고 볼 수 있다. 청소년기에는 특히 신체적 · 정신적으로 심한 변화를 경험하게 되는 시기이므로 그들에게는 특히 여가활동의 필요가 강조되어야 한다는 주장이다. 이러한 경향에 따라 근래에 와서 사회적 또는 국가적 차원에서 청소년을 위한 건전한 여가활동 및 여가지도의 중요성이 강조되고 있는 것은 바람직하다 하겠다. 여가선용이 교육에 가져다주는 영향에 대한 논의도 물론 활발하지만 일반적인 견해는 여가선용이 학습효과 면에서나 청소년의 발달 면에 있어서 중요한 영향을 끼치며 긍정적인 결과를 가져다준다는 것이다.

여가교육철학(philosophy of leisure) 측면에서 살펴보면 여가의 특성과 기능은 다음과 같다(Winecoff & Lyday, 1985).

- 자율적 참여에 기초하고 있다.
- 원만한 인간관계를 갖도록 도와준다.
- 휴식의 기회를 제공한다.
- 운동(신체적)의 기회를 제공한다.
- 창의력을 개발하게 한다.
- 심리적 갈등을 해소시켜 준다.
- 문제해결능력과 상황인식능력을 높여 준다.
- 연대감이나 공동체 의식을 강화시켜 준다.

청소년은 여가선용을 통해 심리적 긴장을 해소할 수 있고 휴양적 욕구를 충족시킬 수 있게 된다. 또한 여가선용의 능력을 배양할 기회를 제공함과 아울러 인간관계를 맺을 수 있는 기회를 제공받게 된다. 이뿐 아니라 학교생활에서 누적된 갈등, 욕구불만, 좌절감, 정서적 불안 등을 해소시켜 줌으로써 정서적 안정을 찾을 수 있게 해 준다. 또한 타인과의 원만한 공동생활

속에서 사회적 역할수행의 기술을 터득하게 해 준다.

여가선용이 특히 청소년에게 중요한 이유는 앞서 언급된 바와 같은 이유에 덧붙여 청소년기는 1차 사회화(primary socialization)의 터 위에 사회적 역할을 완전히 습득해야 하는 2차 사회화의 전환기에 처해 있기 때문이다. 여가선용을 통한 청소년의 2차 사회화 경험은 청소년들의 인성교육과 사회인식에 절대적 영향을 미칠 뿐 아니라 중요한 교육적 의미를 지니기 때문이다. 다시 말해, 청소년의 여가선용은 교육적 측면에서 가정에만 의존하는 1차 사회화에서 부족하기 쉬운 협동심, 지도력 그리고 자부심 등을 보완하는 기능을 하게 된다.

한편 청소년의 여가선용과 관련해 볼 때 우리나라의 청소년문화는 이중적 특성을 지니고 있다. 이중적 특성이란 서구적인 특성과 전통적 특성을 함께 지니고 있음을 의미한다. 그러므로 잘못 인식될 경우 사회적 훈련의 부족 때문에 불건전한 방향으로 흘러갈 우려도 없지 않다. 그러나 학교중심과 사회교육중심의 여가선용 프로그램의 개발과 참여를 통해 청소년의 지도는 교육의 효과와 직결되어 있다고 볼 수 있다.

앞에서도 언급하였듯이 우리나라의 청소년들은 여가 및 자유시간이 거의 없는 실정이고 새벽부터 밤늦도록 학교공부로만 하루생활을 일관하는 경우가 많기 때문에 여가선용의 기술과 개념이 정립되지 못하고 있는 실정이다. 이러한 점에서 본다면 자녀들의 여가활용이 학교 공부시간을 빼앗기 때문에 곧 인생의 낙오자가 되게 한다는 부모들의 잘못된 선입견과 함께 여가선용이 잘못 인식되어 옴으로써 어설픈 형식적 여가선용은 오히려 역기능적인 결과를 초래할 수 있다. 그러나 여가선용은 정서교육이나 인성교육 등의 정의적 학습(affective learning)의 기회를 제공해 준다는 점에서 주요한 교육의 일환이다. 특히 한국의 교육문화 속에서 한계나 능력 이상으로 공부만 하는 것을 요구당하는 청소년이 대다수이기 때문에 여가선용 없이는 감정과 정서가 메말라 인격의 결함을 초래하기 쉽다.

서구와 비교해 볼 때 우리나라 청소년들은 ① 여가 및 자유시간이 거의 없고, ② 청소년들에 대한 지나친 규제일변도의 사회풍토와 함께 성인중심의 문화가 지배적인 비교육적 구조를 가지고 있으며, ③ 청소년들의 여가선용을 할 수 있는 여가시설과 장소가 빈약하다는 점을 우선 지적할 수 있다.

청소년들의 여가선용이 교육적 의미를 지니고 있는 게 사실이지만 우선 청소년의 여가활동이 '교육 이외의' 활동이라는 인식부터 개선되어야 한다. 특히 우리나라의 학부모들의 여가에 대한 개념정립이 절실할 뿐 아니라 교육은 곧 학교에서 '정해진' 내용과 '정해진' 시간, 그리고 '정해진' 장소에서 이루어져야 한다는 삼정형적 사고가 개선되어야 한다.

청소년이 여가를 건전하게 활용할 경우, 교육효과의 극대화를 기대할 수 있다는 것은 자명하다.

청소년의 여가선용이 교육적 활동의 일환으로 인식되기 위해서는 몇 가지 제도적 개선이 요구된다(권이종, 1991).

- 여가선용 교육이 필요하다. 이때의 여가선용 교육은 심미적 교육, 스포츠 교육 그리고 취미 교육 등이 포함된 것을 의미한다. 이때 심미적 교육과 스포츠 교육은 정규학교의 커리큘럼에 설정되어야 하며 취미 교육은 흔히 지칭되는 과외활동(extracurricula activities)으로 이루어져야 한다.
- 사회적으로 볼 때 놀이문화나 여가문화가 교육적 의미를 지니고 있어야 하며 이를 위해서 시설과 프로그램의 개발이 요구된다.
- 청소년의 발달특성에 부합되는 여가 프로그램이 개발되어야 한다. 청소년의 발달은 양극적 특성을 지니고 있다. 양극적(dual tendency) 특성은 신체적으로는 지나치게 격정적이며 심리적으로는 지나치게 이상적이라는 특성을 뜻한다. 따라서 정서적 프로그램과 함께 격정적이

고 신체적 욕구를 충족할 수 있는 스포츠 활동이 제도적으로 보장되어야 한다.

참고문헌

권이종(1991). 청소년과 교육병리. 서울: 양서원.

이현청(1992). 한국교육의 한풀이교육문화. 미국 버클리대학교 평생교육원 영어교사 연수자료. (미발간자료).

이현청(1994). 한국교육의 한풀이 구조적 이해. 교육연수원.

이현청(2000). 한국교육의 현실과 과제. 삼락회 강연자료.

이현청2012). 학교폭력 예방과 인권친화적 학교문화. 국가인권위원회 내부 연구보고자료.

Winecoff, L., & Lyday, J. (1985). *Leisure and adult education*. Columbia: Community Journal.

제15장

가정학교운동론

1980년 중반 이후 교육과 관련된 의미 있는 변화 중의 하나는 학교교육 강화론적 입장과 탈학교론적 입장으로 양분되고 있는 추세를 들 수 있다. 물론 학교교육 중심의 사고가 지배적인 것이 사실이지만 주목해야 할 변화 중의 하나는 학교교육을 배격하고 탈학교론적 접근을 시도하고 있는 경향을 들 수 있다. 이러한 접근은 교육무정부적 경향(educational anarchistic approaches)으로서 대표적인 흐름의 하나는 '가정학교운동(home schooling movement)'을 들 수 있다.

가정학교운동이 교육동향의 하나로 등장한 것은 최근의 일로서 학교교육의 효율성에 대한 회의와 보다 바람직한 자녀들의 훈육에 대한 관심의 증대에서 비롯되었다.

1. 가정학교운동의 기원 및 동기

가정학교운동의 기원은 1982년 8월 미국 매사추세츠 주의 Rockland School Committee가 '가정학교정책(home schooling policy)'을 설정함으로써 비롯되었다. 가정학교운동의 태동 이유는 다음 몇 가지 관점에서 이해할 수 있다.

- **학교교육에 대한 비판**: 학교교육이 지나치게 기술적인 교육 위주이며 지나치게 제도화되어 있다는 비판에서 비롯되었다.
- **학교교육에서의 훈육에 대한 비판**: 학교교육에서 훈육(discipline)이 잘 이루어지지 못하고 있으며, 학급동료의 영향으로 바람직하지 못한 언어, 태도 및 가치관 등을 배울 수 있다는 우려에서 비롯되었다.
- **교육변동(educational change)에 대한 인식**: 교육에 대한 개념은 근래 들어 학교 위주의 교육에서 탈피하여 비교적 혁신적인 개념과 변화를 수용하고 있는데 가정학교운동도 이러한 변화와 관련되어 있다. 즉, '교육주권'의 개념으로부터 '교육인권'의 개념으로의 변화라든지(이현청, 1988, 1994), '교수(teaching)' 위주의 개념에서 '학습(learning)' 위주의 개념으로의 변화 그리고 학교중심의 사회화로부터 '가정중심의 사회화(home-based socialization)'로의 변화 등과 관련되어 있다.
- **신기초주의(new fundamentalism)의 대두**: 특히 종교를 가진 학부모나 단체를 중심으로 기초주의 경향이 대두되면서 학교교육이 갖는 수동적 기억 중심의 교육에 대한 비판에서 비롯되었다.
- **교육전매(educational monopoly)에 대한 저항**: 학교교육이 지니는 교육적 통제나 중앙정부 차원의 교육전매에 대한 비판에서 비롯되었다.

따라서 가정학교운동은 정치적 관점에서는 교육 무정부주의적이고 혁신적인 개혁운동이라 볼 수 있고 방법론적인 측면에서는 부모의 개인적 경험을 자녀교육에 활용하고자 하는 부모의 자녀교육 개입방법이라 할 수 있다. 또한 사회적 측면에서 본다면 사회적 질서(social order)중심의 사회화로부터 적응중심의 질서(adaptive order)로의 전환이라 볼 수 있다.

2. 가정학교운동의 내용

가정학교운동은 학부모와 학교 당국 간의 협약에 의한 가정학교 프로그램이 주가 되고 있으며 일종의 약정교육이나 협력학습(contract learning)의 형태를 띤다. 아동의 궁극적인 교육 책임은 부모에게 있다는 점을 중요시하고, 철학적 기초는 교육무정부주의적 접근에 있으며, 교육인권, 즉 학습권 관점에 근거하고 있다. 방법 면에 있어서는 주로 부모의 개인적 경험이나 전학습 경험에 의존하지만 보조교사(teacher aid)와 함께 자원인사로서 부모의 학교육개입 프로그램(parent involvement program) 참여자 등을 활용하고 있다.

가정학교운동의 대상, 절차, 교수방법 및 조직체 등을 살펴보면 대개 다음과 같다.

▣ **대상:** 유치원 아동부터 고등학교 학생

▣ **커리큘럼**

① 기초교육 및 기본교육(특별 커리큘럼)

② 훈육(실생활 속에서의 훈육)

③ 고유한 삶의 형태의 확충(특히 농촌환경일 경우 자연적인 환경을 통한 학습내용)

▣ **절차**

① 학교와 학부모의 협력체계 설정

② 교육계획에 대한 부모의 설명과정

③ 학교와 가정의 협동 프로그램 설정

④ 가정중심교육 실시

⑤ 정규적 평가(학력평가 및 학군별 평가)

■ 교수방법

① 부모의 개별지도 및 팀티칭, 그리고 공동경험학습(sharing teaching)방법

② 노작교육(가사노동 등을 통한 노작교육)

③ 교과서활용방법

④ 학교의 보조수업(매달 1주 혹은 매주 1일 참여)

⑤ 훈육 및 예절

⑥ 읽기 보조자료 활용

⑦ 다양한 교수학습자료 활용(신문, 교과서, 타이프, 계산기, TV, 테이프레코더, 전자게임, 미니컴퓨터, 스포츠 기재, 소형동물 등)

⑧ 지역사회자원인사 활용

⑨ 기타 가정교수 프로그램법

⑩ 전통적 학교교육 프로그램(매주 3~5시간의 정규교육)

⑪ 잘 조직된 통신교육과정 활용

⑫ 조직적인 오전-오후 교수법

⑬ 통합적인 기술개발기법

⑭ 요리, 쇼핑, 식단 계획 및 정원관리 등의 생애적응기법

⑮ 학교 외 프로그램(스카우트, 스포츠 팀, 교회집단, 취미단체 및 지역사회 클래스)

■ 조직체

① 국가적 조직체로서는 가정학교협의회(Home Schooling Association) 및 전국 대체학교지원협회(National Association for the Legal Support of Alternative School)가 있다.

② 출판물 및 지원체계는 Network와 월간잡지인「학교교육 없는 성장(Growing without Schooling)」및 교재와 시험관리 등을 관장하는 기관 등이 있다.

3. 가정학교운동의 쟁점

가정학교운동은 몇 가지 관점에서 논란의 여지가 많다. 특히 가정학교교육은 주로 자기주도적 학습(self-paced or self-directed learning)이라는 점에서 학습환경의 관리가 중요시되는데 이와 관련된 많은 논의가 진행 중에 있다. 대개 가정학교운동의 쟁점을 정리하면 다음과 같다.

- 공립학교 커리큘럼과의 차이점이 무엇인가와 관련된 쟁점: 공립학교의 커리큘럼에 준해서 교육이 이루어지지만 커다란 차이점을 발견할 수 없으며 부모의 자질 여하에 따라서는 교육적 편견을 가질 수 있다는 비판의 가능성이 있다.
- 집단경험의 결여: 정규교육을 받아야 하는 대상자들은 대개 집단경험을 통해 사회성을 습득하고 사회화가 이루어지는데, 가정학교의 경우 집단경험이 결여될 가능성이 높다는 점이 지적되고 있다.
- 의무교육(공교육)의 국가적 책임에 관한 쟁점: 의무교육은 국가가 책임지도록 규정되어 있는데, 가정학교운동은 이와 반대되는 교육무정부주의적 관점이라 볼 수 있기 때문에 공교육의 국가적 책임한계에 관한 논쟁의 가능성이 높다.
- 교육의 조직과 질 관리 문제: 교육을 조직적으로 관리하고 질을 관리하는데 있어 전문성의 차원에서 본다면 논쟁의 소지가 있다.
- 종교적 기초주의자들이 지배적이라는 점: 가정학교운동에 참여하는 학부

모들은 대개 교육적으로 종교적 기초주의자들이 지배적이기 때문에 형식주의와 전통적 관습, 그리고 가치 등을 치중하기 때문에 교육사회학의 저항이론에서 논의가 되고 있는 예식적 저항(ritual resistance)의 가능성을 내포하고 있다.

- 어머니의 역할과 관련된 쟁점: 가정학교운동의 교육자는 대개 어머니가 많다는 점을 고려해 본다면 가정학교운동의 철학은 실제적으로 어머니의 역할을 가정에서의 가사를 수행해야 하는 역할(mom-stays-at-home-and-does-it-all-routine)로 규정지을 수 있는 가능성을 지닌다.
- 자기주도적 학습환경 조성 문제: 가정교수환경과 아울러 가정학습환경을 조성하는 것과 관련된 쟁점이 항시 내재되어 있다.

가정학교운동은 대체학교운동의 일환으로 볼 수 있으며, 자녀교육의 새로운 기법에 대한 시사점을 발견할 수 있다는 의미를 찾을 수 있다. 또한 자녀교육을 국가나 학교에 위임해 오던 전통적인 인습으로부터 탈피하여 보다 적극적으로 자녀교육에 개입하는 교육인권(敎育人權)의 관점으로 전환하는 데 기여할 수 있다. 이 외에도 학교교육에서 반지성적 학교풍토가 지닐 수 있는 훈육상의 결함을 보완함으로써 사회적으로는 사회의 도덕적 재무장에 기여할 수 있으며, 개인적 차원에서는 자녀의 품성을 건전한 방향으로 훈육할 수 있는 가능성이 높다고 볼 수 있다.

가정학교운동은 1980년대 이후 오늘에 이르기까지 확대되어 오고 있는 실정이며, 효율적 학교운동(effective schooling movement)과 함께 의미 있는 대조를 이루면서 주요한 대체학교교육으로 정착될 전망이다. 특히 우리나라의 경우도 1990년 중반 이후 일부 학부모들과 대안학교운동가들을 중심으로 도입되고 있는 실정이다.

참고문헌

이현청(1988). 사회변화와 교육변동의 개념. 부산 교육연수원. (미발간 교원 연수원자료).

이현청(1994). 대학교육의 평등과 학습의 의미. 전국대학기획처장 협의회 기조강연 자료(미발간).

제16장

봉사학습과 지역사회교육

1. 공립학교와 지역사회교육

일반적으로 지역사회교육은 어떤 지역에 위치한 학교가 지역사회학교(community school)로 전환할 때 교육효과를 극대화시킬 수 있으며 전 지역사회 주민의 협조가 이루어져야만 한다. 따라서 공립학교에서 행해질 수 있는 지역사회교육 영역과 관련된 쟁점은 많다. 그러나 가장 중요한 문제로 지적할 수 있는 것은 ① 지역사회교육 발달을 위한 장래의 교과과정과 관련된 문제, ② 교육자들이나 시민들이 지적하고 있는 지역사회 문제들을 해결할 수 있는 지역사회교육의 효과에 관한 사항, ③ 노년층의 욕구에 부합되는 적절한 프로그램의 제시와 관련된 문제, ④ 지역사회교육을 실행할 수 있는 추진능력과 관련된 문제 등이다.

미국의 경우, 10년 전에 교육자들에 의해 학교와 지역사회에 영향을 주는 요인으로 지적되었던 사항은 다음과 같다(Remy, 1979).

- 학교에 대한 신뢰의 상실
- 학생의 성취 수준에 대한 높은 기대
- 교육정책 결정에 대한 시민참여의 증대

- 일반 경제적 상황
- 학교등록률의 감퇴
- 가족체계의 변화
- 지역에 관한 소속의식의 감퇴
- 교육시설에 대한 새로운 요구

한편 지역사회 시민들에 의해 제시된 주요한 문제는 다음과 같이 네 가지로 요약할 수 있다(Clasley, 1979).

- 지역사회에 대한 이해와 지역사회교육의 필요성 인식
- 지역사회 교육전문가 양성과 자원 확보
- 지역주민의 지역사회교육에 대한 동기 유발
- 지역사회 개발과 연계된 실질적 삶의 질 향상효과

이러한 과제들이 지역사회교육을 통해 어느 정도 해결될 수 있으며, 국가지역사회 컴퓨터 네트워크(National Community Education Computer Network)가 최근 학술대회에서 제시한 지역사회교육의 역할에 대한 사항들은 지역사회교육에 의해 해결방안이 제시될 수 있다. 특히 앞에서 제시한 과거 10여 년 간의 주요 요인도 실제로 많은 부분 해결방안이 있었다. 이들 학술대회에서 제시한 최근 이슈는 다음과 같다.

- 문맹
- 노령화 문제
- 범죄
- 위험요소를 내포하고 있는 청소년(at-risk youth)
- 무주택 걸인

- 빈곤
- 환경 문제
- 농촌과 도시학교
- 경제발전(학교중심 발전기업 문제)
- 학령 전/방과 후 아동보호
- 가족 간 심리적 연대와 적응 문제

이러한 이슈들은 대개 개인의 문제이기도 하지만 대개는 지역사회 전체의 문제다. 그러나 이들 문제를 해결하는 데 있어 가장 중요한 사항은 결국 지역사회교육을 통해 지도력과 연구, 그리고 자원을 충분히 제공할 수 있는가의 문제와 결부되어 있다.

또 다른 지역사회의 문제 중의 중요한 영역은 청소년층의 문제와 노년층의 문제로서 공립학교가 지역사회학교의 역할을 충분히 감당하게 되면 많은 효과가 있는 영역이다. 이들 영역은 다른 장에서 별도로 다루어졌으므로 문제 제기에 그치도록 한다.

2. 대학봉사학습과 지역사회교육*

1) 대학사회봉사교육의 필요성

이 시대의 성녀(聖女) 테레사 수녀는 사회봉사의 의미와 자세를 함축적으로 잘 표현하고 있다. 테레사 수녀는 "나는 큰일을 할 수는 없습니다. 그러나 작은 일을 큰 사랑으로 할 수는 있습니다."라는 매우 뜻깊은 교훈을

* 이 절은 이현청(2006)의 『전환기의 대학 개혁론』의 18장 '사회봉사 활성화를 위한 대학의 역할'을 발췌 · 요약한 내용이다.

던져 주고 있다. 이렇듯 한 사람의 삶에 있어 사회봉사가 지니는 의미는 매우 크다고 하겠다. 더구나 삶의 질이 높아질수록 사회가 자원봉사사회(volunteer society)로 전환하게 된다. 따라서 삶의 수준이 향상되는 사회일수록 사회봉사(social service)가 일반화되고 자발적인 봉사(voluntary service)에 의한 인간의 베품과 나눔의 활동이 확충된다. 자원봉사사회로 성숙된 사회가 되면 외국의 경우처럼 공공 서비스와 사회봉사 서비스가 접목되는 사회봉사(public & community service) 체제로 전환하게 된다. 특히 물질적 나눔은 물론이고 정신적인 나눔과 삶의 공유(共有)가 제도화되는 인간서비스(human service) 사회로의 전환이 이루어지게 된다. 이러한 사회적 변화는 결국 대학교육의 본질과 역할에도 변화를 가져오게 만들어 연구와 교육의 기능도 봉사적 연구, 봉사적 교육의 특성이 강화된다. 대학도 '캠퍼스 중심 사고(on-campus mind)'로부터 '탈캠퍼스 사고'를 띠게 됨으로써 '지역사회 공동체'의 성격인 '콤버시티(commversity)'나 '트랜스버시티(trasversity)'로 기능이 부여된다.

세계적인 관점에서 볼 때 선진국의 경우에는 이미 대학에서 사회봉사 프로그램이 보편화되어 있을 뿐 아니라 사회 전체적 차원에서도 봉사가 삶의 한 부분으로 정착되고 있다. 그러나 우리나라의 경우에는 그동안 사회봉사를 주된 목적으로 하는 일부 기관을 제외하고는 사회봉사에 대한 인식이 일반화되어 있지 못한 것이 사실이다. 다행히 근간 대학들이 대학교육에 사회봉사를 접목시키려는 다양한 노력을 전개하고 있다는 점은 매우 바람직하다 하겠다.

봉사의 의미는 '만남'의 포괄적인 측면을 지니고 있으며, '섬김'과 '나눔', 그리고 '자발적인 의지'와 '자발적인 활동'을 포함하는 개념으로서 '삶의 확충(life extension)'이라 할 수 있다. 이 점에서 사회봉사활동은 '누구나' '언제' '어디서나' '무엇이든' 할 수 있는 생애활동의 한 부분이며, 이러한 점에서 우리 모두는 '잠재적 봉사자'라 할 수 있고, 대학교육은 사회봉사의 자원센터라 할 수 있다.

특히 대학개혁이 이루어지면서 대학입시와 관련한 개혁내용 중 주목을 요하는 부분이 '학교생활 기록부'에 의한 선발방법이다. '학교생활기록부'제는 종래의 입시에서 학력 위주의 선발 철학을 개선하여 학력, 인성, 적성 및 사회봉사 등의 다양한 준거를 입시자료로 활용하고자 하는 의도다.

특히 자원봉사활동이 대학입시 자료로서 활용되고 있다는 점 때문에 대학입시를 앞두고 있는 학부모와 학생들의 관심이 증대하고 있는 실정이다. 이러한 추세를 감안한다면 자원봉사활동이 어떤 형태로든 확산되고 초·중·고등학교 교육에 미치는 영향도 크리라고 생각된다. 이러한 추세를 감안할 때 사회봉사 활성화를 위한 대학의 역할은 매우 중요하다고 할 수 있다.

2) 대학사회봉사교육의 역할

대학사회봉사교육은 서비스 학습(service learning)과 만남학습(encounter learning), 그리고 자원학습(volunteer learning)의 복합적 의미를 내포하고 캠퍼스와 캠퍼스 이외의 확대된 교육을 뜻한다. 특히 강단교육의 차원을 벗어나 실천교육을 강조한다는 데서 '행함의 교육(learning in action)'을 볼 수 있고, 이 점에서 대학사회봉사교육의 역할과 기능을 이해해야 할 것이다.

대학사회봉사교육의 역할도 이러한 점에서 출발해야 할 것이다. 대학사회봉사교육의 역할은 대학의 측면과 사회적 측면, 그리고 학습자의 측면에서 검토할 수 있다.

특히 근래 대학의 기능과 역할의 변모에 따라서 대학의 확충이 급격히 이루어지고 있고 전통적 대학의 개념도 신대학이나 비전통적 대학의 개념으로 바뀌고 있는 점을 감안할 때 사회봉사교육의 역할은 더욱 증대할 것으로 예견된다. 가상대학은 off-campus의 개념에서 벗어나 탈캠퍼스(de-campus) 내지는 캠퍼스 없는(campusless) 대학의 모습을 지님으로써 사회와 사회구성원 그 자체가 교육대상이자 교육의 장이 되고 있는 실정이다. 이 점에서 대학사회봉사의 역할도 학습내용, 학습대상, 학습장면 등의 제반 특성면에서 삶의 교육적 의미로 전환될 수밖에 없다. 그러므로 대학사회봉사교육의 역할은 다음 몇 가지 관점으로 이해할 수 있을 것이다.

우선 대학사회봉사교육은 공민성 함양 교육의 역할을 하게 된다. 일반적으로 대학사회봉사교육과정에서 인간과 인간의 만남, 사회구성원으로서의 사회문제 이해, 학습하는 대학생으로서의 미래의 시민적 경험의 습득 등의 기회를 갖게 됨으로써 사회 속의 자신과 국가 속의 자신에 대한 이해의 폭을 넓히는 기회를 갖게 된다. 이러한 체험과 만남을 통해 공민성 함양 교육의 역할을 수행하게 된다.

둘째, 대학확충의 역할을 수행하게 된다. 대학확충은 캠퍼스 내의 제한된 교육활동의 차원에서 벗어나 사회현장이나 사회구성원들과의 교호활동을 한다는 뜻이다. 대학사회봉사교육은 이러한 의미에서 대학교육을 확충하는 역할을 하게 된다.

셋째, 대학사회봉사교육이 지니고 있는 역할은 인간교육의 기회를 제공한다는 데 있다. 사회봉사교육은 자원적인 봉사활동이요, 봉사를 필요로 하는 기관과 대상에게 필요한 서비스와 도움을 주는 교육이다. 그러므로 무엇보다 인간교육의 기회를 제공한다는 데서 그 중요성을 인식할 수 있다. 도움을 필요로 하는 대상에게 도움을 제공해 주는 과정에서 자기 스스로를 성찰할 수 있고, 새로운 삶으로 거듭날 수 있도록 하는 역할을 한다.

넷째, 대학사회봉사교육의 역할 중 하나는 구원과 구제의 역할이다. 대학사회봉사교육은 봉사를 필요로 하는 대상과 기관, 그리고 대학 스스로도 구원과 구제의 기능을 수행하게 되는 계기가 된다. 특히 사회봉사 영역이 노약자, 사회로부터 받는 집단, 사회적 문제 영역 등이 주가 되므로 구원과 구제의 기능을 수행한다는 데 그 역할을 부여할 수 있다.

다섯째, 대학사회봉사교육은 사회통합과 재건의 역할을 수행한다고 볼 수 있다. 봉사사회는 일반적으로 인간의 만남이 있고, 건전한 지역사회의 보존이 가능한 사회다. 그러므로 봉사정신과 봉사활동 등을 통해 사회구성원들 간의 심리적 연대가 가능하고, 그 체제 면에서도 각 영역 간, 지역 간, 기관 간의 통합을 촉진시키는 역할을 수행하게 된다. 이와 함께 대학사회봉사교육을 통해 사회적 정화와 보완을 해 나감으로써 사회재건의 역할을 수행하는 결과를 낳게 된다. 물론 이러한 과정에서 사회기관 간의 연대가 촉진되고 대학과 지역사회 간의 연대도 강화될 수 있다.

여섯째, 대학사회봉사교육의 역할 중 하나는 공공 서비스와 지역사회 서비스의 협조체제의 구축을 통해 봉사 네트워크를 구성하는 촉매적 역할을 수행하게 된다는 점이다. 대개 정부기관이나 준정부기관에서 수행되는 공공서비스 부문과 자원단체나 기관 또는 단일 지역사회 중심의 사회봉사 체제 간에는 긴밀한 협조체제가 부족한 경우가 많다. 대학사회봉사교육을 통해 이들 기관 간의 연계가 강화될 수 있고 사회봉사 체제가 구축될 수 있는 계기가 된다. 이러한 점은 결국 대학사회봉사교육의 의미 있는 역할 중 하나라고 할 수 있다.

일곱째, 대학사회봉사교육의 역할 중 하나는 건전한 대학문화의 정착을 유도할 수 있다는 데서 찾아볼 수 있다. 대학사회봉사교육이 정착되고 대학생들이 봉사활동에 참여하게 됨으로써 불건전한 대학문화가 건전한 방향으로 전환될 수 있는 계기를 마련하게 된다.

여덟째, 대학사회봉사교육의 역할 중 하나는 자기개발의 기회를 제공한다는 데 있다. 대학사회봉사교육은 봉사교육에 참여하는 학생들 스스로 자신의 삶을 재정립하고 보다 나은 삶을 추구할 수 있는 촉매작용을 하는 역할을 담당하게 된다. 특히 대학생들로 하여금 봉사정신을 촉발시키는 데 큰 역할을 수행하게 된다.

아홉째, 대학사회봉사교육의 역할 중 하나는 '봉사중심 사회' 혹은 '봉사적 사회'를 정착시키는 데 기여하게 된다. 대학사회봉사교육과정을 통해 사회를 봉사적 사회, 봉사가 중시되고 삶의 한 부분으로 인식되는 사회로 전환시키는 데 기여하게 된다.

열째, 대학사회봉사교육의 역할은 21세기의 대학변화와 국제화의 흐름과 무관할 수 없다. 대학사회봉사활동의 일부분인 해외봉사활동을 통한 국제화의 촉진과 세계적 관점에서의 인류애의 정립을 들 수 있다. 이러한 해외봉사활동을 통한 국제화, 다문화, 다인종 등의 흐름에 지혜롭게 대응할 수 있는 계기가 된다. 따라서 이러한 인류애와 세계적 평화에 기여하는 역할이 대학사회봉사 기능의 하나라 볼 수 있다.

이 외에도 대학사회봉사교육의 역할과 관련해서는 다각적 관점에서 다른 측면의 역할이 열거될 수 있고 논의될 수 있을 것이다. 다만, 대학사회봉사교육의 역할 중 주요한 역할은 국내외 사회 간의 연대 구축, 개인의 자기개발, 구제와 구원, 지역사회개발과 지역사회교육, 그리고 대학확충 등이 주된 역할이라고 볼 수 있다.

(1) 대학사회봉사와 지역사회 연계

지역사회는 한 개인이 생활하는 장이고 개인의 삶에 필요한 교육, 서비스, 문화 등 제 영역과 밀접한 관련이 있다. 또한 가치의 공유에 있어서나 이상적인 지역사회 구현을 위한 공동목표 추구의 측면에서도 지역사회는 지역사회 구성원들의 모체가 된다고 할 수 있다. 특히 대학과 지역사회의 관계는 상호 의존적 서비스 채널이라고 볼 수 있고, 대학사회봉사의 일차적 장은 지역사회가 되어야 한다. 따라서 지역사회와 괴리된 대학사회봉사는 그 실효성 면에서나 가치의 측면에서 논란의 여지가 많다고 볼 수 있다.

일반적으로 대학이 위치하고 있는 지역사회는 대학교육의 장이자 대학교육 자원센터의 역할을 한다고 볼 수 있다. 이러한 의미에서 지역사회는 일종의 학습지역사회(learning community)의 기능을 수행한다고 볼 수 있다. 더구나 첨단기술의 발달과 교육기회의 확충, 열린교육체제의 확산 등은 캠퍼스와 지역사회 간의 연대를 불가피하게 만들고 있다. 이러한 환경적 변화는 거주하고 있는 물리적 지역사회의 개념에 있어서나 공간을 초월한 지역사회 개념인 심리적 지역사회의 개념을 확대시켜 오고 있어서 탈지역화 현상을 극복하기 위한 일환으로서 대학사회봉사활동을 통한 지역애착이 필요한 실정이다.

대학사회봉사교육인 서비스 학습은 근본적으로 세 가지 관점을 지니고 있다. '서비스(service)'라는 관점과 '만남(encounter)'의 관점, 그리고 '자원(volunteer)'의 관점이 그것이다(이현청, 1998).

따라서 대학사회봉사교육은 복합적인 의미를 내포하고 캠퍼스와 캠퍼스 밖까지 확대된 교육을 뜻한다. 특히 강단교육 차원에서 벗어나 실천교육을 강조한다는 데서 행함의 교육이라 볼 수 있다. 이 점에서 대학사회봉사는 지역사회의 아픔, 지역사회의 기쁨, 지역사회의 어두움을 함께 공유하는 지역사회활동이 되어야 한다.

대학사회봉사는 대학생으로 하여금 스스로의 삶을 확충하고 자신을 재음미하는 자기 재교육의 활동이다. 그리고 이러한 활동이 지역사회를 장으로 하여 이루어진다. 그러므로 대학사회봉사의 의미도 지역사회 내의 주민과 주민의 만남, 대학과 지역사회기관의 만남, 지역사회의 필요성과 대학교육의 필요성의 만남이라고 볼 수 있다. 따라서 대학사회봉사의 지역성은 간과할 수 없는 중요한 부분이다.

대학사회봉사는 크게 두 접근이 가능할 것으로 보이는데, 하나의 접근은 지역중심 대학사회봉사이며, 또 다른 접근은 탈지역형 대학사회봉사로 대별될 수 있다. 그러나 대학사회봉사는 대학이 위치하고 있는 사회중심의 봉사가 될 때 파급효과와 실효성이 더 높아질 수 있다. 물론 탈지역형 대학사회봉사와의 연계체제를 구축하는 것도 기본 전제가 될 것이다.

대학사회봉사는 곧 사회봉사가 이루어지는 공간이나 대상, 그리고 프로그램 운영상 환경 등의 측면에서 볼 때 탈지역형이든 지역중심이든 간에 지역적 특성을 배제할 수 없고 이러한 점에서 '지역성'은 사회봉사 프로그램 설정에 있어서 핵심적 관심사가 되어야 할 것이다.

(2) 신대학문화 창조와 대학사회봉사

신대학문화 창조의 필요성은 세기적 전환기의 사회 · 경제 · 정치 · 문화 등 대학의 변화와 그동안의 우리나라 대학문화의 실태를 감안해 볼 때 충분한 근거가 있다.

한국의 대학생들이 가지고 있는 의식구조를 살펴보면 표방하는 의식은 건전하지만 실제 행동이나 태도 측면에서는 상반된 모습이 있음을 알 수 있다. 일반적으로 한국의 대학문화는 현재 전환기에 처해 있다고 사료된다. 1970~1980년대의 저항문화적 특성에서 1990년대 이후의 '분절적 분화문화'로의 전환과정에서 우리나라 대학생들이 정체성 위기를 맞고 있는 것이다.

특히 학과 중심적인 문화적 특성이 이제 학부제 도입 이후 탈학과문화적 성격을 갖게 됨으로써 학생지도의 측면에서 종래와 같은 선후배의 인간적 연대나 학과 전공 중심 교수에 의한 지도가 사실상 어렵게 되었다. 특히 대학생들의 특성이 개인주의와 성취지향적 특성을 띠게 됨에 따라 체계적이고 조직적인 학생지도 자체가 전환기를 맞고 있는 셈이다. 또한 서구화 경향과 탈캠퍼스적인 경향이 대학문화와 대학생의 태도를 세속화시키는 면도 없지 않아 대학문화와 문화의 주체이자 객체인 대학생들의 면모를 크게 바꾸어 가고 있다. 따라서 대학사회봉사의 역할을 자원봉사연대(volunteer corps)의 장으로 전환할 필요가 있다. 이것은 학사운영 전반 시스템을 봉사형 체제와 연계하는 것을 의미한다.

3. 대학사회봉사교육의 과제

이제 대학사회봉사교육은 점차 확대되고 정착되어 가고 있다. 그러나 대학사회봉사교육이 내실을 기하고 전 사회와 국가 차원으로 정착되기 위해서는 고려되어야 할 몇 가지 과제가 있다.

무엇보다 대학사회봉사교육이 활성화되고 확산되기 위해서는 대학 구성원들의 노력이 필요하고 제도적 보완과 교육내용도 바꾸어 가야 한다. 봉사활동은 인간의 지각이 트이는 유년기부터 삶의 한 부분으로 교육되어야 하기 때문에 대학사회봉사교육이 대학의 문제만이라고는 볼 수 없고, 개인 차원에서는 생애발달 차원에서 인식되고 대학 차원에서는 교육적 의미에서 고려되어야 한다.

제일 중요한 과제는 대학사회봉사교육체제의 정비와 관련되어 있다. 대학에서의 사회봉사교육을 효율적으로 추진하기 위한 체제에서 고려되어야 할 점은 다음 몇 가지로 정리할 수 있다.

- 대학사회봉사교육을 위한 커리큘럼의 재정비
- 교내 · 외 사회봉사기관과의 연계 문제
- 봉사학습의 방법과 관련된 문제
- 봉사활동의 참여기회의 확대와 관련된 문제
- 봉사학습의 지도인력개발 문제
- 대학입시와의 관련 문제
- 봉사활동과 관련된 행 · 재정지원 문제

이와 같이 대학사회봉사교육의 과제는 복합적인 접근과 관련되어 있다. 대학사회봉사교육을 위한 커리큘럼의 정립과 관련된 문제들은 다음과 같다.

- 학문 영역 간 연계와 다학문적 접근을 통한 '봉사 커리큘럼' 설정이 필요하다. 봉사활동은 복합적 인간 삶과 관련되어 있다. 따라서 봉사 커리큘럼 설정 시에 이러한 점을 충분히 감안하여 종합적이고 다학문적인 '봉사 커리큘럼' 선정을 통해 진지한 사회봉사교육이 될 수 있도록 해야 한다. 특히 봉사 커리큘럼의 구성과 운영, 그리고 학점 취득과 실제 봉사활동 등의 부문이 체계적으로 구성될 수 있도록 배려해야 한다. '봉사학점은행제'나 '봉사 hot line제' '자기주도적 봉사 커리큘럼제' 등 다양한 방법 등이 동원될 수 있을 것이고, 학교 내의 봉사 커리큘럼과 대학 이외의 봉사 커리큘럼을 연계하는 '확충봉사 커리큘럼(extended volunteer curriculum)'도 고려해야 할 것이다.
- 교내 · 외 사회봉사기관들 간의 봉사 시스템이 효율적으로 구축될 수 있도록 봉사벨트(service belt) 체제를 구축하는 일도 중요 과제일 것이다.
- 봉사학습방법에 있어서도 '자기주도적 봉사학습체제'나 '봉사학습체제(service learning format)'를 구축하는 과제, 그리고 '패키지형 봉사학습체제' 등 다양한 고려가 이루어져야 한다.
- 봉사활동의 참여기회를 확대하기 위해 '봉사인증제' '봉사은행제' '생애봉사환원제' 등 다양한 고려도 대학사회봉사교육의 주요 과제가 될 수 있을 것이다.
- 봉사학습의 지도인력 배양과 관련해서는 봉사학습 지도자 훈련과정을 설정하고 대학 내에 '봉사센터'나 '봉사학습부서'를 설치하는 것도 하나의 과제가 될 것이다. 특히 봉사학습 지도인력 배양을 위한 교재개발과 연수기회, 자격증 부여 등의 제반 제도적 보완도 중요한 과제라 할 수 있다.
- 대학입시와 관련해서는 대학진학 이전의 봉사활동 여부가 대학입학

지원자격이 될 수 있도록 하고 사회봉사 횟수나 인위적 봉사 여부에 의해 대학진학에 영향을 받지 않도록 하여야 한다. 이러한 경우 자칫 '대학입시용 봉사'로 확산될 우려가 있고 봉사의 본래 의미 자체가 희석될 수 있을 것이기 때문이다. 또한 봉사활동에 의한 특별전형제도를 도입하여 '봉사특별전형제'를 효율적으로 운영하도록 하는 것도 주요한 과제라 할 수 있다.

- 대학사회봉사교육의 정착을 위한 행·재정적 지원과 관련해서 정부는 소외계층과 사회적으로 문제가 되는 집단이라 할 수 있는 범죄, 약물, 성, 학대 그룹 등을 대상으로 한 행·재정적 지원에 치중하고, 사회단체와 산업체는 정부와 협력해서 이들을 지원하되 오히려 '욕구 이후 사회봉사', 즉 환경, 인구, 평화, 공공위생, 공교육, 인구 등 삶의 질 향상과 관련된 것에 치중하여 행·재정지원책을 강구해야 한다.

대학은 도덕적 기업(moral enterprise)이요, 봉사의 기업(service enterprise)이다. 더구나 21세기는 교육복지를 그 이상으로 하는 사회가 될 것이고 봉사학습이 확대되는 사회가 될 것이다. 이 점에서 대학사회봉사교육의 역할과 과제도 이러한 이상사회의 구현에 추점이 맞추어져야 할 것이다.

이를 위해서는 대학의 교과내용, 교육활동 그리고 체제 면에서 '서비스학습'이 정착될 수 있는 제도적 보완이 필요하다. 무엇보다 대학이 만남의 교육의 장이 되어야 하고, 봉사교육의 장이 되도록 하기 위한 봉사인성의 철학을 정립하도록 해야 한다. 이러할 때 봉사가 인간 삶의 중요 부문이 될 것이고, 사랑하며 더불어 사는 사회를 위해 노력하는 대학이야말로 봉사형 대학이요, 건전한 캠퍼스(sound campus)가 될 수 있으며 대학교육이 풍요로워질 것이다.

"삶이 아름다운 것은 남이 있는 까닭이요, 남이 있어 아름다운 삶은 함께

하는 삶 때문이며, 서로 보고 듣고 느끼고 주는 배려하는 삶이기 때문입니다."(이현청, 2002)

참고문헌

이현청(1998). 대학사회봉사의 의미와 과제. 한국대학사회봉사협의회 창립기념 기조강연자료.

이현청(2002). 한국 대학사회봉사의 현실과 정책방향. 한국대학사회봉사협의회 해외봉사단의 발대식 강연자료.

이현청(2006). 전환기 대학교육 개혁론. 서울: 문음사.

Clasley, M. (1979). *The role of the school in the community: Community perspectives*. Washington D.C.: U.S. Department of Education.

Remy, R. (1979). *The role of the school in the community: The educators perspectives*. Washington D.C.: U.S. Department of Education.

제17장
학습사회론: 학교교육과 학습사회*

의사이며 교수였던 William Osler 경은 오래전 존스홉킨스 대학에서의 고별사에서 그의 동료들에게 다음과 같이 말을 한 것으로 전해진다. "나는 두 가지의 확고한 신념을 지니고 있는데, 하나는 40세를 넘은 사람들은 상당한 무력감(uselessness)을 가진다는 것입니다. 다른 하나는 적절한 용어인지는 알 수 없으나 60세를 지난 사람들의 무력감을 생각할 때 만일 이들이 이 연령에서 일을 사실상 그만두지 않는다면 그 상업적 · 정치적 · 직업적 생활에 크게 이익이 될 것이라는 것입니다." 그는 또 어떤 질문에 대한 답변에서, 대학교수는 60세에 퇴직해야 한다는 그의 또 다른 제안이 너무 심각하게 취급되어서는 안 된다고 말했다.

이 저명한 영국 의사가 이러한 발언을 한 후 이미 오랜 시간이 지났다. 그 때 이후로 연구와 경험의 결과는 노인에게도 새로운 지식을 가르칠 수 있다는 사실을 압도적으로 입증해 왔다. 사실 노인들은 계속하여 새로운 지식을 배우고 있고, 노인들만이 배울 수 있는 중요한 사회적인 지식이 있는 그러한 환경도 많이 있는 것이다. Owen은 아이오와(Iowa) 대학 졸업생들의

* 이 장은 예일 대학 교수 Howard Maclowski가 1980년 시카고 대학에서 행한 '학습사회' 주제의 한 세미나 강연 내용을 발췌하여 추가 · 보완한 것이다.

한 집단을 연구했는데, 잘 알려진 지능검사에서 60대 초반인 사람들이 대학의 학부생들과 같이 잘 해낸다는 사실을 발견했다. 관계된 연구들도 대부분 비슷한 결과가 나타났다. 지각력과 속도에 있어서는 약간의 하강을 보이지만, 반응력은 그렇지 않았다. 동시에 구술력과 저장된 지식(만일 사용된다면)을 반영하는 검사는 더 나아지는 것으로 나타났다. 이와 같이 연령 그 자체는 학습에 방해가 되지 않는다. 도리어 그것은 하나의 자산이 될 수도 있다.

성인들의 학습능력에 대해, 이렇게 긍정적인 언급을 할 수 있다는 것이 다행한 일이다. 왜냐하면 우리가 현재 살고 있는 세상과 그리고 이미 그 길을 가고 있는 미래에서의 삶의 흐름 속에서 살아남기 위해서 성인은 끊임없이 학습해야 하기 때문이다.

지루하겠지만 이 자리에서 우리들 대부분의 기억 속에 있는 사건의 표본을 뽑아서 그 변화를 알아본다. 원자력이 시카고 대학의 Bartlett Gymnasium에서 처음 세상에 알려진 지 겨우 34년 하고 몇 개월이 지났다. 파키스탄이 국가로 성립된 지 겨우 27년쯤밖에 되지 않았으며, 텔레비전이 크게 보급된 지도 24년쯤밖에 안 된다. 스푸트니크호는 20년 전에 첫 발사되었으며, 상업용 제트비행기 여행이 보편화된 것도 불과 최근 17년 전의 일이다.

이번에는 과학기술의 역사를 살펴보기로 하자. 인간이 곡식을 심고 경작하여 수확하기 시작한 농업혁명(agricultural revolution)에 도달하는 데 대략 50만 년쯤 걸렸다. 그 뒤 산업혁명을 일으키는 데 25,000년, 원자력 시대에 도달하는 데 200년이 각각 더 걸렸으나, 우주시대를 맞이하는 데는 15년밖에 안 걸렸다. 지구 역사상 모든 과학자 중 90%가 현재 생존 중이며, 현대 의학치료법의 80%가 최근 35년간에 발견되었다. 이와 같이 지식은 현재 너무나 빠른 속도로 축적되고 있기 때문에 앞으로 10년이 더 있으면 두 배가 될 것으로 평가되고 있다.

예일 대학의 경제학 교수인 Neil Chamberlain은 MIT 공과대학의 Gordon Brown의 말을 다음과 같이 인용하고 있다.

> 1950년 이전에 학사학위를 취득한 엔지니어들은, 원자핵 물리학 및 원자공학, 피드백 조절 및 관성항법, 정보이론, 컴퓨터 기술과 그 적용, 반도체 물리학, 그리고 낡은 학과목과 결합하거나 그 대신 중요한 과목으로 들어선 기타 여섯 분야 등에 대해, 기껏해야 약간 스쳐 지나갔을 정도로 배웠을 것이다. 그런데도 현재 활동 중인 엔지니어 중에 1950년 이전에 공부한 사람이 높은 비율을 차지하고 있다.

웨스팅하우스 회사(Westinghouse Corporation)의 간부인 A.C. Moneith는 현재 대학을 졸업한 엔지니어는 약 10년의 반밖에 안 되는 수명을 갖고 있다고 말함으로써 새로운 지식의 급격한 성장의 결과에 대해 생생하게 표현하였다. "엔지니어가 배운 지식의 약 절반은 10년 이내에 못 쓰게 될 것이고, 그가 10년 후에 알아야 할 지식의 약 절반이 지금은 아직 소용이 없다." "그리하여 문명의 역사에서 처음으로, 급격한 문화적 변화의 시간이 개인의 일생보다 더 단축되었다. 현재의 성인들은, 그들에게 본래 전수된 문화와 종류가 다른 문화를 다루어야 하는 첫 세대로 대표된다. 인생에서의 이러한 새로운 사실의 결과, 오늘 잘 교육받은 젊은이가 내일은 쓸모없게 되는 것이다. 문명의 흐름에서의 이렇게 급격한 변화가 함축하는 의미는 분명하다. 즉, 아동들과 젊은이들에게만 거의 전적으로 교육적인 투자를 하는 사회는 쓸모없게 되어 가고 있으며 생존에의 기회도 감소되어 가고 있는 중이다."

현대생활의 이러한 새로운 사실에 대한 반응은 벌써 감명적인 것이 되고 있다. 국립의견조사센터(NORS)의 성인교육 참여에 대한 최근의 보고에 의하면, "1억 1400만 중 2500만이 되는 또는 성인인구의 약 22%가 1961년과 1962년 사이에 성인교육활동에 참여하였다. 어떤 활동의 주된 목적이 ① 어떤 종류의 지식, 그리고 ② 그 활동이 교실수업, 강의, 토의집단, 개인지도, 워크숍, 통신교육과 같은 교수의 형태로 이루어졌다면, 그것은 교육적인 활동으로 여길 수 있다."

교사와 학생 간의 어떠한 관계도 그 활동이 교육적인 것으로 확인하는 데 보조적인 기준이 된다. 47%의 성인들이 정규학교를 떠난 후에 하나 또는 그 이상의 강좌에 다녔으며, 38%는 독학으로 수학하였다. 61%는 과거에 이러한 학습을 한 경험이 한 번 이상 있었다. 동시에 44%는 더 학습하려고 하였으며 그것에 대해 뭔가를 하려는 경향, 즉 관심과 준비를 표명한 데 비해, 추가 26%는 관심을 표명했으나 준비는 되어 있지 않았다.

이상의 자료는 미국 전체의 평균에서 나온 것으로, 주나 시에 따라서는 성인학습의 기회가 보다 많은 곳도, 그 반응이 훨씬 더 감명적인 곳도 있다. 예컨대, 미국에서 가장 우수한 공립학교 성인교육 프로그램을 가진 캘리포니아는 다른 주보다 50%나 높은 참가율을 보인다. 그리고 대부분의 초·중·고등학교에서 성인을 위한 학급을 개선하고 있는 미시간 주의 플린트(Flint) 시와 같은 경우는 성인학급의 학습자 수가 정규학급의 학생 수보다 훨씬 많다. 프린트 시는 더욱 특이하게, 정규학교의 학생들보다도 더 많은 성인이 학점을 취득하기 위해 수학과 과학 과정을 공부하고 있다.

성인교육 필요성의 증대에 대한 제도적인 반응도 역시 놀라울 정도로 대단하다. 우선 군대를 살펴보자. 육군의 다양한 분과들은, 전 세계에서는 몰라도 미국 내에서는 아마 가장 규모가 큰 성인교육기관으로 대표될 것이다.

시선을 다른 분야로 돌려보자. 상업과 공업 분야에서도 교육적인 노력을 크게 팽창하고 있음을 발견한다. 회사의 인사 관련 부처 훈련상담 인원의 증가뿐 아니라 미국은행협회, General Electric 사의 학교, I.B.M.만 살펴보아도, 상업과 공업이 교육과 관련되고 있는 범위를 알 수 있다. Sloan과 Clark는 『공장 내의 학교(*Classroom in the factories*)』라는 책을 통해, 상업과 공업 분야에서 교육에 투자하는 돈이 모든 형식적인 교육기관, 즉 공립과 사립을 불문하고, 유치원에서 대학원과 직업교육기관까지에 쓰이는 자금보다 더 많다는 조사결과를 발표했다.

대학의 수준에서 보면, 슬로언 재단(Sloan Foundation)은 500만 달러의 장학금을 내놓는 모험을 하였는데, 이는 MIT의 엔지니어를 위한 중간직업기관과 워싱턴의 브루킹스협회의 계속교육강좌 등을 위한 것이다. 그뿐 아니라 미국에서는 미시간, 조지아, 시카고, 오클라호마, 네브래스카 대학에, 영국에서는 옥스퍼드 대학에 계속교육센터가 설립되어 있음은 성인교육발달의 증거로 주목할 필요가 있다. 이후 현재까지 주 단위로 혹은 대학시스템 단위로 성인계속교육센터(Adult and Continuing Education Center)가 설립되어 거의 모든 대학에 의해 운영되고 있다(이현청, 2011).

학계의 한 구성원으로서 나는 성인교육의 기회 확대를 요구하는 힘이 정규 학교기관이 아니라 주로 밖에서 비롯되었다고 말할 수 있다. 최근에야 겨우 학교의 관리자들은 그들의 책무의 일부분으로 성인교육을 강조하기 시작했으며, 대학 교수들도 계속학습을 강조하는 성인들의 적법성을 인정하려고 한다. 이러한 최근의 변화에도 불구하고 질질 끌고(foot dragging), 꺼려하는 것(reluctance)이 여전히 예외가 아니고 일반적인 습관이 되고 있다.

중요한 점은 성인교육의 감명적인 증거가 전통적인 학교교육에 큰 영향을 끼친다는 것이다. 그것은 학습사회가 생성되기 시작한다는 교육적 압박의 단순한 증거이기도 하다.

교육은 아동이나 젊은이만을 위한 것이며, 대학과 대학원 또는 직업교육을 받으려는 학생들만의 것이라는 생각은 낡아서 쓸모없는 것이라고 말할 수 있는 시점에 왔다.

우리 시대에 강요되는 과업은 남녀를 불문하고 모든 사람에게, 그리고 모든 사회적 계급과 세대에게, 학습은 점점 생활의 한 방도가 되어 가고 있다는 것이다. 우리는 지금 학습사회에 살고 있기 때문에 평생교육은 모두에게 불가피하다. 이러한 '새 명령(new imperative)'은 성인교육을 정교한 체제로 발전시켜서 그것은 변하지 않았으며 또 변하지 않고 있는 초 · 중 · 고 · 대학체제에 연결하여 고정시킴으로써 따를 수 있다고 제안한다면, 우리는 이 논의의 논리성을 잃게 된다. 나의 논의에 대해 어떤 특별한 오해가 있다면, 그것은 정말로 보편적인 평생교육에 대해 늘어나고 있는 요구가, 성인의 계속교육뿐 아니라 아동이나 젊은이들의 형식적 교육과도 깊은 관련을 갖기 때문이다. 우리 주위에서 급격히 성장하고 있는 학습사회에서 초·중등학교와 고등교육기관의 주된 임무는 평생학습을 하기 위한 준비교육일 것이다. 이 새로운 '준비'학교란 대학에 들어가기 위해 준비하는 낡은 의미의 중등학교가 아니라 유치원에서 대학원까지 모든 교육기관이 앞으로 점점 더 많이 요구되는 성인학습기간에 학습을 할 수 있게 하기 위한 '준비'학교다. 정규학교의 모든 교사는 이러한 학습사회로의 전환에 비추어 볼 때 성인들의 교사라고도 할 수 있다. 이제 여기에서 나의 사고가 한 공헌을 다시 음미해 본다면, 그것은 학습사회로의 무제한적인 적용이 학생들의 형식적 교육에 대한 전반적인 전망과 실행에 아주 근본적인 변화를 가져올 것이라는 것이다.

그러한 약간의 변화들로 인해 결국 새로운 교육이 성장하고 널리 파급되어 학습하는 미래를 건설할 것이다. 이러한 변화가 주는 의미는 교사나 학생 모두가 그들이 참여하는 어떤 학습의 결과에 대해 '장기적 전망(long look)'을 가지라고 필연적으로 요구할 것이라는 점이다. 따라서 어떤 학습이든 종착역으로 간주되어서는 안 된다. 수업은 항상 개방적인 속성을 지니고 있기에, 어떤 종류의 교수에서도 계속 연구해야 할 흥미로운 새로운 주제를 제시해 준다. 잠재적인 성인학습자로서의 학생의 전진은 결코 멈추지 않는다. 그것은 중단될 수도 간헐적일 수도 있지만, 마지막인 것으로 간주되어서는 안 된다. 우리는 12년이나 14년 또는 16년을 공부하면 평생 동안 써먹을 수 있는 충분한 지식을 쌓을 수 있다는 말도 안 되는 생각을 버려야 한다. 공부의 종결을 의미했던 고등학교나 대학의 졸업장은 앞의 학습에서 나중의 학습으로 '전환하는 증서(certificate of transfer)'의 역할을 해야만 하며, 젊은이들의 형식적 학교교육의 최종적인 평가는 그것이 성인의 계속교육에 이바지하는 정도에 따라 판단되는 것이다. 그러므로 입학허가, 학력검사, 점

수, 진급, 졸업 등의 모든 학사는 개인이 평생 동안 학습해 가는 과정에서 다시 새로워지거나 발전하도록 지지해 주는 한 과정으로 재인식되어야 한다.

다음에는 이러한 접근이 실효를 거두기 위해 우리들이 제시할 수 있는 지침에 대해 살펴본다.

첫째로, '학습하는 방법을 학습하는 것(learning to learning)'을 교수의 가장 중요한 목적으로 삼을 것이다. Bruner의 저서에 의하면, 이것은 주제의 구조를 명백히 밝혀야 하며 그렇게 함으로써 관련된 것들을 학습할 수 있다는 것이다.

아동기의 학습이 성인학습에 어떻게 관련되는가 하는 것에 대해, Bruner는 나선형 교육과정(spiral curriculum)이라는 개념을 가지고 다음과 같이 설명한다. "과학과 수학의 핵심을 이루는 기본개념과 생활과 문학을 형성하는 기본개념은 강력하지만 또 단순하다."

이 견해에 따라 나는 이러한 요소들이 지금보다 훨씬 일찍 교육과정에 적용될 수 있다고 생각한다. 즉, 어릴 때 배운 지식들이 나선형으로 활용되면 복잡한 고차적 수준으로, 그리고 인생 전체에 걸쳐 나중의 단계로 전이시켜 적용될 수 있는 것이다. 본질적인 주제를 일찍 가르쳐서 나중에 다시 활용할 수 있다는 것에서, 우리는 학생 때의 학습에서 성인학습으로의 전이가 보다 쉽게 이루어질 수 있다는 격려를 받을 수 있다. '학습하는 방법을 학습하는 것'에 대한 강조는 그 방법에 대한 '이유(why)'를 더 명백히 한다. 이제 이떤 한 주제에 대한 예비적인 관찰에서 시작하여, 더 자세히 각 부분을 구체적으로 연구하며, 전체에 대한 개괄적인 검토로 결론을 내린다.

이 방법의 '이유'는 전체가 부분의 합계보다 더 중요하다는 Gestalt의 명제에서 시작된다. 그러나 이 이론에 따르면 전체로부터 그들의 의미를 찾을 수 있는 부분은 그들이 속한 그 전체의 맥락에서 가능한 한 많이 연구해야만 하는 것이다. 이 이론은 어떤 주제의 각 부분을, 먼저 그리고 나중에 개관하는 이유를 설명해 준다. 그것은 또 학생들에게 이러한 방법이나 다른 방법의 '이유'를 분명히 알 수 있는 길을 가르쳐 주며, 그렇게 함으로써 전이의 범위를 크게 넓히려는 것이다.

간단히 말해서, '학습하는 방법을 학습하는 것'의 주제를 강조하는 것에서 우리들은 성인학습으로의 전이에 지금보다 훨씬 더 많은 주의를 기울여 가르쳐야 한다는 것이다.

젊은이로부터 성인학습으로의 전이의 증가에 대한 또 다른 의미는 초·중등·대학, 그리고 지역사회의 성인교육 프로그램 간의 관계 증진을 포함한다. 여기에서의 목적은 학생으로 하여금 그가 학교에서 배운 것과 나중에 계속하여 이러한 관계들을 학습할 수 있게 하는 프로그램 간의 관계에 관한 지식을 가르치는 것이다. 그리하여 그는 학교당국, 상담요원 그리고 교사에 의해 그의 학교 내에 성인교육 프로그램이 어디에 있으며, 방송통신교육, 대학확장교육, 군복무, 회사나 공장, 교회, 노동조합, 도서관, 박물관, 교육 TV 등의 성인교육에 관해 계속해서 배울 것이다. 이와 같이 전에 배운 지식기술과 늦어지거나 뒤늦게 관심을 가진 분야의 교육을 위해 준비되어 있는 관심을 끄는 성인교육기관이나 프로그램이 많이 있다.

연결장치를 먼저 창설해야 하는 책임은 학교에 있을 것이다. 이러한 형성은 정규적인 형식교육의 적절성을 증가시키겠지만, 판에 박은 듯이 쉽게 성인학습으로의 전이를 성취시키려고 할 가능성도 높다. 따라서 학습사회에서는 아동과 젊은이를 위한 형식적인 학교와 성인교육기관에 대해 보다 분명하게 하는 것이 절실히 요구된다는 것이 우리의 전제다. 사실상 많은 경우에 젊은이들은 큰 이익을 보고 있는데, 이는 성인을 위한 강좌에 성인과 마찬가지로 참여할 수 있도록 권장받기 때문이다.

확실한 프로그램으로 성인교육을 실시하는 많은 지역사회에서 젊은이와 성인을 섞어서 함께 교육을 실시하는 사업이 아주 성공적이었다. 학습사회에서는 연령에 따른 학년제도 같은 교육적인 분리의 신성함이란 전혀 없어야 한다. 만일 우리들이 평생교육에서 꼭 필요한 것을 충족시키기 위해 진지하게 노력하려고 하면, 교육적인 사업의 한 부분이 철저하게 정밀 검사되어져야 한다고 나는 제안하고 싶다. 나는 학생인사와 회계 또는 더 구체적으로 학년, 등급 매기기, 진급 등의 실행과 같은 분야를 취급하려는 것이다. 개인적 차이의 문제는 지금보다 훨씬 더 진지하게 다루어야만 할 것이다.

솔직히 말해서, 학습사회에서 그 사회 구성원 모두가 평생에 걸쳐 계속하여 학습할 수 있게 하기 위해서는, 그 사회에 속해 있는 학교에서, 말 잘하고 대학을 졸업한 사람들뿐 아니라, 모든 학생이 계속하여 학습할 수 있도록 가장 적당한 기회와 용기를 무제한적으로 주어야만 한다. 이것은 계급적이 아니라 진단적인, 다른 종류의 채점제도와 조직을 의미한다. 그것은 학년의 구별 없는 단식학교의 확대를 의미하며, 아무도 똑같이 성공하거나, 학습하는 모든 것이 이루어지도록 기대하거나 또는 그가 학습하려는 모든 것에서 실패하도록 허용되어서도 안 된다는 것이다. 무엇보다도 학습자나 잠재적인 학습자로서 그 자신의 상(image)과 확신은 어떤 대가를 치르더라도 반드시 보호되고 격려되어야 한다. 왜냐하면 그가 성공적인 평생학습자가 되기 위해서, 학교는 이를 위해 그에게 확신과 기술을 제공해야 하며, 그가 계속되는 인생의 고투를 시작하기도 전에 꺾어서는 안 되기 때문이다. 그것은 더욱 신중한 학생 관리와 융통성 있는 행정체제, 그리고 다양한 교육과정 등이 요구된다.

교육행정에 관한 책에서도 좀처럼 찾아볼 수 없는 관리상 하나의 훌륭한 규칙은 몸을 어디에 묻을지 알기 전에는 머리를 잘라서는 안 된다는 것이다. 이 문제에 대한 서글픈 사실은 여러 세대에 걸쳐 학교는 어느 지역사회에서든 뒤처리에 대한 고려는 전혀 없이 교육적인 머리를 자르고, 그 몸뚱이를 가리지 않고 버렸다는 것이다. 실제로 학교는 젊은이들에게 그들의 관심과 능력의 결합에는 전혀 관심이 없고 학교가 요구하는 것만을 하라고 한다. 즉, "학교가 너희들에게 배워야 한다고 말한 것만을 배우지 않으면, 너희는 그다음 학교와 상관이 없다."는 것이다. 이러한 것은 학습사회 이전에는 설득력이 있었는지 모르지만 학습사회에서는 더 이상 허용되지 않는다.

이제 중도탈락에 대해 생각해 보자. 학습사회에서 새로운 의미로 중도탈락에 대해 심각성을 부여하는 이유에는 두 가지가 있다. 첫째는, 중도탈락자와 계속 학습한 사람 사이의 경쟁에서 나타나는 간격 때문이다. 그것은 학습사회 이전보다 학습사회에서 훨씬 빨리 간격이 벌어지며, 그 결과 심각한 결과를 낳게 된다.

다른 하나는 중도탈락의 상처로 만일 그것이 완화되지 않는다면, 급격히 변화하는 사회에서 뒤떨어지지 않기 위해 다시 학습하는 것이 절실히 필요한 데도 불구하고, 학습사회에 대해 저항감을 나타낼 것이다. 이러한 문제는 튼튼한 근육과 좋은 의지만 있으면 충분히 직장생활을 할 수 있고, 약간의 교육만 받으면 안정된 경제적 지위를 보장받을 수 있는 시대에는 심각하지 않았으나, 이미 그러한 시대는 지났다. 이제 근육과 미소만으로는 충분하지 않다. 오늘날 흔히 그러하듯이, 학교로부터의 중도탈락이 조직적인 학습의 마지막을 의미한다면, 그것은 현 사회에 의해 제공된 삶의 기회를 잡을 수 있는 주된 수단으로부터의 탈락을 뜻한다. 일찍 중도탈락된 자가 낮은 사회적 지위에서 점점 더 벗어날 수 없게 된 비난받아 마땅한 이 현실은, 현재 교육제도의 실패에 따른 비극적인 결과의 하나다.

학습사회에서는 중도탈락이 학습자로서 그 학생의 마지막 지위를 결정하는 것으로 받아들여질 수는 없다. 일을 하기 위해 잠시 그만둘 수도, 확고한 계획에 따라 나중에 다시 공부하기 위해서, 또는 다른 프로그램에 참여하기 위해 그만둘 수도 있다. 그는 그의 재능을 발견하거나 학습에서 그의 능력이나 관심을 살릴 수 있을 때까지 여러 가지 학습 프로그램에 참여할 것이다.

교과서 발행이 의미하는 것의 변화는 흥미 있는 연구주제가 될 수 있다. 유감스럽게도 나는 이 부문에 대해 구체적으로 준비가 되어 있지 않다. 그러나 나는 전달할 가치가 있는 전문교육 분야의 교과서에 대한 약간의 정보를 가지고 있다. 수년간 나는 대학원 학생들이 여러 분야의 전문교육—심리학,

사회학, 행정학, 역사, 철학, 고등교육, 직업교육, 비직업교육과 교육방법론—에 대한 표준적인 교과서와 참고서를 자유롭게 분석하도록 해 주었다.

이 분석의 목적은 저자들에 의해 쓰인 각 영역에서 다루어지는 성인교육 또는 계속교육의 정도를 알아내려는 것이었다. 여기에서 약간의 예외는 있어도, 그 증거에 의해 판단해 본다면, 교육이란 명백하게 또는 은연중에 어린이나 젊은이 그리고 대학생 정도의 젊은 성인에게 해당하는 것이며, 대부분의 성인에게는 해당되지 않는 것이었다. 만일 시대에 뒤진 폐물은 좋은 예를 구한다면, 이들 전문교육자들이 전혀 무감각한 이 부문을 제시하면 될 것이다. 나도 옳다고 믿고 있고 학습사회에 대해 우리들이 논의해 온 것이 옳다면, 전문교육에 관해 개정판을 쓰거나 새로 책을 내는 저자들은 학습사회가 그들 각각의 분야가 지니는 의미를 지적해야만 하는 막중한 책임이 있다.

성인교육교수위원회는 최근 모임에서 이 문제에 대한 체계적이고 사례 깊은 연구에 착수하기로 했다. 우선 교육심리학 분야에서 이 작업을 시작하기로 하였으며, 이를 위해 심리학 분야에서 연구한 소위원회의 학자들과 미국심리학협회의 회원들은 평생교육을 위한 준비로서의 학교교육을 연구하기 위하여 이 분야에서 최근 5년간 간행된 교과서를 분석하기로 계획하였다. 이 연구결과를 적절한 학술지에 발표, 동료학자들이 그들 연구에 이 문제를 반영하기를 원한다.

참고문헌

이현청(2011). 대학평생교육의 과제: 대학확충 프로그램과 대학의 역할. 사립대총장협회: 대학개혁 토론자료(미발간).

| 찾아보기 |

[인 명]

[내 용]

| 저자 소개 |

이현청

한양대학교 사범대학 교육학과 졸업

미국 서던일리노이 대학교 대학원 교육과학석사(MESD)(교육행정)

미국 서던일리노이 대학교 대학원 철학박사(평생교육학, 교육사회학)

미국 인디애나 트라이스테이트 대학 명예 인문과학박사

부산대학교 사범대학 교육학과 교수

미국 사우스캐롤라이나 대학교 사범대 교수

미국 미시간 대학교 인간성장및발달연구소 협동연구원

미국 서던일리노이 대학교 기술개발대학 교수(Off-campus 프로그램 대우 조교수)

미국 캘리포니아 버클리 대학교 고등교육연구소 객원연구원

UNESCO 학점교류 및 학력인정총회 세계의장(파리)

아 · 태지역 고등교육협력기구(UMAP) 의장(동경)

미국고등교육평가기구(CHEA) 국제이사(워싱턴)

OECD 고등교육 집행이사(파리)

대만교육부 자문교수, 중국 후난대학교 명예교수

한국비교교육학회장, 한국대학교육협의회 사무총장

호남대학교 및 상명대학교 총장

한국대학총장협회 회장

세계 3대 인명사전 3년 연속 등재(2010~2013)

세계 100대 교육자 선정(2011, 영국 IBC)

현) 한양대학교 교육대학원 석좌교수

한국대학평가학회장

AUQA(호주대학평가기구) 평가위원(캔버라)

〈저 서〉

교육사회학 이론과 실제(2012)
전환기 대학 개혁론(2006)
대학평가론(2006)
대학교수업적 평가론(2004)
대학자체평가핸드북(2003)
교육개혁론(공저, 2002)
미국교육의 반성(2001)
21세기와 함께하는 대학(2000)
한국의 대학생(1999)
21세기를 대비한 대학의 생존전략(1996)
소비자시대의 대학, 개방시대의 대학(1996)
교육사회학(1995)
사랑의 문맹사회(서원, 1994)
학습하는 사회(1994)
교육사회학 이론과 전망(1993)
사회교육학 서설(공저, 1991)
사회과학의 본질(1989)
사회교육방법론(공저, 1989)

Quality Assurance in the Knowledge based society(공저, USC Press, 2011)
Higher education reform in the 21st century(Hiroshima University, 2006)
Handbook of the Recognition of the Degrees, Diplomas and Certificate in Asia-Pacific Countries(공저, UNESCO, 2002, 2004)
Virtual University: Education Environment of the Future(공저, London, 2001)
Private University Reformissues in Asia-Pacific countries(공저, Sharman University, China, 1997)
Korean Higher Education: The Present as History(공저, Rutgers University, 1994)
Community Education in Korea(US Clearing House, 1988) 외 다수

현대사회와 평생학습

–학습하는 사회–

2012년 9월 10일 1판 1쇄 인쇄
2012년 9월 20일 1판 1쇄 발행

지은이 • 이현청
펴낸이 • 김진환
펴낸곳 • (주) 학지사
121-837 서울시 마포구 서교동 352-29 마인드월드빌딩 5층
대표전화 • 02)330-5114 팩스 • 02)324-2345
등록번호 • 제313-2006-000265호

홈페이지 • http://www.hakjisa.co.kr
커뮤니티 • http://cafe.naver.com/hakjisa

ISBN 978-89-6330-917-0 93370

정가 16,000원